尋找生命地圖，在生活的風暴中找到平靜和力量

WITH CRISIS
COMES
OPPORTUNITY

錢理飛 ── 著

解鎖轉機
逆境生存之道

在人生的風浪中迷失方向？
探索從逆境到順境的祕訣，在挑戰中找到成長的機會！
每一章，一個故事；每一節，一條智慧之路。
開啟一段心靈深處的成長旅途！

目錄

目錄

第五章　險境轉運玄機：剛柔並濟，隨機應變

目錄

目錄

第十章　幻境轉運玄機：真正地成熟起來

第一章

逆境轉運玄機：堅強起來，不怕失敗

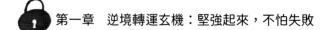

　　在不順利的境遇中，抱怨和消沉是無濟於事的。境遇愈是艱難，愈要懷有夢想，這是支撐人們前行的動力。生存需要真本事，堅強的實力始終是轉變命運的根本依靠。使自己堅強起來，不怕失敗，再不幸的命運也會轉變了。

要訣一　懷有夢想

【解讀】

　　人是不能失去夢想的，特別在逆境之中，懷有夢想才能克服困難，永不放棄。夢想能給人帶來勇氣、恆心，它是人們前行的動力。只要不喪失對夢想的渴望，轉變命運就不是什麼難事了。

【事典】

　　許多年輕人告訴我他們想當作家。我總是鼓勵他們有這樣的想法，但我也清楚地告訴他們，當作家和寫文章是兩回事。在大多數情況下，這些年輕人夢想的是財富和聲響，而不是長時間地坐在打字機前，在孤獨和寂寞中自我奮鬥。我對他們說：「你們想的是要發表作品，而不是想成為作家。」

　　實際上，寫作是一項孤獨、不為人知而且收入甚微的工作。在成千上萬的作家中，只有極少數人能得到命運之神的垂青，而更多的人永遠實現不了他們的夢想。連那些成功的人都承認，他們曾長時間被冷落，並為貧窮所困擾。我也是這樣。

　　當我離開了我工作了二十年的海岸警衛隊而想成為一名自由作家時，我對前景一點把握也沒有。在紐約，我只認識喬治・西姆，我們是在田納

西州的亨寧一起長大的夥伴。喬治是在格林威治村的公寓大樓內一間乾淨的儲藏室裡看見我的，他恰巧是公寓的管理員，而那儲藏室就是我的家。

這間小屋又陰又冷，而且沒有浴室，但我並不在乎這些。我趕緊買了一臺舊的打字機，覺得自己真像個作家了。

大約過了一年，我在寫作上仍然沒有什麼突破，我有點懷疑自己的能力了。推銷一篇作品是那麼難，賺的錢只夠勉強餬口。但我深知我的願望是寫作，這是我多年的夢想，我會繼續為之奮鬥，即使前方的路充滿失敗的恐懼與坎坷。在那些日子裡，希望就像幻影一樣渺茫，大凡每個渴望成功的人，都領略過這種希冀與焦慮攪和在一起的滋味。

後來有一天，我接到的一通電話改變了我的生活。但電話並不是代理人或編輯打來，與我商量出書的事，與之相反，這是一通勸我放棄我的事業的、充滿誘惑的電話。打電話的人是我在舊金山海岸警衛隊的一個老相識，我曾經向他借過一些錢，現在，他想把錢要回去。

「亞歷克斯，你什麼時候還我的十五美元？」聽得出他在諷刺我。

「等我下次售出了文章吧！」我回答說。

「我倒有個不錯的主意，」他說，「現在我們需要一位公共資訊管理員，年薪是六千美元，如果你願意的話，就來吧！」

年薪六千美元，這在一九六〇年可是一筆大數目！我用它可以買一座不錯的房子，一輛舊車，還能還清債務，說不定還能剩幾個錢；同時，我還可以一邊工作，一邊堅持寫作。

就在這些美元在我腦子中狂飛亂舞的時候，一個根深蒂固的念頭從我內心深處閃出：我一直夢想的是成為一名作家，一名專業作家，可我現在想的都是些什麼呀！

「不了，謝謝你，我能堅持下去，我得寫作。」我回答得堅定而自信。

放下電話，我獨自在小屋中踱來踱去，覺得自己像個傻瓜。開啟牆上桔黃色的飯櫥，拿出了裡面僅有的存貨——兩瓶沙丁魚罐頭，又掏出了口袋裡僅剩的十八美分，我一下子把兩瓶罐頭和僅有的十八美分塞進了破紙簍裡，我對自己說：「亞歷克斯，瞧瞧，這就是迄今為止您給自己賺來的全部財富！」我的情緒低落到了極點。

我希望境況馬上好轉，但並未能如願。感謝上帝，幸好喬治幫我度過了難關。

透過喬治，我認識了一些藝術家，他們也在為成功、為實現夢想苦苦奮鬥。例如：約·戴樂尼，他是位繪畫能手，但他總是缺吃少穿的，每逢這時，他就去臨街的屠戶那裡要塊大骨頭——儘管上面僅掛著一星半點的肉，再從雜貨舖那裡要點蔫菜葉，他用這兩樣東西就能做上一頓可口的家鄉湯來充飢。

還有一位同村人是年輕英俊的歌唱家，他努力經營著一家餐廳。據說，如果有顧客想吃一份牛排，他會馬上跑到街那頭的超級市場買來。他的名字叫哈利·貝勒弗特。

像戴樂尼和貝勒弗特這樣的人給我樹立了榜樣，我懂得了要為實現夢想而堅持工作，就必須做出一些犧牲，並要想盡辦法維持生計。這就是在成功的幻影下生活的全部內容。

吸取教訓後，我漸漸開始出售一些文章。我寫了些當時大家所關注的問題，例如民權、美國黑人和非洲黑人等。就像鳥兒南飛，我的思緒也回到了我的童年，在我那間靜靜的小屋裡，我彷彿又聽見了奶奶、表姐喬治亞、還有姑媽普拉斯和麗茲的聲音，彷彿又聽到她們講述我們家族和奴隸

制度的故事。

這些故事都是美國黑人過去忌諱談及的，我向來只把它們埋在心底，並留在了記憶裡。但是，有一天在和《讀者文摘》的編輯們吃午飯時，我向他們講述了我奶奶還有其他人給我講過的故事，我還告訴他們，我想寫一部家族史，從我的家族中被販運到美國的第一代人寫起。午飯後我拿到了一份合約，他們保證給我九年的生活費用，讓我專心從事研究與寫作。

實現夢想是漫長而艱難的跋涉。就在我離開海岸警衛隊的第十七年，也就是一九七六年，我的作品《根》發表了。一瞬間，我便獲得了幾乎是空前的聲譽與成功，生活的幻影變成了眩目的光環。

我第一次有了錢，到處受到歡迎。電話一天到晚響個不停，新朋友和新合約接踵而來。後來，為了把《根》修改成電視劇，我收拾行李搬到了洛杉磯。這是一段令人眩暈、令人振奮的日子，從某種程度上講，我被自己的成功沖昏了頭腦。

後來有一天，我在翻箱子時，無意中翻到了一個沒有密封的盒子，裡面是我在格林威治村用過的一些東西，還有一個棕色皮包。開啟後，我看見裡面裝著兩瓶沙丁魚罐頭，罐頭的表面因年久生鏽已失去光澤；還有一個一角的、一個五分的和三個一分的硬幣。猛然間，往事像潮水一樣撞擊著我的心扉，我彷彿看見在一間陰冷、潮溼的陋室中自己縮在打字機前的身影。

我告誡自己，皮包裡的東西也是我的一部分根，我永遠不能忘記它們。

我請人把罐頭和硬幣嵌在了有機玻璃盒中，我把這個透明的玻璃盒放在了一個顯眼的地方。現在，我每天都能在考克斯威爾的辦公室裡看到它。與之相伴的有普立茲長篇小說獎盃，全美有色人種協進會頒發的最高

榮譽——斯平加恩獎章，還有因《根》的電視劇播出而頒給我的雕像。很難說，哪個對我更重要，意義最大。但是，有一點我很清楚，那就是只有這些昔日舊物能告訴我：勇氣與恆心是在「幻影」中前行的動力。或許，這也是每一個懷有夢想的人可吸取的經驗和應具備的精神。

要訣二　學會生存的本領

【解讀】

生存是需要真本事的，它不僅要求人們認真學習，而且要求人們態度積極，勇於進取，不被任何困難壓倒。轉變命運不靠空話、大話，它需要人們不斷努力，經受住各式各樣的考驗。

【事典】

查理・哈斯克爾去世時，留下了妻子和九個孩子，他們靠一小塊土地為生，住在一所有四間房間的房子裡。約翰是家裡的長子，所以他的母親告訴他，他必須承擔起照顧全家的責任。那年他十六歲。

約翰到鎮裡最有錢的人——法官多恩那裡去要一美元，那是法官向約翰父親買玉米時欠的錢。法官多恩把錢給了他。然後，法官說，約翰的父親也曾向他借了四十美元。「你打算什麼時候還給我你父親欠我的錢？」法官問約翰。「我希望你不要像你的父親那樣，」他說，「他是個懶漢，從不賣力工作。」

那一年的夏天，除了星期天，約翰天天都到別人的田裡工作；每天晚上和星期天全天在自己家的地裡工作。到了夏天結束的時候，約翰積攢了五美元交給法官。

　　冬季天氣太冷，不能耕種，約翰的朋友——印第安人塞夫提供給他一個在冬季賺錢的機會。塞夫說，他將教約翰怎樣追逐、誘捕動物，獲取獸皮。他告訴這個男孩，他能夠靠狩獵賺到很多錢。但是他說，約翰需要花七十五美元買一把槍和捕獵用的繩、網，以及在樹林裡過冬的食物。約翰去見法官多恩，說明了他的打算，法官同意借給他所需的那筆錢。

　　十一月一日，約翰吻別了母親，和塞夫一起離開了家。他的背上揹著一大袋食物、一把新槍和捕獵用具，這些都是用法官的錢買來的。他和那個印第安人步行了幾個小時，來到林子深處的一間小木屋前。這所小房子是塞夫幾年前搭建的。這年冬天，約翰學到了很多東西。他學會了如何追捕野獸和怎樣在樹林裡生存。大森林考驗了他的毅力，使他變得勇敢，也使他的體格更加健壯。約翰捕到了很多獵物。到三月初，他得到的獸皮堆起來幾乎和他的個子一樣高。塞夫說，約翰用這些獸皮至少可以賺二百美元。

　　約翰打算回家，但是塞夫想繼續打獵直到四月分。因此，約翰決定自己一個人回家。塞夫幫約翰捆紮好獸皮和捕獵用的東西，讓他能夠揹在背上。然後，塞夫說：「現在請注意聽我說，當你過河時，不要從冰上走，河上的冰現在很薄。找一處冰已融化的地方，再把一些圓木捆在一起，你可以浮在上面過河。這樣做會多花幾個小時的時間，但是更安全。」「好的，我會這樣做的。」約翰急切地說。他想立刻就走。

　　這一天，當約翰快步走在樹林中時，他開始考慮起他的未來。他要去讀書和學寫字，他要給家裡買一塊大一些的農田。也許有朝一日，他也會像鎮裡的法官一樣有權勢，並受人尊敬。背上沉甸甸的東西使他思考回到家後要做的事情：他要給他母親買一身新衣服，給弟弟妹妹們買些玩具，他還要去見法官。約翰恨不得馬上就把法官說的他父親欠的錢全部還清。

到了下午晚些時候，約翰的腿痛了起來，背上的東西也更加沉重。當他終於到達河邊時，他高興極了，因為這意味著他就要到家了。約翰記得塞夫的忠告，但是，他太累了，顧不上去尋找一塊冰已化了的地方。他看到河邊長著一棵筆直的大樹，它的高度足以達到河的對岸。約翰取出斧頭砍倒大樹。樹倒下來，在河面上形成一座獨木橋。約翰用腳踢了踢樹，樹沒有動。他決定不按塞夫說的去做。如果他從這棵樹上過河，那麼用不了一個小時他就到家了，當天晚上他就能見到法官。

約翰身背獸皮、懷抱獵槍，跨到放倒的樹上。樹在他腳下穩如磐石。就在他快要走到河中央時，樹幹突然動了起來，約翰從樹上掉到冰上。冰面破裂，約翰沉到水裡，他甚至沒來得及叫喊一聲。約翰的槍掉了，那些獸皮和捕獵用的工具也從他的背上滑了下來。他沒法抓住它們，湍急的河水把東西沖走了。約翰破冰而行，掙扎到河岸。他失去了一切！他在雪地上躺了一會兒。然後，他爬了起來，找來一根長樹枝，沿著河邊來回走著。一連幾個小時他戳著冰塊，尋找那些東西。最後，他放棄了尋找的打算。

他直接來到法官家。天已很晚，但是法官仍在他的辦公室裡。約翰敲門進去，他渾身冰冷，衣服潮溼。他向法官講述了所發生的事情。法官一言未發，直到他把話講完。然後，法官多恩說：「人人都要學會一些本領，你卻是這樣來學習的，雖然這對你和我都很不幸。回家去吧，孩子。」

到了夏天，約翰拚命工作。他為家人種植了玉米和馬鈴薯，他還到別人的田裡工作。他又攢夠了五美元付給法官。但是他還欠法官三十美元──那是他父親欠的債，還有用來買捕獵工具和槍的七十五美元。加起來超過一百美元！約翰覺得他一輩子也還不清這筆錢。

十月分的時候，法官派人叫來約翰。「約翰，」他說，「你欠了我很多

錢，我想我能夠要回這些錢的最好方法，就是今年冬天再給你一次狩獵的機會。如果我再借給你七十五美元，你願意再去打獵嗎？」約翰羞愧難當，好半天才開口說：「願意。」

這一次，他必須獨自一人進森林，因為塞夫已經搬到別的地方去了。不過，約翰記得印第安朋友教給他的所有本領。在那個漫長而孤獨的冬天，約翰住在塞夫蓋的小木屋裡，每天出去打獵。這一次他一直待到四月底。這時候，他得到的獸皮太多了，因而他不得不丟掉他的捕獵工具。當他到達河邊時，河上的冰已融化。他紮了一個木筏過河，儘管這要多花去一天的時間，他還是那樣做了。到家後，法官幫他把獸皮賣了三百美元。約翰付給法官一百五十美元，那是他借來買打獵用具的錢。然後他又慢慢地把他父親借的那部分錢一張一張地交到法官的手裡。

又到了夏天，約翰除了在自己家的田裡工作，還去讀書和學寫字。這以後的十年裡，他每年冬天都到森林裡去打獵，他把賣獸皮賺來的錢全部攢了下來。最後，他用這些錢買了一個大農場。

約翰三十歲的時候，成了本鎮的頭面人物之一。那一年法官去世了，他把他的那所大房子和大部分財產留給了約翰。他還給約翰留下了一封信。約翰開啟信，看了看寫信的日期。這封信是法官在約翰第一次外出打獵向他借錢那天寫下的。

「親愛的約翰，」法官寫道，「我從未借給你父親一分錢，因為我從未相信過他。但是第一次見到你時，我就喜歡上了你。我想確定你和你的父親不一樣，所以我考驗了你。這就是我說你父親欠我四十美元的原因。祝你好運，約翰！」

信封裡有四十美元。

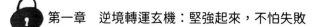

要訣三　做自己想做的事

【解讀】

　　轉變命運要有高度的自信，生活在他人陰影下的人是很難成功的。相信自己就不要為他人所左右，也不要因為環境的惡劣而放棄自己的追求。認準了目標就要堅持不懈地做下去，切不可半途而廢。

【事典】

　　一位電臺廣播員在她的三十年職業生涯中，曾遭辭退十八次，可是每次事後她都放眼更高處，確立更遠大的目標。

　　由於美國大陸的無線電臺都認為女性不能吸引聽眾，沒有一家肯僱用她，她就邁到波多黎各去，苦練西班牙語。有一次，一家通訊社拒絕派她到多明尼加共和國採訪一次暴亂事件，她便自己湊夠旅費飛到那裡去，然後把自己的報導出售給電臺。

　　一九八一年，她被紐約一家電臺辭退，說她跟不上時代，結果失業了一年多。有一天，她向一位國家廣播公司電臺職員推銷她的談話節目構想。

　　「我相信公司會有興趣。」那人說。但此人不久就離開了國家廣播公司。後來她碰到該電臺的另一位職員，再度提出她的構想。此人也誇獎那是個好主意，但是不久此人也失去了蹤影。最後她說服第三位職員僱用她，此人雖然答應了，但提出要她在政治臺主持節目。

　　「我對政治所知不多，恐怕很難成功。」她對丈夫說。丈夫熱情鼓勵她嘗試一下。一九八二年夏天，她的節目終於開播了。她對廣播早已駕輕就熟。於是她利用這長處和平易近人的作風，大談七月四日美國國慶對她自

己有什麼意義，又請聽眾打電話來暢談他們的感受。

聽眾立刻對這個節目發生了興趣，她差不多一舉成名。

她叫莎莉‧拉斐爾（Sally Jessy Raphael）。如今，莎莉‧拉斐爾已成為自辦電視節目的主持人，曾經兩度獲獎，在美國、加拿大和英國，每天有八百萬觀眾收看她的節目。

「我遭人辭退了十八次，本來大有可能被這些遭遇所嚇退，做不成我想做的事情。」她說，「結果相反，我讓它們鞭策我勇往直前。」

成功的人態度積極，旁人也會感覺得到，於是都樂意幫助他們實現夢想。

他叫喬‧巴普，母親是裁縫，父親是窮工匠。他在紐約市貧民區的學校半工半讀，唸完了高中。他熱愛戲劇，非常渴望能去看一場百老匯的表演，但是買不起門票。他憑著無窮的精力和意志，當上了電視臺的舞台監督。不過，他希望為那些像他這樣永遠買不起百老匯門票的人創作一些戲。

他創辦了一個劇團，先是在教堂的地下室演出，後來租了個露天圓形劇場來表演。劇團初期演出莎士比亞的戲劇，很受觀眾歡迎，卻沒有劇評家來觀看。他想，要是沒有宣傳，又怎會有人肯捐助演出經費呢？

因此有一天，他找上了《紐約時報》，指名要見戲劇評論家布魯克斯‧艾金生。艾金生的助手亞瑟‧吉爾布說他要見的劇評家當時正在倫敦。

「那我就在這裡等艾金生先生回來。」他堅決地說。吉爾布於是請他道明來意。這位工匠的兒子激動地講述他劇團的演員如何優秀，觀眾的掌聲如何熱烈；又說他的觀眾大多數是從未看過真正舞台劇的移民，如果《紐

約時報》不寫劇評介紹他的戲，他就沒有經費再演下去了。吉爾布看到他這樣堅決，大為感動，同意那天晚上去看他的戲。

吉爾布到達露天劇場時，天上烏雲密布，中場休息時，滂沱大雨把舞台浸溼了。他一見吉爾布跑開去避雨，就趕上去說：「我知道劇評家平常是不會評論半場演出的，不過我懇求你無論如何破個例。」

那天夜裡，吉爾布寫了一篇簡短介紹，對那半場戲頗多好評，又提到劇團急需資助。第二天，就有人送給劇團一張七百五十美元的支票。在一九五六年，這筆錢已足夠劇團繼續演出這場戲，一直到夏季結束。艾金生從倫敦回來後，去看了這場戲，並在他的星期天專欄裡大加讚揚。

沒多久，喬·巴普就開始在紐約各處免費演出莎士比亞名劇。他於一九九一年去世，死前一直是美國戲劇界深具影響力的人物。他曾經說過，他堅持不懈是因為他深信戲劇對人們生活很重要。「如果你不相信這一點，那麼就此放棄算了。」

成功的人都知道，堅定不移涉及抉擇，而抉擇則涉及風險，正如一位五十八歲的農產品業務員所發現的。

他以不同品種的玉米做實驗，設法製造出較鬆脆的爆米花。他終於培育出理想的品種，可是沒有人肯買，因為成本較高。

「我知道只要人們一嘗到這種爆米花，就一定會買。」他對合夥人說。

「如果你這麼有把握，為什麼不自己去銷售？」合夥人回答道。

萬一他失敗了，他可能要損失很多錢。在他這個年齡，他真打算冒這樣的險嗎？

他僱用了一家行銷公司為他的爆米花設計名字和形象。不久，奧維爾·雷登巴赫就在全美國各地銷售他的「美食家爆米花」了。今天，它是

全世界最暢銷的爆米花，這完全是雷登巴赫甘願冒險的成果，他拿了自己所有的一切去做賭注，換取他想要的東西。

「我想，我之所以幹勁十足，主要是因為有人說我無法成功。」雷登巴赫說，「那反而使我決心要證明他們錯了。」

要訣四　切莫逃避現實

【解讀】

逃避現實是毫無出路的，逃避只會使困難加大，自己更加被動。轉變命運首先要勇於面對不幸的命運，這才能真正地解決問題。逆境是對人的全面考驗，過了這一關，前途就一片光明了。

【事典】

今天早上你起得很早，卻遲遲沒有走出房門，直到我過去檢視，才發現你居然坐在床邊發愣。遇到緊急情況卻愣個半天是你的老毛病。我一直記得兩年前，當你母親半夜急病，我把你叫醒之後，你也是站著發呆，直到救護車開到門口，才略略地清醒。最近我與你同學的家長談到這個問題，她居然也有同感，並說從多年的觀察中發現，十幾歲的大孩子常用這種方法來放鬆自己。她說現代社會和學校的壓力太大了，孩子受不了，不得不用讓腦海空白的方法，使自己能獲得暫時的鬆弛。

我同意她的觀點，但認為更好的說法應該是：當一個過去處處都由父母安排的孩子，逐漸地完全面對他自己的世界時，往往就會有這種表現。實在講，那是逃避，所幸他們在暫時的逃避之後，多半能站起來，面對眼前的問題。但是如果一個年輕人不斷地逃避，或總是以這種發愣的方式面

對問題，等著別人解決，或讓事情自然過去，裝作與自己無關，會怎麼樣呢？我可以告訴你，這種人很多！甚至成年人，已經進入社會有相當時間的人，也可能有這樣的表現 —— 那就是沮喪和憂鬱症。

有一位患憂鬱症的朋友對我說，當他不得不打電話給某人時，卻又往往希望某人不在。他既不得不面對問題，卻又不敢面對問題。他整天躺在床上，用棉被蒙著頭，縮做一團。那棉被是什麼？是鴕鳥用來藏頭的沙土！也是嬰兒母親的懷抱！

孩子們遇到困難時，總會躲進母親的懷抱。在我們成年之後，雖然知道母親並不能再為我們解決所有的問題，卻在心底仍然存留著那種逃避和找尋安慰的想法。因為它是最原始的反應，在我們童年的記憶中，也是最有效的。因此，成年人碰到問題時還總是叫「我的媽呀！」許多長得高頭大馬的青年，甚至花了髮的中年人，也可能躲在母親懷裡痛哭。問題是，母親不在，怎麼辦？他便用棉被蒙起頭來，或是躲在角落裡發愣！

所以當我發現你有發愣的習慣時，一個想法是：那很自然！每個年輕人在成長的過程中都會這樣，是在為他下一刻的戰鬥積存力量。另一個想法則是：這是很重要的時刻，我必須教他如何減少逃避的想法，立即進入現實，因為這個充滿競爭的世界是不等人的。

記得你小時候玩耍時常說的話嗎？鼬這種小動物，遇到強敵時就會裝死，相信你也看過許多昆蟲，在被人抓到之後，會立刻仰面翻倒，一動也不動。你肯定也讀過兩個人遇到狗熊的寓言故事，逃不掉的人躺在地上裝死，而沒有被狗熊攻擊。你覺得這些裝死的行為是不是很聰明呢？我可以很肯定地告訴你，那不但不聰明，而且是很危險的，因為他們以放棄的方式面對困難，便連抵抗的機會都沒有了。

　　每年在美國的高速公路上，不知有多少鹿被車撞死。一般街道上，也總有貓和鴿子被碾得稀爛。你知道是為什麼嗎？因為牠們在夜晚看到強光時，往往會呆站在原地，不知逃跑，所以儘管有最長而善跑的腿、最佳的彈性和最強的飛行能力，卻遭遇了悲慘的命運。

　　由此可知，並不是任何情況都允許你暫時的逃避與停止，不論你有多麼強，面對緊急狀況時，都必須立刻武裝、立刻反擊、主動出擊！

　　最困苦的時候，沒有時間去流淚。最危急的情況，沒有時間去遲疑。

　　今天你參加紐約市的演講比賽，沒能進入決賽，我和你的母親一起去地鐵車站接你，不是為了安慰，而是為了鼓勵！

　　記得你上車時，我問你的第一句話嗎？

　　我問：「你是輸了？還是沒有贏？」

　　你當時不解地說：「這有什麼分別？」

　　我沒回答，只是再問你，下禮拜在史泰登島的另一場比賽，你還打算參加嗎？

　　你十分堅決地說：「要！」

　　於是我說：「那麼你今天是沒有贏，而不是輸了！」

　　一個輸了的人，如果繼續努力，打算贏回來，那麼他今天的輸就不是真輸，而是「沒有贏」。相反地，如果他失去了繼續戰鬥的勇氣，那就是真輸了！

　　小時候，我讀海明威的《老人與海》，裡面說：「英雄可以被毀滅，但是不能被擊敗。」當時只覺得那是一句很有哲理的話，卻不太了解其中的意思。

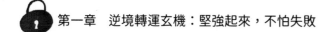

後來我又讀尼采的作品，其中有一句名言：「受苦的人，沒有悲觀的權利。」我也不太懂，心想，已經受苦了，為什麼還要被剝奪悲觀的權利呢？

直到自己經過這幾十年的奮鬥爭戰，不斷地跌倒，再爬起來，才漸漸體會那兩段話的道理：

英雄的肉體可以被毀滅，但是精神和鬥志卻無法擊敗。受苦的人，因為要克服困境，所以不但不能悲觀，而且要比別人更積極！

據說徒步穿過沙漠，唯一可能的辦法是等待夜晚，以最快的速度走到有庇蔭的下一站，中途不論多麼疲勞，也不能倒下，否則第二天烈日昇起，加上沙土炙人的輻射，只有死路一條了。

要訣五　勇於承受痛苦

【解讀】

逆境中的人是痛苦的，但也不是不可以承受的，苦盡甘來，這是千古不變的成功之道。胸懷理想，方能化解苦痛。對痛苦不可深惡痛絕，它給人的啟迪和磨練都是轉變命運必不可少的，理當笑對。

【事典】

當我的雙腿哆哆嗦嗦地爬上簡易的鷹架時，心裡一個勁地打退堂鼓：回去吧，一個女孩子，做什麼不好，有誰會這樣把心提到嗓子眼犯傻？然而想歸想，好勝心和倔強的個性迫使自己一手托起了油漆桶，一手拿起了畫筆，顫悠悠地在漆成雪白的木板上落下第一筆。

夜幕很快籠罩了整座城，刷落在木板上的筆畫開始變得模糊了，我不

知道那時候天上是否有星星，腳下有沒有夜行的車輛和人，我全身的每根神經都處於極度緊張狀態，在保持身體平衡的前提下，全神貫注地關注著面前的一筆一畫。我在心裡不停地向上帝祈禱，千萬別讓我摔下去。

當頭頂上的碘鎢燈亮起來的時候，立刻有許許多多小飛蟲在我眼前紛飛，有的不幸黏在我剛剛畫上去的油漆上，便再也無法逃脫死神的掌心。我眼睜睜看著牠們做垂死掙扎卻無可奈何，因為我的雙手也正在各執其事，況且登高後身體也不允許我有任何分心之舉。

晚上十一點多，我終於躺在自己床上，全身的每一塊肌肉、每一根骨頭都又酸又痛。雖然很疲倦，可是一閉眼，眼前便有許多白雲湧動，自己也感覺晃晃悠悠，無著無落，在似睡非睡中，又一次次驚醒。多少次在心裡說，算了吧，明天別再做了。

剛畢業走上工作職位，所有的薪資加起來不到基本工資的標準，僅僅夠吃飯，可我多想用它孝敬媽媽，給姐妹一點心意。再說，一個女孩子，誰不想打扮得漂漂亮亮，可是錢呢？幸虧上帝給了我一雙巧於別人的手，多一些靈感，於是在別人的介紹下，我答應接下一家商店設計和書寫門面，可我沒想到，必須爬上那麼高的鷹架，而且工作量對我來說也是破天荒的第一次：長十八公尺，寬十四公尺，既寫又畫。

上班時間是不能去的，只能在公餘時間做，也就是說必須在下午六點鐘以後和星期天做。

盼望中的星期天終於來到，可以放手大幹一整天了。然而從早上起床，瑟瑟秋風中便不時夾雜著零星小雨，為了能少幾個夜晚披星戴月，就著一盞燈泡作業，我披上一件雨衣，又爬上了那架顫悠悠的鷹架，將心提到嗓子眼，眼前只有自己圈出的一個個方格，以及手中起落的畫筆。

「阿姨，你站在上面害怕嗎？」一聲甜甜的童音將我拉回地面，下面站著兩個揹書包的小女孩。這聲問候差點將我的眼淚喚出來，能不害怕嗎？平時天黑後都不敢一個人出門的我，見了媽媽依然會撒嬌的我，今天卻站在這麼高的地方，做著也許只有男人們才敢問津的事情，步出校門僅僅兩個月，我真的已不再是那個滿面書卷氣的女孩了嗎？

不知又過了多長的時間，當我來回扭頭活動脖子時，發現有一架攝影機正對著我，看見我轉過頭來，扛攝影機的老外豎起了大拇指。

「Chinese girl, spell able!」（華人女孩，真屬害！）

「Thanks!」（謝謝！）儘管腰痠腿痛，四肢麻木，我仍然報之以微笑。

一陣涼風過後，我又聽見滴滴雨水落在雨衣上的聲音，我忽然好想媽媽，如果媽媽此刻看見女兒在雨中站在晃悠的木架上忙碌，她會哭嗎？而現在全家人該圍坐在一起看電視吧？多麼溫馨和幸福啊。那會兒，我甚至覺得每個行走在堅實地面上的人都是幸福的，只除了我。這樣一想，心裡一下子生出許多酸澀，眼淚也湧出了眼眶。回去吧，退堂鼓又響了起來，我沮喪地放下手中的油漆桶和畫筆，準備下去。就在我站直了身體的那一刻，耳畔飄來鄭智化曠遠而熟悉的歌聲，那正是我百聽不厭的〈水手〉：「他說風雨中這點痛算什麼，擦乾淚，不要怕，至少我們還有夢……」

在當時的情景和心情下，這首歌聽起來是那樣貼切和真誠，彷彿正是為我而唱。我心中一振，抹去腮邊的淚。是啊，風雨中這點痛算什麼？自己不是很要強嗎？難道這點苦都承受不了？遠處鄭智化的歌聲依然曠遠又充滿信心，我禁不住低聲應和著：他說風雨中這點痛算什麼，擦乾淚，不要問，為什麼……

歌聲裡我彎下腰，再次一手托起了油漆桶，一手拿起畫筆……

要訣六　不吝讚美

【解讀】

對於在逆境中掙扎的人來說，他人的讚美不僅是最寶貴的支持，更是前行的最大動力。命運的轉變需要自己努力，也需要他人扶持。特別是對缺少自信的人來說，讚美他們，能給他們無窮的力量，使之發生根本的轉變。

【事典】

用父親和妹妹的話來說，我在音樂方面簡直是一個白痴。當然，這是他們在經過無數次折磨之後下的結論，在他們聽起來，我拉的小夜曲就像是在鋸床腳。這些話使我感到沮喪和灰心。我不敢在家裡練琴，直到我發現了一個絕妙的去處。就在樓區後面的小山上，那裡有一片樹林，地上鋪滿了落葉。

第一天早上，我躡手躡腳地走出家門，心裡充滿了神聖感，彷彿要去做一件非常偉大的事情。樹林裡靜極了，沙沙的足音聽起來像一曲幽幽的小令。我在一棵樹下站好，心劇烈地跳起來。

我不得不大喘了幾口氣使它平靜下來。我莊重地架起小提琴，像一個隆重的儀式，拉響了第一支曲子。但事實很快就令我沮喪了，似乎我又將那把鋸子帶到了樹林裡。我懊惱極了，淚水幾乎奪眶而出，不由地詛咒：「我真是一個白痴！這輩子也別想拉好琴！」當我感覺到身後有人並轉過身時，嚇了一跳，一位極瘦極瘦的老婦人靜靜地坐在一張木椅上，她雙眼平靜地望著我。我的臉頓時燒起來，心想這麼難聽的聲音一定破壞了林中和諧的美，一定破壞了老人正獨享的幽靜。我抱歉地衝老人笑了笑，準備溜走。

　　老人叫住我，她說，「是我打攪了你了嗎？小夥子。不過，我每天早晨都在這裡坐一會兒。」有一束陽光透過葉縫照在她的滿頭銀絲上，特別晶瑩。「我猜想你一定拉得非常好，只可惜我的耳朵聾了。如果不介意我在場的話，請繼續吧。」我指了指琴，搖了搖頭，意思是說我拉不好。「也許我會用心去感受這音樂。我能做你的聽眾嗎？就在每天早晨。」我被這位老人詩一般的語言打動了；我羞愧起來，同時暗暗有了幾分興奮。嘿，畢竟有人誇我，儘管她是一個可憐的聾子。我拉了，面對我唯一的聽眾，一位耳聾的老人。

　　她一直很平靜地望著我。我停下來時，她總不忘說上一句：「真不錯。我的心已經感受到了。謝謝你，小夥子。」如果她的耳朵不聾，一定早就捂著耳朵逃掉了。我心裡洋溢著一種從未有過的感覺。

　　很快，我就發覺我變了，家人們表露的那種難以置信的表情也證明了這一點。從我緊閉房門的臥室裡，常常傳出阿爾溫·施羅德（Alwin Schroeder）的基本練習曲。若在以前，妹妹總會敲敲門，裝作一副可憐的樣子說：「求求你，饒了我吧！」我現在已經不在乎了。我站得很直，兩臂累得又酸又痛，汗水早就溼透了襯衣。但我不會坐在椅子上練習，而以前我會的。

　　不知為什麼，總使我感到忐忑不安、甚至羞愧難當的，是每天清晨我都要面對一個耳聾的老婦人全力以赴地演奏；而我唯一的聽眾也一定早早地坐在木椅上等我了，有一次她竟說我的琴聲能給她帶來快樂和幸福。更要命的是，我常常會忘記了她是個可憐的聾子！

　　我一直珍藏著這個祕密，直到有一天，我的一曲〈月光〉奏鳴曲讓專修音樂的妹妹感到大吃一驚，從她的表情中，我知道她現在的感覺一定不是在欣賞鋸床腳了。妹妹逼問我得到了哪位名師的指點？我告訴她：「是位老太太，就住在 12 號樓，非常瘦，滿頭白髮，不過，她是一個聾子。」

「聾子？！」妹妹驚叫起來，彷彿我在講述天方夜譚，「聾子？！多麼荒唐！她是音樂學院最有聲望的教授，更重要的，她曾是樂團的首席小提琴手，而你竟說她是聾子！」

我一直珍藏著這個祕密，珍藏著一位老人美好的心靈。每天清晨，我總是早早地來到林子裡，面對著這位老人，這位耳「聾」的音樂家，我唯一的聽眾，輕輕調好弦，然後靜靜拉起一支優美的曲子。我感覺我奏出了真正的音樂，那些美妙的音符從琴弦上緩緩流淌著，充滿了整座林子，充滿了整個心靈。我們沒有交談過什麼，只是在這個美麗的早晨，一個人輕輕地拉，一個人靜靜地聽。

我看著這位老人安詳地靠著木椅上，微笑著，手指悄悄打著節奏。我全力以赴地演奏，也許會給老人帶來一絲快樂和幸福。她慈祥的眼睛平靜地望著我，像深深的潭水……

後來，我已經能熟練地演奏小提琴，它是我永遠無法割捨的愛好。在不同的時期，我總會參與一些文藝晚會，有機會面對成百上千的觀眾演奏小提琴曲。我總是不由地想起那位耳「聾」的老人，那天清晨我唯一的聽眾……

要訣七　忘掉悲傷

【解讀】

在逆境面前不屈服，首先要忘掉逆境，忘掉悲傷。成功者不是沒有艱辛的過去，只是他們勇敢地挺過來了。悲傷只會使逆境加重，轉變命運必須使自己堅強起來，掙脫苦難的陰影。

【事典】

　　一個用牛皮紙包裝的皺巴巴的包裹上，只寫著幾個簡單的法文：「吉卜林先生。」吉卜林（Joseph Rudyard Kipling）是著名的英國作家和諾貝爾文學獎得主。包裹上潦草而又費力的字，引起了吉卜林的好奇心。他開啟包裹，發現一個紅色的盒子裡放著本法文版小說《基姆》。小說上有一個子彈孔，孔上繫著一根帶子，帶子一端拴著一枚馬爾他十字勳章，勳章是獎勵在戰爭中作戰勇敢的法國將士的。

　　這本書是一個叫哈蒙紐的法國士兵寄來的。他在信中解釋說，幸虧作戰時他帶著這本書，否則他已屍橫沙場了。他請吉卜林收下這表示感激的書和勳章。吉卜林感到這份禮物比他得到的任何其他榮譽更令他激動。透過他的書，上帝挽救了這個士兵的生命。假如他能挽救另一個生命的話，他會覺得世界上所有其他榮譽都微不足道了。

　　二十一年前，也就是西元一八九七年的夏天，吉卜林的美國妻子卡洛琳生下了他們的第三個孩子。他們已經有了兩個女孩約瑟芬和愛爾西。吉卜林很希望這次是個男孩。他永遠也忘不了那幸福的一刻，嬰兒的啼哭聲從產房裡傳出。接著，醫生大喊道：「吉卜林先生，您得了個兒子！」吉卜林注視著襁褓中這個九磅重的嬰兒，當他把這個溫暖的、正打著哈欠的小寶寶置於懷抱中時，心中產生了一種強烈的願望。

　　他們給這個男孩起名約翰·吉卜林，小約翰漸漸長成一個聰明、開朗、快活的孩子。吉卜林覺得自己很幸福。但在西元一八九九年的冬天，災難發生了。吉卜林和他的大女兒約瑟芬得了肺炎。因為沒有抗生素，醫生無法治療這種病，約瑟芬死了。

　　吉卜林盡量不再看約瑟芬的照片或是聽到她的名字，但為了三歲的愛

爾西和僅僅十九個月的約翰，他必須忘掉悲傷。

從一九〇〇年到一九〇七年，吉卜林一家住在南非的開普敦附近。在冬天溫暖的下午，吉卜林喜歡躺在橡樹下的吊床上，孩子們坐在旁邊。小約翰總喜歡在這時提些問題：「爸爸，為什麼豹子身上有斑點？」

吉卜林腦子裡忽然閃過一個念頭。他一本正經地說：「很久很久以前，豹子是金黃色的，牠在廣闊的大草原上以捕捉斑馬和長頸鹿為食，斑馬和長頸鹿為了不被豹子吃掉，就躲進了森林裡。過了很長一段時間，因為這些斑馬和長頸鹿的身體一部分藏在樹陰下，一部分露在樹蔭外，所以斑馬身上有了條紋，長頸鹿身上有了大斑點。豹子為了在森林裡抓住牠的新獵物，也需要改進，於是牠也有了斑點。」

吉卜林把他編的這些關於動物的怪誕童話編成一本書，叫《原來如此故事集》。該書在一九〇二年出版後，得到了評論界的稱讚，他也很快成為世界各地孩子們最喜歡的作家之一。但很少有人能想到這位為孩子們寫出那麼多新奇、有趣故事的作家，自己並不快樂。

魯德亞德‧吉卜林在西元一八六五年出生於印度孟買。不到六歲，他和妹妹坐船到英格蘭去讀書，供養他們的那個女人總是打罵瘦弱的吉卜林，沒收孩子們的家信，還經常把他長時間地鎖在陰冷潮溼的地下室裡。不幸的童年使吉卜林決心要給孩子們更多他所缺少的愛心和快樂。

吉卜林回到印度後，成為一家報社的記者，並利用餘暇寫小說。起初，許多編輯都嘲笑他的作品，有人甚至說：「我覺得這個年輕人不到三十歲就會發瘋而死」。但吉卜林不為所動，繼續自己的創作。他的作品終於得到了公眾的接受，他成了聲名顯赫的作家、學者和政治家。然而，吉卜林對這些讚譽一如當初對待那些嘲諷那樣淡然處之。

此時，吉卜林的兒子約翰已經出落成一個英俊的小夥子，而且特別熱衷於參加學校的體育比賽。吉卜林很喜歡去運動場看他，每當看到兒子在橄欖球場上矯健的身影，他就掩飾不住欣喜的心情。吉卜林覺得十分自豪，這不僅因為約翰是個出色的運動員，更因為他表現出來的超人勇氣和獨特的幽默感。他從不會為贏得一場比賽而沾沾自喜，也不會為輸了一場而垂頭喪氣。在吉卜林眼裡，兒子正漸漸長成一個男子漢。他想鼓勵兒子在厄運面前不屈服的精神，如果約翰能從偉人走過的路中得到一些啟迪，如果他遵循那些價值觀去生活，如果……

一九一〇年，吉卜林開始用寫詩的方式把這些想法告訴他十二歲的兒子，詩作的名字就叫〈如果 —— 〉。評論家們並不認為這首詩是他最優秀的作品之一，然而在短短幾年中，這首只有四節的小詩被譯成二十七種語言在全世界廣泛流傳。不僅學生們記住了它，士兵們也能背誦它。它用淺顯易懂而又催人奮進的語言，解釋了人生的價值。

一九一五年，十七歲的約翰已經長成一個又高又瘦、神采飛揚的小夥子了，一雙炯炯有神的眼睛襯托著一頭栗色的頭髮。戰爭開始後，約翰去軍隊當了兵，吉卜林則前往法國進行關於戰爭題材的創作。八月十五日，在開往前線前向媽媽和姐姐告別時，約翰留下了一句深情的話：「告訴在法國的爸爸，我愛他。」

六個星期後的一天，信差給吉卜林家送來一份前線來的電報，電報上說約翰在一次行動中失蹤了。沒有人能提供具體詳細的消息，但吉卜林還是抱著一線希望跑了一家又一家的野戰醫院，希望能找到曾經和約翰一起作戰的傷員。一家家醫院走過，一個個希望破滅。隨著時間的流逝，吉卜林的痛苦越來越深了。一直到一九一七年底，終於找到了一個知情者，他說約翰已經在兩年前的一次戰役中犧牲了。聽到這個消息，全家人痛不欲

生，因為連約翰的屍骨都不可能找到了。

　　在吉卜林生命的最後十八年中，他把時間全部投入各種為陣亡將士舉行的善後活動中。在那一個個失眠的夜晚，吉卜林呆呆地望著吱吱作響的天花板，在黑暗中苦苦思索著同一個問題：他到底是為何獻出了自己最珍貴的東西？

　　在一次去法國的途中，吉卜林拜訪了那位戰後寄給他書和勳章的士兵，兩人建立了深厚的友誼。當這個士兵有了一個兒子時，吉卜林當了小男孩的教父，並把那本帶著彈孔的書和勳章也給了小男孩。多年來，吉卜林頭一次產生了一種希望：約翰沒有死，他把生命獻給了未來。

　　吉卜林給這男孩起名叫約翰。兩人都懷著吉卜林當年剛有約翰時那種希望和歡喜，期待著他們的兒子長成一個男子漢。

要訣八　嘗試一下失敗的滋味

【解讀】

　　偶爾的失敗難以避免，失敗可以使人更加成熟。害怕失敗的人是不會成功的，他們不敢大膽嘗試，成功的機遇就失去了。轉變命運先要轉變觀念，對失敗的認識如果過於悲觀，那麼他的命運就難以轉變了。

【事典】

　　如果有人經歷的失敗足以葬送一個人為之奮鬥的事業的話，那麼，塞爾吉奧‧齊曼（Sergio Zyman）正是戰勝了這種失敗的人。

　　一九八四年，可口可樂公司授權齊曼扭轉同百事可樂公司競爭引起銷售下跌的不利局面。齊曼的策略是改變可口可樂的配方，以「新可樂」商

標面市，並對此大肆宣傳。然而，這卻沒能保住舊可樂的市場。齊曼的錯誤，從某種程度上說要歸咎於他的自負。

「新可樂」是自美國聞名的埃德塞爾（Edsel）汽車市場失利以來損失最嚴重的新產品。僅七十九天，舊配方的可口可樂又回到了超級市場的貨架上。一年後，受挫的齊曼離開了可口可樂公司。

失敗以及由此帶來的中傷、蒙恥、破滅感，也許並不像人們想像的那般糟。僅七年後，齊曼又殺了回可口可樂公司。

齊曼正是一位有勇氣面對解僱、降職以及某種程度的失敗，最後又能東山再起的人。華特・迪士尼（Walt Disney）在工作初期曾被解僱過。無論是迪士尼還是亨利・福特（Henry Ford），在他們取得巨大成功之前，都曾經經歷了瀕臨破產的困境。

當今的商界變幻莫測，偶爾的失利難以避免，我們必須有勇氣應付面臨的一切。哈佛商學院的約翰・科特（John P. Kotter）教授說：「我可以想像得出，在二十年前董事會在討論一個高階職位的候選人時，有人會說：『這個人三十二歲時就遭受過極大的失敗。』其他人會說：『是的，這不是個好兆頭。』但是今天，同一組董事會卻會說：『讓人擔心的是這個人還未曾經歷過失敗。』」

比爾蓋茲在微軟公司經常冒著失敗的危險，他喜歡僱用犯過錯誤的人。「失敗表明他們肯冒險，」他說，「人們對待錯誤的方式是他們應變的指示器。」

面對失敗，有的人一蹶不振，而有的人卻能重整旗鼓，這是什麼原因呢？曾經經歷過失敗的總經理們及領導藝術專家們提出的答案可供我們借鑑。

　　馬丁‧塞利格曼（Martin E. P. Seligman）這位大學心理學教授，曾對三十家工業企業的雇員進行調查、研究。他說：「那些能從失利中扳回優勢的人是樂觀主義者，他們確信『我的問題是暫時的。』而那些悲觀主義者，他們把失敗看成是永恆的，往往不能捲土重來。」

　　當齊曼離開可口可樂公司後，他有十四個月沒與公司的任何人交談過。他回憶：「這些日子是孤寂的。」但是他並沒有關閉任何門路。他和一個合夥人共同開創了一家諮詢公司。在亞特蘭大的地下室裡（他戲稱之為「齊曼市場」），靠著一臺電腦、一部電話和一臺傳真機，他的公司運作起來。逐漸地，他的諮詢客戶發展到像微軟公司及米勒釀酒公司這樣的大公司。他的信條是：不落俗套，勇於冒險。

　　後來，可口可樂公司甚至也來尋求他的建議。齊曼說：「我做夢也沒想到，公司會請我回去。」管理部門需要他協助整頓。「我們因為不能容忍失敗而喪失了競爭力，」可口可樂公司的總經理羅伯特‧古茲維塔（Roberto Goizueta）承認，「人只要運動就難免摔跟頭。」

　　一九六○年代，吉恩‧萊斯利是世界十大網壇名將之一。「我的目標不是當世界冠軍，而是到溫布頓網球中心打球。」這位健壯的丹麥選手回憶，「每次練球，我都想像在那裡打球的情景，我嗅著草地的芳香，聽著觀眾的呼喊。」一九六九年，萊斯利來到網球中心，被羅德‧拉弗擊敗。

　　二十年後，萊斯利擔任了斯奎波公司的總經理。然而，當他的公司與伯瑞斯特‧邁爾公司合併後，他被排擠出公司。這一年，他進修了宗教和哲學課程。他一直沒有放棄做跨國公司總經理的目標，一九九四年，他獲得了史密斯‧科林畢奇姆公司總經理的職位。

　　瑞克‧米勒（Rick Miller）生長在一個不幸的家庭裡，父親酗酒，他很

早就領悟到，人不可能總能得到他們想要的東西。

　　一九八九年，米勒由於在使公司起死回生方面具有特殊才能而名聲大噪。王安電腦公司請他去扭轉公司瀕臨破產的局面。但電腦行業的競爭遠比米勒預想的嚴峻得多。經過市場衰退的打擊，米勒只好收斂起逼人的氣勢。為了拯救公司，他採取了一連串的保守策略，並廉價出售存貨，以減少損失。然後他離開了公司。王安電腦公司成了一個空架子。但這是最有利的結局了，米勒對此無怨無悔。

　　童年的不幸實際上有助於人們適應環境，教給人們百折不撓。樂觀的人知道他們不可能控制世界。他們把失敗看作是青春期「反應」，儘管棘手、不適，卻是轉向成熟的先導。

　　現在米勒是 AT & T 公司的首席財政官員。當 AT & T 公司的總裁羅伯特・艾倫（Robert E. Allen）第一次會見他時，對他說：「我把你在王安電腦公司的工作經歷視為一個極大的優勢。」在 AT & T 公司，米勒要求那些擔心失敗的新雇員對著鏡子說一聲：「我盡了最大的努力。」如果他們能夠這樣做，無論結果如何，都應被視作成功。

　　伯尼・馬科斯是紐澤西州一個貧窮俄羅斯人的兒子。亞瑟・布蘭克生長在紐約的中下層街區，在那裡，他曾與少年犯為伍。當他十五歲時，父親去世。布蘭克說：「在我的成長過程中，我一直確信生活不是一帆風順的。」

　　一九七八年，布蘭克和馬科斯在洛杉磯一家硬體零售店工作時，被新來的老闆解僱了。第二天，一位從事商業投資的朋友建議他們自己辦公司。馬科斯說：「一旦我不再沉浸在痛苦中，我便發現這個主意並不是妄想。」

現在，馬科斯和布蘭克經營的家庭庫房裝置，在美國迅速發展的家用裝置行業中處於領先地位。馬科斯說：「當你絕望時，你有人生目標嗎？我問了五十五名成功的企業家，四十名都確切地回答：有。」

心理學家羅伯特·史坦伯格（Robert Jeffrey Sternberg）對經理做過這樣的評估，他相信導致失敗的頭號原因是缺少自知之明。所以你必須跳出自我封閉的圈子，採納別人的觀點。

「過去我一直不清楚我給別人留下的是什麼樣的印象。」美國捷運公司的安妮·布斯奎特說。四年前，她任奧卡公司的總經理，她發現，她管轄的兩千名雇員中，有五名故意隱瞞了兩千四百萬美元的損失。她對此負有責任。那時，她在別人的眼裡是一個凡事追求完美的人，這無疑給別人造成一種威脅感和敵對感。下屬們對她極為害怕，以至於不敢上報壞消息。

布斯奎特失去了奧卡公司的工作，這卻給了她挽救美國捷運公司某些小部門的機會。在奧卡公司的失敗，使她的自尊心受到打擊，幾乎令她放棄這個新的機會，但最終卻成為她的動力。

布斯奎特說：「我意識到我必須更加善解人意。」她開始變得更有耐心，並且成為一個很好的聽眾。她學會了如何正確對待壞消息。「我常常自問，為什麼有著共同利益的人，有好的一面也有不好的一面。如果我早這樣做，我早就解決了奧卡公司的問題。」

布斯奎特現在是一位執行副總裁。她的前任老闆托馬斯·瑞德說：「安妮的例子對那些事業陷入泥潭中的人是一個楷模，太多的人因尋求安穩的職位，導致停滯不前。而她勇於面對挑戰，最後成功了。」

正如莎士比亞所說：「不幸釀就甜蜜。」失敗挽救了安妮·布斯奎特，激發了馬科斯和布蘭克，把瑞克·米勒推到了頂峰，也把齊曼造就成為新

世紀的傳奇人物。如果你還不曾失敗過，那麼，為了你的事業，也許你應該嘗試一下失敗的滋味。

第二章

窘境轉運玄機：堅持做人的原則

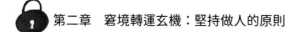

要訣一　對自己的言行負責

【解讀】

　　沒有責任心的人是難成大器的，成就大事，首先要勇於負責，勇於承擔，言行一致。一個人要對自己說出的每句話、做下的每件事負責，才能成為頂天立地的人。做到這一點，再不幸的命運也可以轉變。

【事典】

　　十七歲那年秋天，我高中畢業。和父親站在一起，我的個頭差不多和父親一般高了。可是因為聯考落榜，我整天和村裡的幾個少年廝混，白天和他們一起遊手好閒地東轉西逛，夜晚就聚在村裡的電影場鬼混或躲在小吃店裡無所事事地抽菸、喝酒。

　　家裡人對我憂心忡忡。

　　秋末的一天上午，我們這群人在村東頭遇見了城裡來的一個雞販子，我們攔住他、糾纏他。雞販子一副不屑和我們這群孩子糾纏的樣子，說：「我還要收雞呢，沒時間和你們這群孩子磨牙！」

　　我們無賴似地哈哈大笑起來說：「老兄，你怎麼知道我們就不賣雞？」

　　被糾纏得無法脫身的雞販子十分不耐煩地說：「瞧你們都還是群毛孩子，能擅自做主賣你們家裡的雞嗎？還不是找家長的揍！」

　　這幾句話攪得我們這幫年輕人心頭火起，紛紛拍著胸脯說：「別以為我們做不了主呀，今天我們非把雞賣給你不可！」於是紛紛自報自家要賣幾隻雞，並個個充起買賣行家的模樣，和雞販子七嘴八舌地討價還價。

　　最後我們談定一隻雞兩塊錢，讓雞販子就坐在村頭的老槐樹下等我

們，我們各自回家捉雞來。雞販子一副無可奈何的模樣，擺著手說：「快去快回，過期不候。唉，我這樁生意栽到底了！」

我將家裡的十二隻雞五花大綁著提到槐樹下的時候，其他人早來了，他們的雞已經被關進了雞販子的鐵絲雞籠裡，隻隻哀鳴著。我大刺刺地把雞摔在雞販的面前說：「數數吧，十二隻，連一條腿都不少！」雞販子眉開眼笑疊聲直叫：「好好好，我這就付錢給你。」

這時，剛好父親和母親從農地裡挑糞歸來，一看到我家那五花大綁堆在地上的公雞母雞，母親立刻驚叫起來。我知道這每一隻雞都是母親一粒米一粒米一天天餵大的，現在是我們家的銀行呢，一家人的油鹽醬醋全靠這幾隻雞了。母親說：「你怎麼能賣雞？」

我不理睬母親，對驚慌失措的雞販子說：「給錢吧！」

雞販子遲遲疑疑地徵詢我的母親說：「這雞……還賣嗎？」母親說：「這都是正下蛋的雞呢，我們不賣！」

「賣！」這時父親從人群後擠過來果斷地拍板說，「就按你們剛才說定的價格賣吧。」母親不解地看著父親說：「雞賣了，以後油鹽醬醋從哪來？一隻雞才兩塊錢，平常一隻雞最少也要賣六塊錢的呀！」

「兩塊？」父親愣了一下，又轉身問我說：「這價錢你們剛才說定了？」我才知道，剛才自己做了一樁太虧本的買賣，我有些不好意思地說：「是兩塊錢一隻。」雞販子這時忙訕笑著對父親說：「如果兩塊錢不行，再商量商量，六塊錢一隻行不行？」父親嘆了口氣說：「價格是太低了，可是你們剛才已經說定兩塊錢了，怎麼能反悔呢？就按你們說定的賣。」雞販子一愣，但馬上就掏出一疊錢數數遞給父親說：「就按一隻六塊錢吧，這是七十二塊錢，你數數，你數數。」父親把錢推回去說：「一隻兩塊，十二隻

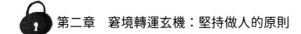

二十四塊，多一分錢我們也不要。已經說定的，不能說反悔就反悔了。」

雞販子把二十四塊錢遞到父親手裡，慌慌張張地挑起雞籠溜走了。父親輕輕拍了拍我的肩膀說：「你已經十七歲了，不再是個孩子了，說出的話就如同潑出去的水，怎麼能隨便就反悔呢？長大了，就要對自己說出的每一句話、做下的每一件事負責，人不這樣，怎麼能活成個頂天立地的人呢？」

品味著父親的話，陡然間我覺得自己長大了，已經一步跨過了孩提和成年的界限，變成了一個說話擲地有聲、對自己所言所行負責的男子漢。

我永遠都不會忘記自己這特殊的成年儀式，在村頭的老槐樹下，十二隻雞，二十四塊錢，還有父親那慈愛而嚴肅的臉，那隨風飛向遠方的、一句句樸實而鏗鏘的話……

要訣二　寬以待人

【解讀】

苛刻最能傷害人的自尊，而寬容則可以給人溫暖，催人奮進。轉變命運要從學會寬以待人開始，給人方便，自己的路才會寬闊。寬容他人要有愛心，要有容人的雅量，只要設身處地地為他人著想，便不難做到。

【事典】

那年我上高一，物理成績一塌糊塗。

物理老師是一個剛出大學校門不久的年輕人，心高氣傲，整日夢想著在學校裡來一場翻天覆地的教改。班上許多同學，有男生也有女生，視他為偶像，跟他關係很好。

　　我不在其中。我不是物理老師眼中的好學生。我白天沉迷於小說中無法自拔，晚上住在學校的廣播室裡，一張接一張地聽唱片 —— 那種老式的密紋唱片，聽到夜深。不僅如此，那時的我還無可救藥地暗戀著班上一個男生，他是班長，成績優秀且高大英俊。

　　第一個學期，期中考試，我的物理考了五十八分。

　　事情終於發展到不可收拾的地步。那天下午，最後一節物理課，我昏昏欲睡。臨下課的時候，老師把前一天交上去的作業本發下來。我一翻開本子就趕緊合上，生怕同學看見，我的本子上，是一個鮮紅醒目的大叉。

　　這時老師說：「我想請一位同學上來，把昨天的題再做一遍。」

　　我努力將身體縮成小小的一團，這樣老師就不會注意到我。可是老師還是叫了：「施涼！」自己聽了十五年的名字，此刻像一道驚雷，從耳邊隆隆駛過。

　　我硬著頭皮走到黑板前。我知道我做不出這道題。既然吃了一把叉，老師又還沒有訂正講評，我怎麼知道它該怎麼做？我在講臺上站成了一截木頭。

　　老師催促：「不要浪費大家的時間了！」

　　我絕望地抓起粉筆，照我昨天的做法，在黑板上重新寫了一遍。錯就錯吧，我不在乎了，只要做完回到座位上，就解脫了。

　　但是老師不放過我。他說：「你先別下去，我請一位同學來做給你看。」他又叫了一個名字，我知道我的臉在瞬間變得慘白，他叫了班長。

　　班長上前來，飛速解題，然後放下粉筆，回座位去了。我仍舊僵立在那裡，看見老師嘴角露出一縷微笑。老師問我：「現在知道怎麼做了吧？」

　　我還是不知道，但是我點頭。老師終於肯放過我，說：「你下去吧。」

我垂頭走回座位。

救命的鈴聲響起，放學了。我不動，我要等所有人都走了才出去。

教室喧鬧一陣，又沉寂下來。我拎起書包起身，班長竟然站在講臺上！他在擦黑板，粉筆灰落下來，白的，沒有聲音。我往門口走。他轉過身來看我，一句話也不說。

我知道我從此再也沒有機會令他對我重建好感。今天，眾目睽睽之下，我是一段斧痕累累的木頭，木質已經腐朽。而我的暗戀的種子，縱然有淚水澆灌，也再沒有機會發芽。

後來我讀三毛的書，讀到小小年紀的三毛被老師在臉上畫熊貓黑眼圈，放聲大哭。

再後來，聽我的語文老師講，物理老師那樣對我，其實是恨鐵不成鋼。他特地去問過其他科目的老師，施涼成績怎樣，結果所有的老師都說：「施涼，好學生啊。怎麼了？」

據說他當時十分尷尬。

他想刺痛我，令我上進。他以為一耳光把我打倒，我會站起來對他感恩戴德。他不知道我那時還年輕，還很脆弱，我需要的是呵護和鼓勵，我不需要這樣的刺痛教育。他還不知道的是，他毀了我的自尊，這樣的恥辱在我心裡激起的只有仇恨，令我此後一生都不會再去親近那一門學科。

當老師還有比他更失敗的嗎？

如此想來，最終被刺痛的，還是他。

現在我是一名大學老師。我對我的學生十分寬容，每一次考試，只要在五十五分以上的，我通通打成六十分。

要訣三　難得糊塗

【解讀】

　　有些事情是沒有必要較真的，糊塗一把反而會對自己有利。處處較真的人只會把事情弄得更糟，反而對自己不利。這是得不償失的。精明人不會使自己難堪，不會令他人討厭自己，皆大歡喜方是最好的結局。

【事典】

　　因為油漆住房，我到附近一家很清靜的小旅館去避居幾日。我帶的行李只是一個裝著兩雙襪子的雪茄菸盒，另有一份舊報紙包著一瓶酒，以備不時之需。

　　午夜左右，忽然聽到浴室中有一種奇怪的聲音。過了一會兒，出現了一隻小老鼠，牠跳上鏡臺，嗅嗅我帶來的那些東西。然後又跳下地，在地板上做了些怪異的老鼠體操。後來牠又跑回浴室，窸窸窣窣，不知忙些什麼，終夜不停。

　　第二天早晨，我對打掃房間的女房務員說：「這間房裡有老鼠，膽子很大，吵了我一夜。」

　　女房務員說：「這旅館裡沒有老鼠。這是頭等旅館，而且所有的房間都剛剛油漆過。」

　　我下樓時對電梯服務人員說：「你們的女房務員倒真忠心。我告訴她說昨天晚上有隻老鼠吵了我一夜。她說那是我的幻覺。」

　　電梯服務人員說：「她說的對。這裡絕對沒有老鼠！」

　　我的話一定被他們傳開了。櫃檯服務員和門口看門的在我走過時，都用怪異的眼光看我：此人只帶兩雙襪子和一瓶酒來住旅館，偏又在絕對不

會有老鼠的旅館裡看見了老鼠！

　　無疑，我的行為替我博得了近乎荒誕的評語，那種嬌慣任性的孩子或是孤傲固執的老人、病夫所常得到的評語。

　　第二天晚上，那隻小老鼠又出來了，照舊跳來跳去，活動一番。我決定採取行動。

　　第三天早晨，我到店裡買了個老鼠籠和一小包鹹肉。我把這兩件東西包好，偷偷帶進旅館，不讓當時值班的員工看見。隔天早晨我起身時，看到老鼠在籠裡，既是活的，又沒有受傷。我不準備對任何人說什麼，只打算把牠連籠子提到樓下，放在櫃檯上，證明我不是無中生有地瞎說。

　　但在我準備走出房門時，忽然想到：我這樣做豈不是太無聊，而且很討厭？

　　是的！我所要做的是爽爽快快地證明，在這個所謂絕對沒有老鼠的旅館裡確實有隻老鼠，從而一舉消滅我以雪茄煙盒裝兩雙襪子、外帶一瓶酒（現在只剩空瓶了）來住旅館而博得怪人的名聲。我這樣做是自貶身價，使我成為一個不惜以任何手段證明我沒有錯的器量狹窄、迂腐無聊的人。

　　我趕快輕輕走回房間，把老鼠放出，讓牠從窗外寬闊的窗臺跑到鄰屋的屋頂上去。

　　半小時後，我下樓退掉房間，離開旅館。出門時把空老鼠籠遞給接待員。

　　廳中的人都向我微笑點頭，看著我推門而去。

　　記住：如果有朝一日，你對某一件事十分肯定，且可以提出確實證據證明時，就該暫時打住，仔細想一想：犧牲你似乎疏散狂放但實際上可喜可愛的性格，換來這樣一個小小的勝利，真的值得嗎？

要訣四　醜不是錯

【解讀】

人不可貌相，因為貌醜而自卑的人是大可不必的。厭惡自己是成功的大敵，也是對人生缺乏認識的表現。轉變命運要從感激生活開始，人們要祛除虛榮心，甩掉不應有的重負。

【事典】

那天，一句「我在想心事」就被嘲笑了好久，夾雜著「哪個少女不懷春」的怪腔怪調。

心內無花亦無淚，何必為這些而哭泣，不就因為我臉上有一塊疤印，因為醜嗎？

因為醜，從小除了父母視我如掌上明珠，似乎沒人青睞過我。小小的我曾經很不在乎，可漸漸地，唱歌跳舞，所有小女孩愛的活動，老師從沒想到過我，儘管我也急不可待地舉起過手；因為醜，同伴們都取笑我，欺負我，我從來都是孤孤單單，從來都只能欣賞別人的美麗。

書，是我唯一的朋友。我愛上了《簡愛》，那是媽媽送給我的十五歲生日禮物。那晚，月色清如水，躺在媽媽懷裡，我做了一個夢，一個少女的藍色的夢……

因為醜，我成了班裡唯一的「白天鵝」——考上了外地的著名工科院校，可「白天鵝」在這裡卻也並未受多大青睞……因為醜，我不敢正視男孩子的眼光，似乎含著一種同情、憐惜，更不敢面向女孩們高傲的頭……

我曾經試圖恨這個世界，為什麼，為什麼世界會這麼美？陽光、鮮花、俊男妙女，還有雨後的新荷……而上帝獨獨馬虎地捏了一個醜醜的

我。可我恨不起來，也許，我也是唯美主義者，沒有了美，我將如何？我不敢想。

我愛美，否則不會獨自跋涉千里，僅為尋一片清透的景色，品味一片晶藍的天空。

我愛美，否則不會在寒夜孤燈下苦苦攻讀，不會為了一本《無怨的青春》而徹夜秉燭，更不會為一張製圖作業上的一筆錯誤而又花上半天的時間重畫。

真的，我愛美，不管是古樸典雅，還是新潮時髦。一如書法的含蓄深沉，現代搖滾的熱情奔放。每逢七夕，每年中秋，月色很好的晚上，我總是找一個最最可愛的地方，學校綠茸茸的草坪，星河相輝的水邊，甚至高高的樓頂，穿上最最漂亮的衣裙，輕悄悄地來去，不帶走一陣風，也不帶走一片月色。我總是祈禱，祈禱那些月圓的世界永遠和美，更希望上天能賜給我屬於我的另一半圓月。

週末，舞廳撲朔迷離，我多想，多想進去舒展一下身姿，卻只能佇立在湖邊，默默地羨慕那些瀟灑的紅男綠女。

因為醜，有了對美的更強嚮往，我已找到了我的天地，雖然渺小卻很美妙，春夜聽雨，殘冬賞雪，還有我所熱愛的事業。

醜不是錯，外表是天生賦予。也許，我已擁有太多太多，總在尋找天堂，殊不知天堂的顏色是透明的，所以我看不到它，其實我也生活在天堂裡。無論如何，對生活應該永遠存著一分感激之心，應該驕傲，屬於我的世界是美麗的人們所無法擁有的。

要訣五　做一個誠實的人

【解讀】

　　誠實才能使人不入歧路，走向一條光明的坦途。厄運都是從不誠實引發的，轉變命運要堅守誠實，任何時候都不要欺騙自己和他人。任何藉口都不是走向墮落的理由，人們當從小事做起，嚴於律己。

【事典】

　　十三年前，我當時只有十歲。

　　一天傍晚，我來到圖書館，只有十多平方公尺的圖書館擠滿了人。我個子矮，隨著擁擠的人群，很輕易地鑽到書架前。我隨手翻了一本《鋼鐵是怎樣煉成的》，要借，我沒有借書證；要買，我沒有錢。媽媽病休，要撫養我們三兄弟，爸爸要守衛邊防，一年也回不來幾趟。我到哪裡去弄錢？

　　我手裡翻弄著這部長篇小說，久久捨不得放下。忽然，一個念頭在我腦海掠過：偷書！當這個念頭一產生，我感到滿臉發熱，頭有點昏，眼有點花。我慌張地望了望四周，人們並沒有留意我。幾秒鐘過去，我內心變得有些鎮靜，我壯著膽，將這厚厚的書塞進腹部，用衣服遮住。

　　正當我神色慌張地踏出圖書館，忽然後面一雙手扭住我：「你做了些什麼？」

　　「我……」我扭轉頭，發現扭住我手的是一位二十來歲的大姐姐，她胸前佩戴著一枚藍色的圖書管理員章。

　　「我錯了。」我眼睛閃著淚花，「我沒有借書證，我家窮，沒有錢買書……」

　　她的手鬆開了，繃緊的面孔也放鬆了，一雙關注的大眼睛望著我身上

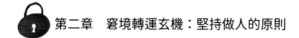

這件補了又補的衣服。

我雙手顫抖地拿出書遞給她，一轉身，拔起腳就跑。

「不要跑。」她叫了一聲。

我發了呆，站在原地一動不動。

她走到我面前，溫和地說道：「做人要做一個誠實的人，不要貪心。這本書算是我送給你的。這間圖書館是我創辦的，歡迎你有空來看書。」她說完，將書遞給我。

我雙手接過書，兩行熱淚情不自禁流了出來。

我一生中做了這樣一件難忘的事。

在這以後，我發憤讀書，做一個誠實的人，像保爾那樣堅強地生活。十年來，我都是這樣鞭策自己。

為了做一個誠實、正直的青年，我頂撞了外國經理，差點被撤職。我堅強地生活著，經受著一切磨練。

現在，我擔任了餐廳經理，我贈送了一部分藏書給失足青年，我希望他們悔恨過去，從書本中取得力量，重新做人。

我的成長，要感謝那位善良的圖書管理員！

要訣六　錯誤有時最美麗

【解讀】

並不是所有的失誤都是錯誤的，意外的收穫常常是失誤所致。錯誤是相對的，重要的是看結果如何，切不可盲目視之。命運的轉變有時源於一次小小的失誤，我們一定要珍視它。

【事典】

　　大二初夏，室友決定追我的一位女同鄉，在圖書館泡了兩天，幾易其稿，一篇情文並茂的情書出「籠」了，而後面只署著「深愛你的人XXX」卻無名字，並約星期六下午六點半X路公車站見。當然，這「絕密」級「情報」我也是後來才知道的。我因天時地利人和的優勢而榮任「信使」之職，奔走的結果得到兩瓶啤酒的「好處費」。

　　我的女同鄉是一位有著極高回頭率的校花級靚女。風聞一年來有三位數的「採花者」遭「刺」。曾蠢蠢欲動的我慮及仁兄們無一得逞，又礙於學校學生會主席的「顏面」而未「妄」動，只好「賊」心不死作壁上觀。

　　又一位「採花郎」，我靜等著看熱鬧。

　　自情書送達後，室友待我特別好，做什麼都拉上我，並自發地承包了飯後洗碗的工作。

　　星期六下午沒課，我洗完澡，換了衣服便等著吃飯，五點半室友便拉著我去了學校餐廳。扔下碗，棋友前來討戰，我正待廝殺，卻被室友硬拉著去散步，出門時他沒忘了擦皮鞋、照鏡子。出了校門，走到車站，室友停下來不走了。我正納悶他要搞什麼名堂，卻見我的女同鄉朝這邊走來。我明白過來，心裡嫉妒室友豔福匪淺，這次有「戲」，又恨他拉著我充當「電燈泡」，打算回去「宰」他一頓出氣。我欲走開，卻見室友跳上一輛靠站的公車獨自跑了，而我的女同鄉卻直接走到我面前。我趕緊打招呼：「吃過飯啦？出來散步？」

　　她低著頭，紅著臉，輕輕地「嗯」了一聲。

　　來來去去的同學不少，熟識的還打著招呼，許多人走了很遠還回過頭朝這邊張望，我於是提議：「你沒事吧？一起走走怎麼樣？」

我們向前走去。

室友在追她，我是知道的，所以，我保持著相當距離。

她一直不開口，我只好沒話找話，問她覺得我的室友怎麼樣，她瞪了我一眼沒回答。

「看了那封信？」我又問。

她點了點頭，臉很紅。

「那你答應啦？」我醋意十足地又問了聲，帶著名花有主地煩悶和懊喪。

她的臉更紅了，卻沒有表示。

我很失望，便沒有再問。兩個人默默地走了很久，不知過了多長時間，她終於開口了：「我走累了，找個地方坐一會兒，好嗎？」

這有什麼不行的。我領她走進一家茶館，點了兩杯飲料。

她低著頭，偶爾抬一下又急忙低下去。她嬌羞緊張不好意思的模樣令我渾身不自在，腳在桌子下邊沒處放只好往後縮，終於沒法縮了，腿卻不爭氣地抖起來。臉上儘是汗，襯衫溼透了貼在背上。

兩個人就這樣乾坐著，誰也沒說話。

老闆看出來我們是一對窮學生，便走過來要求結帳。

逃出了茶館，我推說學生會還有點事，便一起朝學校走去。

到了校園，該分手了，她塞給我一疊飯票，說了聲「我答應你」便跑了。

我愣住了，她答應我什麼？有沒有搞錯？

過了一會兒，經夜風一吹，我似乎有點明白，也醒過神來。手上是一

疊潮乎乎的飯票。

她一定是搞錯了！回到宿舍，躺在床上，我這樣想。

後來我才知道：原來我的室友怕被「刺」下不了臺成為笑料，約了人家卻臨陣脫逃；而我的女同鄉本來對我就有好感，她誤以為我送去的大手筆情書實際是我的「傑作」，於是，我便糊裡糊塗地有了平生第一次約會。

後來，我的女同鄉便成了我的戀人。後來的後來，她成了我的妻子。可到現在，已成家有子的大學室友來信總忘不了向我討要兩瓶啤酒。

要訣七　曲徑通幽

【解讀】

轉變命運不可投機取巧，但可以另闢蹊徑，曲中求得。有進有退是人生的策略，也是成功之法，當靈活運用。人的思維方式不能僵化，有時略作調整，情況就完全改變了。

【事典】

吳老闆異想天開地開了一個花園，門票雖不貴，卻沒什麼遊客。

「花鳥！花鳥！只有花是不夠的，必須還要有鳥；光叫得好聽，或長得漂亮的鳥也不夠，要有會說話的鳥！」吳老闆的朋友說。

「普通鳥好找，會說話的鳥可不容易啊！而且，怎麼找得到人，成天訓練那些鸚鵡、九官和八哥講話呢？」吳老闆直搖頭。

「你放心！包在我身上，保證沒多久，鳥兒全會說話，而且隻隻說的不一樣！」

沒幾個月，吳氏鳥園原本不會半句話的鳥，果然說得唯妙唯肖。消息傳出去，許多家長都帶著孩子來遊玩。而實際上遊園的不多，玩鳥的可真不少。

只聽見「哈囉！」「你好嗎？」「老闆發財！」「梅花、梅花滿天下，有土地就有她！」

鳥聲、人聲此起彼落。

花園的另一邊還在擴建。許多新到的鳥正被放進籠中。

吳老闆和他的朋友，則為那些鳥籠掛上牌子，分別寫著：

「我是金剛鸚鵡，我想說的話是：今天天氣好！」

「我是亞馬遜鸚鵡，我想說的話是：明天會更好！」

「我是灰鸚鵡，我想說的話是：人人發大財！」

吳老闆笑嘻嘻地對遊客點頭：「剛剛運到，還有些陌生，只要你們從早到晚，不斷對牠們說這些牌子上的話，牠們很快就會講了！」

一生辛勤耕耘的老農，臨終前將他好吃懶做的兒子叫到床邊：「我把值錢的東西都藏在了田裡，不難找，只要挖一尺多就能找到。」說完就斷了氣。

父親剛下葬，兒子就衝到田裡尋寶。老人臥病多年廢耕的田已經硬了，年輕人發瘋似地挖了幾個月，什麼也沒找到。

家裡本不富有，老人病中花費不少，喪葬又用去許多，年輕人最後不得不去播種。

收成居然出奇的好，因為幾個月尋寶，一尺多的「深耕」，使作物能良好生長。

老人的話沒錯 —— 年輕人真找到了值錢的東西！

　　政府有個政策，應該讓人民立刻知道，卻又因為問題敏感，不適合由政府宣布，甚至不能明著講。正在進退兩難之際，主其事的人突然靈機一動。

　　他把幾個大媒體的記者找到辦公室，正要談事情，突然屬下進來，在他耳邊說了一句話，他便向記者告罪，匆匆衝出門去。

　　記者們久等不見要員，焦急地走來走去，突然紛紛奪門而出，回去發了新聞，正是政府希望民眾知道的事。

　　因為他們東瞧瞧、西看看，在要員桌上發現了那個「不小心」曝光的公文夾。

要訣八　沒錢的時候心最慌

【解讀】

　　人不能脫離實際，因為錢的緣故，許多人的命運有了不同的轉變。轉變命運需要經濟支持，離開這一點，一切都是很艱難的。對錢盲目鄙視是不可取的，對錢盲目崇拜是不可為的。

【事典】

　　我於一九七〇年出生在內蒙古赤峰山區，父母親均為教師。從我有記憶開始，家裡每天就是玉米麵餅子配鹹菜。所以店裡那一毛三分錢一個、閃著油光的白麵麵包，便成為我最初的、最執著的嚮往。我向父親要錢，想買一個嘗嘗，僅僅是嘗嘗什麼味道。可是父親簡單明瞭地告訴我：沒錢！

　　是的，沒有錢，沒有錢我就只能分泌一點唾液和著玉米麵餅子使勁地

往下嚥，眼睛含情脈脈地盯著櫃檯裡那一毛三分錢的麵包！而當店員悄悄走過來問我是否買一個時，我會馬上羞愧地走開，嘴裡一迭聲地冒出：「不不不買！」

所以我一直忌妒麵包店店員，不過我想如果我是店員的話，一定會忍不住偷吃的！

兒時對我最大的一個打擊就是，不到五年級，我最最要好的小英子退學了。小英子是個小女孩，和我從小一塊玩著泥巴長大，每每扮家家酒都是她當新娘、我當新郎的，上學是手拉手一起走的那種。

兒時的記憶裡，稱得上溫暖的，只有山中偶爾出現的陽光和小英子的手！可是她竟退學了！我找到她時，她小小的臉慘白慘白，「我爸說了，沒錢！」她這樣對我說，記憶中她還咧開嘴笑了笑！我卻第一次哭了，在一個小女孩面前。可是我也沒有錢！

然而，境況畢竟漸漸好起來，父親按著「學而優則仕」的觀點，咬緊牙關送我到城裡中學讀書，我的天地忽然變得寬闊了一些，心情也好了許多。可是我卻第一次打了架，而且還是和我最好的朋友。

事情是這樣的。初二時，一個星期日，我想邀好朋友阿豆去城裡唯一的一家電影院看電影，當時他正躺在被窩裡，我讓他去他不去，我說我請你看當然是我掏錢了！最後他卻急了，說你去就自己去吧，非拉我去做什麼！我猛地掀開被子發現他赤條條一絲不掛，於是他急了，和我打了起來，爭吵平息後，大家都走了，宿舍裡剩下我們兩人時，他說：「你怎麼就沒仔細瞧瞧呢？我只有這麼一套衣服，洗了晾在外面，我正在被窩裡等著衣服乾呢，怎麼能和你去看電影呢？！」

「你就這一套衣服？」我有些急！

「我哪有錢買第二套呀！」阿豆低下頭。

後來阿豆也不唸書了！阿豆退學時，家鄉傳來消息說小英子死了，是病死的，得的是一種能治好卻沒錢治的病！是的，沒錢治。

我那時卻沒有哭，也不知為什麼，我卻有些憎恨錢了！

終於，幸運地考上了大學！全家人都很高興，可是母親見到了錄取通知書上的「成都」兩個字，忽然又皺起了眉頭。天哪，從東北到西南，太遠了！得花多少錢呀！

錢！又是錢！為了省錢，母親沒有讓父親送我，而是讓我一個人踏上了南下的列車！

因為怕我在車上弄丟錢，所以母親沒讓我隨身帶更多的錢，一應費用都在我到校後再匯。然而下車後我要上廁所，廁所卻要收費五毛，我身上已經一分錢也沒有了！

輔導老師笑著拍拍我的肩膀，遞給我五毛錢，去時慌慌張張、回來穩穩當當。我回來時又還給老師三毛，我自己帶了手紙，省下三毛！

我很高興，我已經長大了，我已經開始知道省錢了！

上大學期間沒有回過家，為了省錢。

有一個在大學裡很要好的女性朋友 —— 不是戀愛卻無話不談的那種，在畢業前找到我，宣布了一條消息：她要嫁給系主任了！畢業就結婚！

天哪！我說你是瘋了吧！他的歲數是你的三倍還多個零頭呢？我激動地抓疼了她的手臂。

「別大驚小怪的，沒什麼別的原因，就是我不想再回去了，我們家那地方太窮了，沒有錢！很簡單，我嫁給他，我就能留校，他還答應給我父

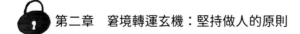

母每個月寄二百塊錢⋯⋯」

後來她的話我就印象不太深了，只記得我一再地祝福她，祝福得她兩眼發直，淚水直打轉，低下頭再不說一句話。

過後我回寢室時，嘴裡不由自主地冒出一句：鈔票，I LOVE YOU!

畢業實習時，經面試去了深圳一家臺商獨資企業，剛到時公司請我們去員工旅遊，身邊一廣東同事拉我去豪華餐廳、酒樓、舞廳、夜總會開開眼界。

我大吼一聲：「不去！」

其實我多想去多想去多想去。

可是我沒錢我沒錢我沒錢！

還不到二十五歲，不敢說很「滄桑」，可是卻總結出一條真理來：口袋裡沒錢的時候心最慌！

要訣九　莫把無時當有時

【解讀】

不忘本的人能時刻保持警覺之心，絕不放縱自己，他的命運只會向好的方面轉變。得意忘形者是膚淺的，也是坎坷的，只會把大好的局面斷送。轉變命運要居安思危，永遠激勵自己。

【事典】

五月十四日，是我二十九歲的生日，按中國人論虛不論實的傳統，過了這天，我就該是三十歲了。古語有云「三十而立」，這是一個很重要、

也很有意義的日子。

　　我的運氣不錯，三十歲的生日正逢星期六，可以從容地度過。此前，妻子與我商議，要好好慶賀一下，先去亞運村康樂宮，再往莫斯科餐廳吃晚飯，誰知到了這天正要出門，卻有一個朋友心急火燎跑了來，說需要一篇稿子，十萬火急，立等發排，讓我盡快趕出來。

　　計畫打亂了，而立之歲的生日，便在敲擊電腦鍵盤的嘀嘀嗒嗒聲中悄悄流逝過去，直到快晚上七點，才算了事，對妻子苦著臉一笑。妻子這時才說了一句話：看來天注定你就是吃苦的命。我無可爭辯。妻子又說總歸是三十大壽，好歹要慶賀一下，提議就回大學吃頓飯吧。

　　真是善解人意。我離開母校七年了，今日如果重返母校，在重溫舊夢中度過三十歲的生日，自然再合適不過。

　　踏入大學的全日餐廳，已是晚上八點。我還記得，這裡從前是學生餐廳，看來金錢年代，即便清靜學府，亦不能只顧藏在象牙塔裡，一味「詩云子曰」、「雪月風花」了。故地重遊，歷歷依舊，只有牆上掛著的幾幅字畫，是新添的物品。

　　我們坐的是小方桌，在偌大的廳堂裡，還有一些大圓餐桌，中間擱著轉盤。遊目四顧，一些學生模樣的人正成群結夥地圍桌狂飲，比賽著喝啤酒，腳邊地上散落著些喝空的啤酒瓶。

　　遊目四顧，有一桌的人好像是吃完了，差不多已經走光，此時，正有一個老人，穿一件草黃色夾克，一條黑褲子，樸素近乎土氣，慢慢地從放在肘邊的一個黑色皮包裡掏出一個圓矮胖肚的罐頭瓶子，把桌上的剩菜連湯帶水地倒入瓶中。一個瘦高的年輕人，穿著一身質地不算好的藍色運動裝，好像是這個老人的兒子，幫助著父親把剩菜裝瓶，一邊還東張西望。

我趕快低下頭來。

我怕這個小夥子看見我的眼光。也許他會不好意思。

我再抬頭的時候，老人正捧著一個塑膠杯，年輕人一邊四下打量，一邊迅速把長盤中的半個魚頭塞進了塑膠杯。

我再次低下頭。我不想讓我的眼光成為一把刀子，割戮年輕人自尊的心靈。

我說不出心中是怎樣的滋味。剛才那張桌上還有七八個人的，這桌飯也許是學生們請同學的父親，也許父親請兒子的同學。但是當別人都走光，這對父子卻拖延到最後，為的只不過是打包這些殘羹剩飯。不知為什麼，「樹猶如此，人何以堪」時未曾流出的淚，這會兒卻潸然而出。我並不譏笑這一對父子，我對他們只有尊敬。我想站起來，要幾道最好的菜送給他們，表達我對老人，尤其是這個年輕人的尊敬。但我沒有動彈。

「老 X，把這些菜端走吧，帶回去給孩子吃。」

這個在我的整個童年和少年時期，一直迴盪在我的耳邊的聲音，此時忽然響起來，嗡嗡地震得耳膜生痛。

父親那時被下放到一個偏僻小縣的一家工廠裡，母親受牽連，亦下放到這個縣。母親幾乎沒有收入，父親一個月只有四十幾塊錢的薪資，家裡卻有十來張嘴等著吃飯，十來個身體等著穿衣。

父親的工廠裡常有職工聚餐，分到父親的那份，父親永遠不肯動一下，別人吃不了剩下的東西，也總是歸了父親。他拿一個碩大的鋁鍋，連湯帶水地全部端回家來。每當這個時候，他總會讓我在一旁幫忙。

這樣的東西別人是連看也不願多看一眼的，在我們家，父母卻捨不得吃，全部省下來給孩子，而我們也就像過年一樣。

我就是這樣吃著蕃薯、黃葉菜和別人的剩湯剩飯成長的。

如今家裡是有錢了，有自己的汽車，有自己的房子，父親和母親有能力對別人慷慨了，自己卻仍是捨不得花，一分錢攥在手裡能捏出水來。若非來人，吃菜要到黃昏去買，那時候的菜最便宜；穿衣要穿最廉價的粗布，父母常教育我們說：「要把有時當無時，莫把無時當有時。」

常有人問父母生財之道。父母卻老是笑笑，並不回答。讓他們怎麼回答呢？說不要怕失敗，不要怕挫折，就能發財？別人不信。但我知道，我們就是這樣過來的。而我們之所以從不害怕挫折，從不害怕失敗，是因為我們曾經吃過別人吃不下的飯食；曾經穿過別人不屑於穿的衣裳；曾經忍受過別人忍受不了的苦楚。

「大不了，再過一回從前的日子，那又有什麼呢？」在家裡，這是兄弟姐妹的口頭禪。

窮困是我們的老師。它教我們這些孩子咬緊牙關，從不怨天尤人，也教我們利用別人所不屑、不敢、不會利用的任何機會的能力。

看著這一個老人，我似乎看到了我的父親。一樣樸實、忠厚、沉默、節儉，而他手裡的罐頭瓶、塑膠杯，也讓我看到了父親手裡的鋁鍋，盛滿的一樣是剩菜剩飯；看著這個年輕人，我便看到了自己，當年幫著父親打包別人剩餘的狼藉時，也和此時此刻的他一樣，羞澀不安。我們心靈是相通的。在我們中間，有一座溝通的橋樑。

我明白，年輕人做出這種舉動更困難，更不易，心理壓力也勢必更大。當年我只是一個小學生、中學生，是在父親工作部門的餐廳裡，是在一個大家都不富裕的年代，更能理解生活與生存內涵的年代。而今天的他卻是一個大學生，是在大學校園裡，是在一個愈見富裕的年代，是在一個

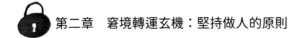

面子比底子更誇大的年代。

　　我也明白，他們不需要憐憫和同情，也不需要任何施捨，就像當年我的父親和我的家庭一樣。

要訣十　學會適當地說「不」

【解讀】

　　在生活中，說「不」有時很難，因為人們往往有太多的顧慮；害怕得罪人，擔心失去朋友、唯恐別人誤解……其實，有時不說，會陷入更大的困窘之中。因此，轉變命運需勇敢地說「不」，有時也需掌握說不的技巧。

【事典】

　　小劉剛開始工作不久，姑媽來看望他。小劉陪著姑媽到城裡轉了轉，就到了吃飯的時間。

　　一上午下來，小劉只剩下二十元人民幣了，這已是他所能拿出來招待姑媽的全部家產。他很想找間小餐廳隨便吃一點，可姑媽卻偏偏相中了一家很體面的餐廳。小劉無奈，只得隨姑媽走了進去。

　　坐下後，姑媽開始點菜，當她徵求小劉意見時，小劉只是含混地說：「隨便，隨便點。」此時，他心中七上八下，衣袋裡那可憐的二十元人民幣顯然是不夠的，這可怎麼是好？小劉幾次張了張嘴，就是沒說出來。

　　可姑媽好像一點也沒注意小劉的不安，她不停地誇獎這裡的飯菜可口，小劉卻什麼味道都沒吃出來。

　　最後的時刻終於來了，服務生拿來了帳單，直接走到小劉的面前。正

在小劉不知所措的時候，姑媽接過帳單，然後把錢給了服務生。

之後，姑媽溫和地笑了，注視著小劉說：「孩子，我知道你的感受，我一直在等待你說『不』，可你為什麼不說呢？要知道，有些時候一定要勇敢、堅決地把這個字說出來，這是最好的選擇。我就是想讓你知道這個道理。」

小劉頓時明白了姑媽的用心良苦。他深深感激姑媽給他上了生動的一課。

拉姆這幾天明顯睡眠不足，他有太多的事情要做。可是，當鄰居傑妮請他過去幫忙弄電腦時，他說：「OK!」

哈特請他幫忙抬電子琴到樓下時，他說：「Yes!」

菲迪問他能否幫忙照看一下小孩時，他說：「Of Course.」

嘉莉要他為她的派對做張海報時，他說：「All Right!」

拉姆的特點是從不說「No」；而歐利在這方面的習慣卻與拉姆大不相同。

早上，露茜阿姨打電話來，問歐利能不能陪她一起去看「蘇富比」拍賣的中國古董。歐利說：「不！」

中午社群報紙打電話問歐利能不能為他們的徵文頒獎。歐利說：「不！」

下午聖若望大學的學生打電話來，問他能不能參加週末的餐會。他說：「不！」

晚上，《華盛頓晚報》傳真來問歐利能不能寫個專欄。他說：「不！」

當拉姆說四個「是」的時候，歐利說了四個「不」！

有人或許認為歐利不近人情，可當事人並沒有這種感覺。因為，歐利很講究方式和技巧。當他說第一個「不」時，同時告訴露茜阿姨：「下次拍

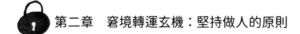

賣古董，我會去。至於今天，因為我對家具、器物、玉石的了解不多，很難提出好的建議。」歐利說第二個「不」時，他說：「因為我已經做了評審，貴報又在最近連著刊登我的新聞，而且在一篇有關座談會的報導中讚美了我，批評了別人。如果再去頒獎，怕要引人猜測，顯得有失客觀。」歐利說第三個「不」時，他說：「因為近來有坐骨神經痛之苦，必須在硬椅子上直挺挺地坐著，像是挨罰一般，而且不耐久坐，為免煞風景，以後再找機會！」歐利說第四個「不」時，他以傳真告訴對方：「最近已經寄出一篇文章，專欄等以後有空再寫。」

　　儘管歐利說了「不」，但是說得委婉。他確實拒絕了，但拒絕得有理，因此能夠取得對方的諒解，自己也落得清閒，而不像拉姆那樣使自己睡眠不足。

要訣十一　蒼天不負有心人

【解讀】

　　幸運只會眷顧有心人，凡事留心就不會錯過好事了。在生活中善於發現和捕捉機遇，這是幸福人生的祕訣。不要抱怨身邊不愉快的事，它也許是轉變命運的契機，用心才能發現。

【事典】

　　約翰・甘布士最初是美國一家紡織廠的小技師。當時，他所在的地區發生了經濟危機，不少工廠和商店紛紛倒閉，被迫賤價拋售堆積如山的存貨，價錢低到一美元可以買到一百雙襪子。

　　甘布士發現這是一次不可多得的商機，馬上把手邊的積蓄拿來收購低

價貨物。人們見到他這股傻勁，都嘲笑他是十足的蠢材。

　　甘布士對別人的嘲笑漠然置之，依舊收購工廠和商店拋售的貨物，並租了很大的貨倉來貯貨。存貨越來越多，妻子也有些沉不住氣了，她勸甘布士不要再冒險，否則將血本無歸。但甘布士依然故我，只是遺憾自己沒有更多的資金進貨。

　　十多天後，賤價拋售也找不到買主了，貨主便把所有存貨用車運走燒掉了事。事情的發展讓人膽顫心驚，此時，甘布士雖然內外交困，卻依然不為所動。

　　終於，美國政府採取了緊急行動，穩定物價，並且大力支持廠商復業。這時，該地區因焚燒的貨物過多，存貨奇缺，物價一天天飛漲。甘布士馬上拋售庫存的大量貨物。在決定拋售貨物時，妻子又勸丈夫暫時不忙出售貨物，因為物價還在一天一天飛漲。甘布士卻平靜地說：「是拋售的時候了，再拖延一段時間，就會後悔莫及。」

　　果然，甘布士的存貨剛剛售完，物價便跌了下來。

　　後來，甘布士用這筆賺來的錢，開設了五家百貨商店，業務由此發達，最終成為了全美舉足輕重的商業鉅子。

要訣十二　正視不經意的行為

【解讀】

　　轉變命運有時緣於上天的青睞，這要求人們細心觀察，深入總結，而不是消極等待。努力總會有收穫，這是成功的定律。對一切都視而不見的人，他會失去很多良機，反之則會獲益多多。

【事典】

西元一八八五年，亞特蘭大市一個名叫潘伯頓（John Pemberton）的業餘藥劑師，經過無數次試驗，最後以古柯樹葉和柯拉樹籽作基本原料，煉製成一種有一定療效的健腦藥汁，這便是美國最初上市的可口可樂。商品名稱「可口可樂」即是「古柯」和「柯拉」兩詞的諧譯。古柯樹葉和柯拉樹籽均具強興奮作用，常被印第安人和西非人用作消乏之物。

作為一種藥品，可口可樂當時的銷售量是微乎其微的。然而，一天，一名頭痛病人來到店內，要求店員當場給他沖藥服用。這個店員調配後，不是向瓶裡注入規定分量的自來水，而是注入了隨手錯拿的蘇打水。那位患者並不挑剔，他深呷一口，卻禁不住連聲叫起「妙」來。

誰也不曾想到，一名店員不經意的行為，竟從此觸發了可口可樂釀造和銷售上的「大革命」，根本改變了它的市場地位。原先五花八門的可口可樂廣告上除了「包治神經百病」的誇示外，此刻又加上了「芳醇可口、益氣壯神」等讚語，年銷售量居然從原來的二十五加侖猛增到西元一八八七年的一千零四十九加侖。可口可樂，竟奇蹟般地從一種藥劑搖身一變而成為風行各地的飲料了。

但是，時來運轉何姍姍！面對健康惡化和經濟困難的窮境，潘伯頓不得不把專利權轉讓他人，自己則在一文不名中鬱鬱死去。他的後繼者坎德勒（Asa Griggs Candler）立刻把他對宗教的篤信，轉移到了對品質的改進和對利潤的追求上。他和助手們苦心孤詣，反覆嘗試，煉丹術和化學方法齊頭並進，最後把糖漿巧妙地溶進了這種液體。此外，他們在裝潢和廣告上也是不遺餘力的。到了一九○二年，可口可樂年銷售量驟增至三十六萬多加侖，其廣告費用也高達十二萬美元。可口可樂在世界許多地區成了最熱門的美國貨。

在西元十九世紀末二十世紀初的宗教運動和禁酒運動中，可口可樂更找到了大行其道的良機，因為它對上帝的信徒是一種「聖潔的飲料」，而備受牧師們的青睞。在古巴獨立戰爭中，可口可樂的釀造人又透過特許代銷制兜售自己的產品，這一制度一直沿襲至今。

坎德勒終於如願以償，以前人的一紙配方為自己積攢了億萬身家。

第二次世界大戰爆發後，隨著美軍參戰，可口可樂也湧向硝煙瀰漫的戰場。當美國可口可樂公司宣布將追隨美國三軍人員的腳步，在世界任何地方為他們生產五分錢一瓶的可口可樂時，整個珍珠港的歡騰場面簡直非筆墨所能形容。連當時的美國陸軍部也深信，冰鎮可口可樂是「提高士氣」的一大佳品。據說士兵懷揣一瓶國人製造的可口可樂，「會提醒他們在為誰而戰」。

於是，由於食糖緊張而在國內棄置不用的機器，被空運到各個戰區就地生產可口可樂。從北非到義大利，建立起一個又一個可口可樂製造廠，機器的轟鳴與槍炮的呼嘯相應和，譜出了一首奇特的交響曲。

美軍最高當局向製造商提出了鉅額訂貨，要求他們用優質高產的服務「支持」反法西斯戰爭。可口可樂達到了問世以來的最高生產紀錄，甚至變成衡量美軍兵力的標準之一。如果希特勒了解到，從太平洋東岸到易北河西岸，美國大兵們沿途一共喝掉了一百億瓶可口可樂，他大概也會吃驚得瞠目結舌哩！

大戰剛結束，便有六十四個嶄新的可口可樂製造廠從歐、亞、非洲的廢墟上拔地而起，其中五十九個是美國出資贊助的。

至於今天，可口可樂更是幾乎無處不在地向其他飲料業發出先聲奪人的挑戰。

第二章　窘境轉運玄機：堅持做人的原則

第三章

苦境轉運玄機：相信這個世界是美好的

要訣一　遺忘生活中醜惡的東西

【解讀】

轉變命運要先使心境轉變，這就需要遺忘生活中醜惡的東西，把目光盯在美好的事物之上。這不是自我欺騙，而是改變心境的良方。心中懷有仇恨和痛苦是無益於改變一切的，這只能使人生活在黑暗之中，悲觀絕望。

【事典】

有段時間我曾極度痛苦，幾乎無法自拔，以至於想到了死。那是在安德魯沙出國後不久。在他臨走時，我倆第一次、也是最後一次一起過夜。我知道，他永遠不會回來了，我們的鴛鴦夢再也不會重溫了。我也不願那樣，但我還是鬱鬱寡歡，無精打采。一天，我路過一家半地下室式的菜店，見一位美麗無比的婦人正踏著臺階上來 —— 太美了，簡直是拉斐爾〈聖母像〉的再版！我不知不覺放慢了腳步，凝視著她的臉。因為起初我只能看到她的臉。但當她走上來時，我才發現她矮得像個侏儒，而且還駝背。我垂下眼皮，快步走開了。我羞愧萬分⋯⋯瓦柳卡，我對自己說，你四肢發育正常，身體健康，長相也不錯，怎麼能整天這樣垂頭喪氣呢？打起精神來！像剛才那位可憐的人才是真正不幸的人⋯⋯

我永遠也忘不了那個長得像聖母一樣的駝背女人。每當我滿腹或者痛苦悲傷的時候，她便出現在我的腦海裡。我就是這樣學會了不自怨自艾。而如何使自己幸福愉快，卻是從一位老太太那裡學來的。

那次事件以後，我很快又陷入了煩惱，但這次我知道如何克服這種情緒。於是，我便去夏日樂園漫步散心。我順便帶了件快要完工的刺繡桌布，

免得空手坐在那裡無所事事。我穿上一件極簡單、樸素的連衣裙，把頭髮在腦後隨便梳了一條大辮子。又不是去參加舞會，只不過去散散心而已。

來到公園，找個空位子坐下，便飛針走線地繡起花來。一邊繡，一邊告誡自己：「打起精神！平靜下來！要知道，你並沒有什麼不幸。」這樣一想，確實平靜了許多，於是就準備回家。恰在這時，坐在對面的一個老太太起身朝我走來。

「如果您不急著走的話，」她說，「我可以坐在這裡跟您聊聊嗎？」

「當然可以！」

她在我身邊坐下，面帶微笑地望著我說：「知道嗎，我看了您好長時間了，真覺得是一種享受。現在像您這樣的可真不多見。」

「什麼不多見？」

「您的一切！在現代化的列寧格勒市中心，忽然看到一位梳長辮子的俊秀姑娘，穿一身樸素的白麻布裙子，坐在這裡繡花！簡直想像不出這是多麼美好的景象！我要把它珍藏在我的幸福之籃裡。」

「什麼，幸福之籃？」

「這是個祕密！不過我還是想告訴您。您希望自己幸福嗎？」

「當然了，誰不願自己幸福呀。」

「誰都願意幸福，但並不是所有的人都懂得怎樣才能幸福。我教您吧，算是對您的獎賞。孩子，幸福並不是成功、運氣、甚至愛情。您這麼年輕，也許會以為愛就是幸福。不是的。幸福就是那些快樂的時刻，一顆寧靜的心對著什麼人或什麼東西發出的微笑。我坐在椅子上，看到對面一位漂亮姑娘在聚精會神地繡花，我的心就向您微笑了。我已把這一時刻記錄下來，為了以後一遍遍地回憶。我把它裝進我的幸福之籃裡了。這樣，

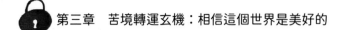

每當我難過時，我就開啟籃子，將裡面的珍品細細品味一遍，其中會有個我取名為『白衣姑娘在夏日樂園刺繡』的時刻。想到它，此情此景便會立即重現，我就會看到，在深綠的樹葉與潔白的雕塑襯托下，一位姑娘正在聚精會神地繡花。我就會想起陽光透過椴樹的枝葉灑在您的衣裙上；您的辮子從椅子後面垂下來，幾乎拖到地上；您的涼鞋有點磨腳，您就脫下涼鞋，赤著腳；腳趾頭還朝裡彎著，因為地面有點涼。我也許還會想起更多，一些此時我還沒有想到的細節。」

「太奇妙了！」我驚呼起來，「一隻裝滿幸福時刻的籃子！您一生都在收集幸福嗎？」

「自從一位智者教我這樣做以後。您知道他，您一定讀過他的作品。他就是阿列克桑德拉·格林。我們是老朋友，是他親口告訴我的。在他寫的許多故事中也都能看到這個意思。遺忘生活中醜惡的東西，而把美好的東西永遠保留在記憶中。但這樣的記憶需經過訓練才行，所以我就發明了這個心中的幸福之籃。」

我謝了這位老婦人，朝家走去。路上我開始回憶童年以來的幸福時刻。回到家時，我的幸福之籃裡已經有了第一批珍品。

要訣二　開啟心鎖

【解讀】

相信這個世界是美好的，一個人才會不覺得孤獨和無助，他的意志才會更加堅強。轉變命運不能固執己見，要虛心接受他人的勸告和幫助。大自然的啟示都在提醒著人們，切不可讓心關閉。

【事典】

　　大衛來參加夏令營時剛好十歲。他是帶著生活中的許多「垃圾」來的。他有個酗酒的父親，脾氣暴躁，總是用拳頭說話。大衛曾不止一次地目睹父親把母親打得死去活來。他還有個十二歲的姐姐，正如許多在這樣家庭中長大的孩子一樣，她變得內向寡言，並且很善於不讓別人注意自己。而大衛剛好相反，他執拗地反抗父親的暴怒，但每次都在暴打中敗下陣來。他被貼上了一大堆診斷標籤，比如注意缺陷障礙、學習能力障礙、行為障礙、品行障礙等。儘管他吃過六種藥，但是沒效，他在學校裡仍然經常和別的孩子打架。大衛初來營地時，我們看到的是一個面色蒼白、怒氣沖沖的孩子，他的目光總是躲著別人，走起路來雙肩低垂，拖著沉重的步伐。用一句話形容：一副垂頭喪氣的樣子。

　　開營的第一天，大衛就和別的孩子扭打起來。奇蹟！十秒鐘的爭鬥在他臉上留下了「痕跡」──他的下唇給打腫了。這棒極了，因為他再一次被打敗，被夥伴們疏離，而這正好反映了他當時內心的感受。於是，你可以想像，在起初的兩天裡，大衛很不容易接近，他抗拒著，與別人保持距離，不與其他孩子接觸。

　　然而，隨著活動的展開，他開始漸漸地信任我們了。終於，在第三天做小組活動的時候，我們有了突破。大衛談到他的父親，談到家庭中的暴力，談到他的恐懼、憤怒和憂傷。

　　他哭了，淚水滌蕩著他內心深處的傷害，滌蕩著多年來一直占據內心的悲傷。慢慢地，他的哭泣變成了抽泣，深深的抽泣……

　　從那以後，大衛變了。他的臉色紅潤起來，他開始笑了，能與人對視，也能與其他孩子融洽地相處了。他甚至允許成年輔導員摟著他的脖

子。他終於活過來了，一步步從自我保護的硬殼裡鑽出來，重新成為他自己，這過程令人難以置信。他成了那週夏令營裡最大的奇蹟。

夏令營結束前一天下午（第二天家長們就要來把孩子接回去了），大衛又和別的孩子打起來了。從夏令營第一天之後，他一直沒再打過架。不過，營員們在父母來接他們的前一天感到焦慮是很常見的，有的孩子會意識到自己將重新回到不健康的環境，有的孩子會感到悲傷，因為他們即將離開已經非常親密的新朋友。

我們把兩個孩子分開，讓他們自己解決爭端，然後我請大衛和我一起出去走走。我邊走邊對他說，在這一週中他所做的一切努力是多麼令我驕傲，他曾怎樣勇敢地開放自己，他信任我們，允許我們走進他的內心，一週來他有了多麼大的改變。就在那時，一隻美麗的蝴蝶飛過來，撲扇著翅膀在我們身邊飛舞，然後，停在前方小徑上離我們不遠的地方。於是我們停下腳步，欣賞牠的美麗。

我告訴大衛，這隻蝴蝶來得正好。在印第安民間傳說中，人們相信，如果一隻蝴蝶在你行走的路上停留，象徵著你已經或者即將發生重大的轉變，就好像毛毛蟲羽化成蝴蝶一樣。這隻蝴蝶的到來正好證實了我剛才的那些話 —— 你已有了很大的進步。

可是，大衛抬頭看著我。臉上又現出他原有的、垂頭喪氣的神情：「說不定這隻蝴蝶不是為我來的呢，也許牠是為你來的！」

哦！我一時語塞，腦中飛速地搜尋，想要找到可以撫慰他的話。但就在這時，大自然一如它慣常的奇妙替我解了圍。那隻蝴蝶忽然飛到空中，又圍著我們飛舞，最後正好落在大衛的胸前！

我們什麼也沒說，什麼也不必說了。但我永遠忘不了在那個神奇的時

刻，大衛看著那隻蝴蝶，臉上是怎樣的神情！那神情充滿著純真的喜悅和希望。就是在那一刻，他知道了，他相信了，他會和從前不一樣，他的生命和未來會和以前不一樣。似乎也正是在那一時刻，他在這一週內所學到的一切都湧入了他的心田，比如「我可以信任別人，允許別人進入我的內心是安全的，不論我是怎樣的，這個世界上會有人真正關心我、愛我、接受我」。

　　有時，我會為夏令營中和大衛一樣的孩子擔心，因為幼小的他們不得不回到那個不健康、缺少愛和支持的家庭環境中去。但我也相信，那隻奇妙蝴蝶所營造的神奇時刻會深深地植入他們的心田並留下些什麼。當他們在生活中遇到傷害，需要記起自己實際上是多麼可愛、多麼了不起的時候，他們會在自己的心田裡找到那隻神奇的蝴蝶。

要訣三　給人真愛

【解讀】

　　奉獻真愛是無私的，也是最能感動上天和世人的。真愛讓人充滿力量，讓人永不後退。轉變命運要靠真愛來支撐，要靠真愛做動力。有了真愛，一個人就不會深陷谷底。

【事典】

　　暴雨又肆虐地下了一夜。窗外一片漆黑，彷彿整個世界都被大雨沖走了，天地間只剩下「嘩嘩」響。

　　窗內也是一片漆黑，斷電了，安娜大嬸緊緊地摟著四個孩子，一家人蜷縮在床上。她們這座破舊的小棚屋坐落在山坡上，所以地上經常是乾燥的，可現在床下的坑坑窪窪裡都積滿了水，在黑暗中像無數面鏡子一樣發

出幽光，漏雨了。

天亮時，雨停住了，安娜大嬸輕輕地為四個剛入睡的孩子蓋好被子，下床開了門。

呀，山坡下怎麼變成了這種景象？村子裡一片汪洋；村邊那條原來緩緩流淌著的小溪，已變成一條濁黃湍急的大河，好像一夜之間上帝從天外扔下了另一條密西西比河。

安娜大嬸怎麼也不相信自己的眼睛。她匆匆掩上門，急急往山坡下趕去。這個村子有二十幾戶人家，日子都過得挺艱難。年輕力壯的男人剩下的不多，都上前線去了。安娜的丈夫也上了前線，永遠不會回來了——在一個寒冷的深冬的夜裡，一個人敲開了半坡上的小屋，給她帶來了那份陣亡通知書。她家的日子比誰都艱難。

晌午時分，疲乏不堪的安娜大嬸回到了木棚，右手抱著一個小女孩，左手牽著一個小男孩。

「媽媽！」小女兒高興地撲上來，「你把波迪和傑克帶來跟我玩，是嗎？」

「他們以後就和你一起睡了。」安娜嘆了一口氣，說，「可憐的孩子，他們家昨天夜裡叫大水沖走了，可憐的海倫大嬸讓塌下來的屋梁給砸死了。」

她邊說著，邊開啟床邊的大皮箱，給那兩個小孤兒找出兩套乾淨的衣服。

「媽媽，那是我聖誕節要穿的外套！」一直在一旁迷惑不解地看著的大女兒突然大聲抗議道。

接著，大女兒又嘟噥道：「我再也沒有更好的衣裳了。」

安娜轉過身，撫著大女兒的頭髮，慈愛地說：「孩子，他們可是我們家的聖誕貴賓呀。」

「聖誕貴賓？」四個孩子異口同聲地問。

「是的，聖誕貴賓。」安娜大嬸把兩個小孤兒攬在懷裡，用母親特有的目光把自己的四個孩子依次看了一遍，然後說道，「來，孩子們，我給你們講個故事。」

「二十五年前，在密西西比河畔，在媽媽小時候住的小鎮上，住著一位可敬的波莉姨媽，她有很多孩子，就像我們家一樣，可她的丈夫已經死了，是在上一次大戰中死的，你們說，她們的日子難不難？哦，那一年的冬天特別冷。聖誕前夕的下午，大雪紛紛地飄。波莉姨媽在外面累了一天，回家了，手裡只帶著一小包麵包和乳酪。看到孩子們失望的面孔，波莉姨媽說：『孩子們，看我給你們帶來了什麼？』」

「孩子們一看，從波莉姨媽身後走出一個七歲的小姑娘，她是那樣的單薄、瘦弱，小臉凍得發青，渾身冷得直哆嗦。

「孩子們，這是我們的聖誕貴賓，是聖誕老人給你們的禮物。」波莉姨媽說。

「那些哥哥姐姐們忽然明白過來，一擁上前，把小姑娘拉到火爐前，有的給她披上了外套，有的將自己的玩具塞到她手裡。孩子們，你們知道這位七歲的小姑娘是誰嗎？」

四個孩子都搖搖頭。

「她就是我，是你們二十五年前的媽媽。」

好一陣子，孩子們鴉雀無聲。突然他們一起歡呼起來：「媽咪，我們也歡迎我們的聖誕貴賓！」

要訣四　吃苦不是一件可怕的事

【解讀】

一個人如果好逸惡勞，那麼他的命運是不會轉變的，更不會取得成就。不吃苦中苦，難為人上人，想做大事，當從不怕吃苦做起。轉變命運向來都不是一件容易的事，人們要做艱苦的努力，任勞任怨。

【事典】

一般人都怕吃苦，其實苦與不苦，是在比較之下才會產生的感受。就好像好吃與不好吃，是嘗過之後才能加以定論，如果一向都是吃好的，在沒有比較之下，就不覺得好；同樣的，如果一向都是吃不好的，久而久之，也不覺得有什麼不好。了解這層道理後，就不會覺得吃苦是一件可怕的事了。

我出生在新店直潭，身為長子，需要承擔許多粗重的工作，挑水就是其中一項辛苦的差事。每天一大早起床，赤著腳、扛著扁擔，頂著兩頭晃盪不已的水桶，一步步爬上屋後兩百多步高的小山坡，再走到山下汲水，而後循原路挑水回家。這樣往返約五六趟，連挑了十數桶水，才算完成挑水的任務。然後再幫忙其他家務，工作都做完了，便匆匆趕六里山路上學去。

由於從小生活環境即是如此，在心理上認為這些苦役都是分內之事，並不以為苦，彷彿困苦一旦成了習慣，反能安之若素。

小學畢業後，我離鄉背井，到嘉義一家米店當學徒。一年後，家父肯定我有獨立創業的潛能，便貸款了兩百元，供我開米店。

賣米的時候，我用心盤算每家客戶的消耗量，如果一家十口人，每個

月約需二十公斤米，五口之家就是十公斤。我按照這個數字設定標準，如果十口的人家一次叫了二十公斤米，我就等約莫一個月後，猜想他們差不多缺米了，主動將米送到顧客府上。我這樣「服務到家」的計畫，一方面確保顧客家中不致斷米，一方面帶給顧客莫大的驚喜。顧客欣賞我的設想周到，絕不會轉向別家米店買米。

米賣出去以後，接著就是收款的問題。對於大多數受薪的家庭而言，則非發薪之日莫屬。於是我牢記每個在不同機構服務的顧客是每月的哪一天領薪，我再去收米錢，十之八九都非常順利。

然而，單只經營米店，並不能讓我滿足。第二年，我增添了碾米裝置。當時，隔壁也有一家日本人經營的碾米廠。他下午五點就停工休息，我則忙著仔細挑去摻在米中的小石，一直工作到晚上十點半；他洗熱水澡，我在屋外的水龍頭旁沖冷水澡，冬天也不例外。如此我每天可省下三分錢，相當於販賣三斗米的利潤。刻苦耐勞下，我終於克服條件上的差異，業績遠勝過隔壁的日本人。

此種用心經營的粗淺經驗逐漸累積，後來在台塑的經營管理制度都用上了。成功雖然也需要風雲際會，更重要的是，機會來臨時，本身早已做好準備。能夠成就事業的人並不見得特別聰穎、能幹，只是比別人多了一分決心，即知即行。

年輕人何必怕吃苦？任何成就莫不由辛苦奮鬥而來。

沒吃過苦，就會怕吃苦，不但難以養成積極進取的精神，反而會採取逃避的態度，久而久之，變得好逸惡勞，人生也很難獲得成就。

對我而言，挫折等於提醒我，某些地方疏失犯錯了，必須運用理性、冷靜分析，以作為下次處事的參考與借鏡。能以正確的態度面對人生所不

能忍的挫折，並從中獲益，挫折的殺傷力就銳減到無。

　　因此，成功的祕訣無他，就是——

　　吃必要的苦，耐必要的勞！

要訣五　養兒方知父母恩

【解讀】

　　一個人真正成熟的時候，是要為下一代打拚的。這種責任感使他無堅不摧，支撐他遠征。生命的意義並不是索取什麼，而是為子孫後代謀取幸福，奉獻精神永遠是轉變命運的柱石。

【事典】

　　生命的誕生是一個痛苦的過程。我思忖著如何給兒子詮釋這個並不高深，但非要用全部身心去體驗的人生哲理。

　　儘管我的兒子只有半個月大。

　　那天早晨八點鐘，我趕到醫院。兩天前，太太就在這裡待產了。

　　到了病房一看，床是空的。急忙衝到待產室，見護士正在給太太做準備。一個小時後，她就要做剖腹產。

　　見太太痛得有點變形的臉，我的心也在一絞一絞地顫動。這個令人驚喜而又懼怕的時刻終於來臨了。十個月來，我們已經做好了種種準備，迎接兒子誕生，而一旦迫在眉睫，我又有點手足無措了。

　　我被阻於家屬止步的手術室外，匆忙中，我伏下身去，親親太太的額頭。她似乎已經讓疼痛占據了意識，沒有做出反應。

手術室的鐵門關上了，把我和太太隔在了兩個不同的空間。陪我一直等候的父親見我忐忑不安的樣子，便過來拍拍我的肩膀：「不要擔心，沒事的。」

我看著父親，彷彿長這麼大，今天才明白父親的心情：怕我長不大，長大了又怕我沒出息，總是緊張兮兮的樣子。

等候是一種生命的煎熬。在一個新生命誕生的時候，我這個當丈夫和父親的能不牽腸掛肚嗎？！

BB.Call 響了，是單位的同事吳 Call 我：「祝生日快樂。」我眼裡閃出了一種柔光，這種早到的祝福令我著實感動。

出來了！從小窗望進去，兩個小護士抱著一個嬰兒出來了。

於是，在一陣狂喜中，我跟著護士把兒子往一樓送。我對著這個閉著眼睛、粉嫩粉嫩的人喃喃道：「兒子啊！叫爸爸。」哎呀，他居然睜開一隻眼睛瞥了我一眼，然後伸伸脖子，張張嘴，又睡去了。

我一直把兒子送到一樓的嬰兒室，我腳下生風，輕飄飄地如踩在雲中，快樂輕鬆的感覺瀰漫全身。

什麼是佳期如夢，什麼是喜從天降，我全感覺到了。

剛當了爺爺的父親，也想伴著孫子下樓去。我急了：太太還在手術室裡面。

又過了二十分鐘，太太被推出來了。我衝了過去，看見她一張蒼白的臉。「太太，我在這裡。」她強撐著睜開眼睛看看我，無力地說：「我很痛！看到兒子了？」

「嗯，看到了。你真偉大，兒子很好，他的小鼻子真像你。」我伏在她的耳邊說。

我推著床把太太往產婦病房送，現在我們已經凱旋了。但在這場浴血奮戰中，我的太太，兒子的母親，經歷了難以想像的痛苦。她勝利了，她是我們家驕傲的旗幟，永遠飄在我們的心中。

我還想讓兒子知道的是：媽媽是一個勇士。當他有一天問自己從什麼地方來的時候，我一定把這個故事原原本本地告訴他。讓他明白愛女人的道理，一個女人為了愛，忍受痛苦去生育新生命，本身就是一種壯舉。僅為此，也應該贏得男人們的尊敬與呵護！

第四天早上，我一踏進病房，見太太淚眼汪汪，看見我進來，哭得更是泣不成聲：

「你不要管我，快去看看兒子吧。」她緊緊地抓住我的手。

原來，剛才，嬰兒室的護士對她說：你兒得了黃疸，要轉到小兒科住院治療。

我馬上衝到五樓小兒科，把兒子的病情了解到連主治醫生都覺得我這人實在煩人的程度。也許在她看來，新生兒黃疸是「小兒科」，不必大驚小怪，而對於我們來說，則是一件天塌下來的大事。

當天下午，剛能轉身的太太居然坐起來，站起來，下地走動了。她堅持要我帶她上五樓看兒子。

一種神奇的力量支撐著她開始了艱難的遠征。從二樓到五樓，要在平時，是輕而易舉的事情，而對於一個剛剛動了一次大手術、還在打葡萄糖點滴的人來說，卻是一條非常漫長難捱的路。

太太臉色蒼白、氣喘吁吁的樣子看來是感動了醫生，不厭其煩地回答太太對兒子情況的詢問。

兒子躺在藍光箱裡接受治療，我們只能在門縫裡看見他戴著黑眼鏡，

赤裸著身子睡在那裡。

　　我勸太太走吧，站得久累著了不好。她不肯，仍然呆呆地看著兒子：「我不能抱他，在這裡陪陪他也好。」說著，眼淚又禁不住下掉。

　　有人說，男人當了父親，才真正地成熟。我很贊成這種觀點，如果說男人結婚是找到生命的另一半，開始意識到對太太承擔起一種責任的話，那是第一次成熟。而第二次成熟則是當他的細胞裡分裂出一個新生命的時候，他會用一種更踏實、更平和的心境去呵護這個家：孩子和孩子的媽。

　　第二天，仍然在企盼中度過，仍然去遠征看探兒子。

　　第三天一早，我睜眼便看到晨曦明媚，是一個陽光普照的好天氣。我走進太太的病房時，見到她露出久違的笑容，她說：醫生來告訴她，兒子的黃疸開始退了。

　　上帝保佑。我欣喜不已。

　　「你快去看看兒子吧，你這個妻離子散的人快要接我們回家了。」這時太太居然有好心情幽我一默了。

　　兩天後，當我抱著兒子帶著太太出院的時候，我對睜大圓圓的眼睛的兒子說：不論你以後碰到什麼傷痛，精神上或者心理上的，都不要怕。

　　兒子當然聽不懂我的話。但兒子卻教會我們如何面對困難，令我們明白自己身上有一股無堅不摧的生命之源：那是一種執著的責任，一種奉獻的精神，一種無私的愛。

要訣六　愛心教育

【解讀】

愛心可以改變一切，轉變命運更離不開愛心。愛心使人無私，教人高尚，遠離低階趣味。愛心要從平凡的小事做起，而不是停留在嘴上。加強愛心教育是使人受惠一生的大事，人們切勿忽視。

【事典】

我當小學生的時候，並不厭惡黑奴制度。我並不知道那有什麼錯。我耳朵裡沒有聽到過責難黑奴制的話；當地的報紙也沒有反對過它。當地牧師教導我們說那是上帝認可的，說這是一件神聖的事，要是懷疑者心裡有疑惑，只要看一看《聖經》就行了 —— 然後我們高聲朗誦一下經文，作為確證。要是黑奴們對黑奴制深深厭惡的話，他們就放聰明點，一聲也不要吭。在漢尼巴爾，我們很少看到黑奴受虐待，至於在農莊上，更是從來沒有過。

不過，我小的時候有一件小事與此有關，這件事一定對我意義重大，不然經過了這麼漫長的歲月，我不會記得這麼清楚，如在眼前一樣。我們有一個黑奴小孩，是從漢尼巴爾那裡僱來的。他是馬里蘭東海岸那邊來的，遠道經過半個美洲大陸，遠離家人親友，賣給了人家。他生性活潑，天真爛漫，喜歡吵吵嚷嚷。他整天唱歌啊，吹口哨啊，叫啊，瘋啊，笑啊 —— 真是瘋瘋癲癲、吵吵嚷嚷，教人受不了。有一天，我終於受不住了，到媽媽那裡告了一狀，說桑迪整整唱了一個鐘頭，一刻也不停，我實在受不了了，問她要不要把他關起來。她眼裡流出了眼淚，嘴唇顫抖地說了這樣的話：

「可憐的，他唱，說明他不在想心事，我就寬一點心；可是他要是不開腔，我看他那是在想心事，我就難受。他再也見不到他媽媽了。要是他還能唱，我就怎麼也不能阻攔他，只有謝天謝地的分。你要是大一些，就會懂得我講的。聽到這孤苦伶仃的孩子吵吵鬧鬧的聲音會教你高興的。」

這是平凡的話，用的是平凡的字眼，可是它打進了我的心坎裡。從此以後，桑迪的吵鬧聲再也不使我煩惱了。

要訣七　流露真情

【解讀】

一句話可以轉變一個人的命運，只要它是充滿真情的。千萬不要小看真情的力量，它雖是無形的，卻是最能震撼人心的。人們需要真情的鼓勵，而冷漠和無情只會促人墮落。

【事典】

隨著年齡增長，我發覺自己越來越與眾不同。我氣惱，我憤恨——怎麼會一生下來就是裂脣！我一跨進校門，同學們就開始譏嘲我。我心裡很清楚，對別人來說，我的模樣令人厭惡：一個小女孩有著一副畸形難看的嘴脣，彎曲的鼻子，傾斜的牙齒，說起話來還結巴。

同學們問我：「你嘴巴怎麼會變得這樣？」我撒謊說小時候摔了一跤，給地上的碎玻璃割破了嘴巴。我覺得這樣說，比告訴他們我天生兔脣要好受點。我越來越敢肯定：除了家裡人以外，沒人會愛我，甚至沒人會喜歡我。

二年級時，我進了老師倫納德夫人的班級。倫納德夫人很胖，很美，

溫馨可愛。她有著金光閃閃的頭髮和一雙黑黑的、笑咪咪的眼睛。每個孩子都喜歡她、敬慕她。但是，沒有一個人比我更愛她。因為有個很不一般的緣故——

低年級學生每年都有「耳語測驗」。孩子們依次走到教室的門邊，用右手摀著右邊耳朵，然後老師在講臺上輕輕說一句話，再由那個孩子把話複述出來。可我的左耳先天失聰，幾乎聽不見任何聲音，我不願把這事說出來，因為同學們會更加嘲笑我的。

不過我有辦法對付這種「耳語測驗」。早在幼稚園做遊戲時，我就發現沒人看你是否真正摀住了耳朵，他們只注意你重複的話對不對。所以每次我都假裝用手蓋緊耳朵。這次和往常一樣，我又是最後一個。每個孩子都興高采烈，因為他們的「耳語測驗」做得挺好。我心想老師會說什麼呢？以前，老師們一般總是說：「天是藍色的。」或者「你有沒有一雙新鞋？」等等。

終於輪到我了，我把左耳對著倫納德老師，同時用右手緊緊摀住了右耳。然後，悄悄把右手抬起一點，這樣就足以聽清老師的話了。

我等待著……然後，倫納德老師說了八個字，這八個字彷彿是一束溫暖的陽光直射我的心田，這八個字撫慰了我受傷的、幼小的心靈，這八個字改變了我對人生的看法。

這位很胖、很美、溫馨可愛的老師輕輕說道：

「我希望你是我女兒！」

要訣八　送一份特別禮物

【解讀】

　　最令人難忘的東西都是催人奮進的，人需要這種特別禮物來激勵自己。轉變命運有時並不像人們想像的那樣複雜，它常常被很簡單的事件促成。人們要學會調整自己的心情，奮發起來。

【事典】

　　密西西比州波士頓的五月，天氣異乎尋常地暖和。星期天的整個早晨，我和妻子帕蒂，一邊在甲板上鼓搗著咖啡，一邊觀賞南地平線雲海翻騰的壯觀景象。幾乎沒什麼風，潮溼的空氣似乎可以滾到手上。

　　我們喝完了兩杯咖啡。這時，天已開始變黑了。耀眼的閃電在地平線上穿梭跳躍，接著是轟隆隆的雷聲。下雨了，我們跑回房間，剛巧電話鈴響了。

　　帕蒂拿起電話，立時眼睛一亮。

　　是我們的兒子戴維打來的。三個月前，他榮升為直升機駕駛員，被派遣到韓國工作一年。

　　這是一個多麼熟悉的聲音啊！從語調上我們可以感覺到戴維興奮的心情。身為一個男子漢，他曾在南太平洋的一座小島上度過了第二次世界大戰。我們意識到他現在非常想家。

　　突然，一個轟隆的霹雷震盪著離窗子不遠的電話機，打斷了兒子和我們和諧的談話。

　　「發生什麼事了？」戴維驚訝地問，「是爆炸聲嗎？」

「不，是打雷的聲音，這些天一直下雨。」帕蒂回答說。

沉默了幾秒鐘，我問：「戴維，你還在那裡嗎？」

「我在想媽媽說的話。『是雷聲。』爸爸，您知道嗎，除了您二位，我最想念的是什麼嗎？是雷聲啊！……我們這裡有雨、雪、風和暴風雪，卻從來聽不到打雷的聲音。爸爸，您還記得我小時候的事嗎？」他接著說：「我們倆趴在地板上，聽著窗外陣陣雷聲。您談笑風生的神態驅散了我的緊張和恐懼。」

「怎麼會不記得。」我竭力控制自己哽咽的聲音。

「我多想在家和您們一起聆聽雷聲啊！」戴維輕輕低語著。

我掛上電話，拿上錄音機、大高爾夫傘和一把木椅，告訴帕蒂說：「我現在要給我們的兒子錄『雷聲』去！」

「鮑伯，鄰居會認為你發瘋了！」

「可戴維不會這麼認為。」我邊說邊向雨中走去。

閃電像節日的煙火，不時在天空閃耀。我打著傘，坐在風雨中，錄下了密西西比河最壯觀、最動聽的雷聲。雖然只有短短的半個小時，可這卻是一個寂寞的人渴望聽到的鄉音啊！第二天，我把錄音帶寄給戴維，並寫了行字：「特別禮物」。

三個星期後，戴維打電話給我們。他變得成熟了。「爸爸，」戴維說，「您或許不相信，昨天晚上我們做了些什麼。我邀請一部分朋友來到我的宿舍，舉辦了『雷聲晚會』。當錄音機裡傳出轟轟的雷聲時，我們都產生了同樣的感覺，一瞬間的沉默，接著是幾分鐘的傷感。可一旦知道我們傾聽的是來自家鄉的聲音，大家都感到無限的快樂，就像放下一個沉重的包袱。我難以描述這盤錄音帶對我意味著什麼。」他繼續說：「我現在所能做

的就是：謝謝您，爸爸！這實在是一份特別禮物。」

那也成為我和帕蒂的特別禮物。

八個月過去了，戴維仍在韓國。我們發現我們正期待著風暴和雷聲。在陰霾的日子裡，我們並不感到壓抑，我們逐漸把暴風雨看得很特別，似乎每個雷聲都把我們和遠在異鄉的兒子緊密地連繫起來。

有時我們甚至想，那是明尼蘇達州的雷聲，在那裡，戴維正教授軍事飛行員。這份「雷聲禮物」已成為我們的傳說，它讓我們懂得：不管在世界什麼地方，我們都由緊緊地連繫在一起。

要訣九　走出情愛的迷途

【解讀】

任何人在情愛面前都有糊塗的時候，這不是情愛的過失，而是人的把持不定。轉變命運要戰勝衝動，不要感情用事，否則就會多災多難。情愛有很大的迷惑性，在此，人們不能失去理智。

【事典】

西元一八八三年，天真爛漫的瑪麗（瑪麗‧居禮）中學畢業後，因家境貧寒無錢去巴黎上大學，只好到一個鄉紳家裡去當家庭教師。

在這裡，瑪麗與鄉紳的大兒子卡西密爾相愛，在他倆計劃結婚時，卻遭到卡西密爾父母的反對。這兩位老人深知瑪麗生性聰明，品性端正。但是，貧窮的女教師怎麼能與自家的錢財和身分相配呢？父親大發雷霆，母親幾乎暈了過去。卡西密爾屈從了父母的意志。

　　失戀的痛苦折磨著瑪麗，她曾有過「向塵世告別」的念頭，但瑪麗畢竟不是平凡的女人，她憑藉著堅強的意志，最終戰勝了自己。於是，她放下情緣，刻苦自學，並幫助當地貧苦農民的孩子學習。

　　幾年後，瑪麗又與卡西密爾進行了最後一次談話。卡西密爾還是那樣優柔寡斷，瑪麗終於砍斷了這根愛戀的繩索，靠幾年來的積蓄去巴黎求學。

　　在巴黎，瑪麗勤奮學習，很快就在學術上脫穎而出。後來，瑪麗與學術夥伴比埃爾·居禮結了婚。從此居禮夫婦不僅成為生活上的伴侶，而且更是事業上的伴侶，為世界科學做出了傑出貢獻。

　　後來，有人稱居禮夫人年輕時的那次失戀是一次「幸運的失戀」。因為如果沒有這次失戀，居禮夫人的歷史將會是另一種寫法，世界上就會少了一位偉大的科學家。

　　在現代文學史上，汪靜之的名字是與詩集《蕙的風》連繫在一起的。

　　還在出生之前，汪靜之便由父母指腹為婚與比他小半歲的曹初蘭定了「娃娃親」。在感情純真的年代，兩人青梅竹馬非常要好。但天妒紅顏，在汪靜之十三歲那年，他的未婚妻突然夭亡。從陣痛期走出來之後，汪靜之便與未婚妻的小姑母曹佩聲成了兩小無猜、親密無間的夥伴。

　　一九〇七年，汪靜之十五歲，年少衝動的他鬼使神差地寫了一首古體詩送給曹佩聲，向她表明了自己的愛慕之情。這多少讓曹佩聲有點驚惶失措，可她還是迫於封建勢力的淫威，和三從四德觀念的束縛，違心地拒絕了汪靜之的求愛。但也沒有叫汪靜之完全失去希望，她同汪靜之約定，待長大後同做隱士，脫離塵俗。可是第二年曹佩聲就由母親做主嫁給了一個紈褲子弟，隱士夢自然也就破滅了。不久，聰明美麗的曹佩聲考取了杭州

女子師範學校。

　　曹佩聲的婚嫁，並沒能使汪靜之的情感冷卻下來。一九二〇年八月，汪靜之終於按捺不住對曹的思念之情，和曹佩聲的丈夫一同就讀於浙江省立第一師範。他在一九二〇年〈題 B 底小影〉那首詩中寫道「愛情被壓在磐石下面／只能在夢中愛你」，這可能就是他對姑母戀情的一種終極方式。望著曹佩聲的小照，汪靜之寫下了深沉的相思：

　　我看著你

　　你看著我

　　四個眼睛兩條視線

　　整整對了半天

　　你也無語

　　我也無言

　　⋯⋯

　　為了回報汪靜之對她的深深愛戀，擺脫情感的困擾，曹佩聲以極大的熱忱和耐心，相繼邀請了浙江女師八位品貌不凡的女同學和汪靜之見面，希望他們相識後能夠成為好朋友。誰知，這八位美人看到身材矮小的汪靜之，對他都不理不睬，嫌他高度不夠。

　　汪靜之在不斷的追求和失戀中，體驗著愛的痛苦。他也想走出情感的迷途，開始新的生活。他對曹佩聲說：「這八個人當中，我最愛符竹因。」他請求曹佩聲再幫他邀請一次。

　　在又一個星期天，曹佩聲夫婦、汪、符四人同遊西湖，符竹因仍沒理他。臨別的時候，他將一本夾著自己一首情詩的《唐詩三百首》虔誠地用雙手捧給符竹因。在他的情詩中，汪靜之還根據《詩經》「綠竹漪漪」的詩

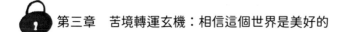

句，替符竹因取了個「綠漪」的別號。

正是汪靜之的這首詩，如同邱比特的箭，射中了符竹因的心，叩開了少女久閉的心扉。不久，符竹因答應與他成為好朋友。為此，汪靜之欣喜若狂，當即寫下了一首讚美詩〈贈綠漪〉。

一九二四年汪靜之與符綠漪在武漢結為伉儷，從此，他們共同生活了六十多年。符綠漪於一九八六年春末去世，汪靜之含淚將其妻於一九三二年攝的一張黑白照片放大著色後，鑲在鏡框中，掛在臥室兼書房的牆壁上。一首他在一九六〇年一月十四日抄寫的〈紅梅 —— 次韻和郭沫若贈綠漪〉的舊體詩貼在遺像的左側，以寄託自己對愛妻的無限哀思。

要訣十　躲開世人好奇的目光

【解讀】

只要自己心滿意足，好運也可以是離經叛道和默默無聞的。轉變命運要大膽追求，不可因為懦弱而使自己終生遺憾。世人眼中的幸福沒有固定的模式，追求自己的目標才是最重要的。

【事典】

一九九四年五月十九日，已故美國總統約翰・甘迺迪的夫人賈桂琳・甘迺迪・歐納西斯，這位曾經名滿世界、被美國人奉為偶像的女人，因患淋巴癌醫治無效，在紐約寓所去世，終年六十四歲。

按照美國的習俗，婦女只要死亡前是獨身，就可與前夫合葬。五月二十三日，賈桂琳與甘迺迪分別三十年後，在華盛頓郊外阿靈頓國家公墓再次相會了。她的漫長旅途，交際花、第一夫人、船王妻子、尋求幸福而

不可得的孤獨老太婆，在她長眠於第一位丈夫的身旁時告終。

　　一九二九年，紐約富豪布維爾家族的長女賈桂琳出生了。父親約翰・布維爾是股票經紀人，紐約出名的花花公子。他是一個美男子，因受到上流社會女人們垂青而有「幸運傑克」的雅號。父親的桃色醜聞屢屢在報紙上曝光，小賈桂琳常因此受到同班同學的揶揄，使她極為傷心，由此非常厭惡新聞記者。母親珍妮特出身於豪門望族，是一位品貌兼優的女性。

　　約翰與珍妮特結婚、生育，但惡習不改，仍然混跡於女人堆裡，加上幾次投資失敗，耗盡了財產，使珍妮特對他喪失了信心。先是分居，終至離婚。賈桂琳這時才十歲。

　　不難想像，在最需要雙親撫愛的時候失去父親，給賈桂琳的成長投下了陰影。有一本書裡寫道：「在雙親離異之後，賈桂琳總感到她是獨自一人走在這個世界上。」母親再婚的丈夫叫休・奧金克洛斯，當然也是富翁。他雖然給賈桂琳提供了優裕的生活條件，卻不能癒合她內心的創傷。

　　賈桂琳在社交界嶄露頭角，是十八歲參加每年一度的「少女社交皇后」評選一舉奪魁；出人頭地則是與參議員約翰・甘迺迪結婚。百萬富翁甘迺迪家族的兒子與紐約交際花的結婚儀式，被新聞界大炒特炒，使賈桂琳的芳名和她的美貌傳遍了美國。七年之後的總統就職儀式，甘迺迪的就職演說和賈桂琳的時裝，同樣成了公眾的熱門話題。美國歷史上最年輕的總統（四十三歲）和年輕（三十一歲）、漂亮、光彩照人的第一夫人，令千百萬美國人傾倒。從此，賈桂琳的一言一行都引起新聞界和公眾的矚目，她成了美國人心目中的「無冕皇后」。賈桂琳卻向與她親近的人抱怨說：「我簡直成了大眾的玩具。三十一歲就失去了一個女人的安靜，實在是一件可怕的事情。」發端於孩提時期對新聞記者的厭惡情緒，在她進入

白宮以後越發強烈。有一次，她帶著愛犬回到白宮，有記者問：「您用什麼東西餵養您的愛犬？」她和顏悅色地笑答道：「記者。」就飛快地跑進孩子們的房間去了。

　　儘管她厭惡新聞記者，但透過記者們無休止地跟蹤、報導，她的知名度越來越高，大家親切地稱她為「賈姬」，把她當作偶像一樣崇拜。

　　賈桂琳如同施展魔法一樣使美國人著迷，在海外同樣引起矚目，每次出國訪問，人們對第一夫人的關注都勝過了總統本人。一九六一年訪問法國時，她的優雅舉止征服了戴高樂將軍，以致甘迺迪在自我介紹時，不無打趣地自嘲說：「我是陪伴賈桂琳來巴黎的那個男人。」當然，「賈桂琳效應」也使甘迺迪總統聲名大振。

　　不過，賈桂琳的婚姻不能說是十分幸福的。結婚以前，好色的甘迺迪就曾受到輿論的批評；結婚後仍然和名演員瑪麗蓮‧夢露等許多情人幽會。在競選總統期間，他也沒有斷絕與女演員斯裘娃黛絲來往。總統就職儀式的當晚，他帶著兩個女演員到人所不知的地方去銷魂。

　　暢銷書《一個名叫賈姬的女人》寫道：「賈桂琳對甘迺迪的好色似乎並不在意，不知是因為她那花花公子父親的緣故，還是因為越不可靠的男人越有魅力。」

　　其實，賈桂琳內心並不那麼平靜。對於丈夫的不忠，她每受一次刺激即花銷幾千美元購買東西，大概就是一種發洩吧。

　　在賈桂琳一生中，遭受的最大刺激莫過於一九六三年十一月二十二日那個黑色星期五。抱著被達拉斯市罪惡的子彈擊中的丈夫身軀，哭喊著：「他們殺死了我的丈夫！」那個十分悲痛的形象深深地印在全世界人們的腦際。突然之間，她變成了世界上最悲哀的悲劇主角，贏得了同情，更贏

得了尊敬。

五年後，賈桂琳突然和希臘船王歐納西斯結婚，衝擊了美國，也衝擊著世界。美國公眾難於承受這種「暴行」。一家報紙悲嘆道：「美國王后為了一個不值錢的男人放棄了自己的地位。」美國《新聞週刊》透露，賈桂琳此舉受到甘迺迪家族的強烈反對，曾想盡一切辦法阻止這樁婚事。競選美國總統的羅伯特・甘迺迪在被暗殺之前還勸她：「你若不改初衷，我也許將因此失去五個州的選票。」

面對這些責難、中傷，賈桂琳向朋友們洩露了她的苦衷：「我是如何的孤獨，你們大概是不會知道的。」

甘迺迪遇刺身亡，他的住所成了華盛頓的一處觀光景點，從早到晚被人圍得密不透風，都想看看賈桂琳母子的身影，弄得賈桂琳不敢出門。為了擺脫這個困境，她帶著兩個孩子移居到紐約五號大街一所能夠俯瞰中央公園的高級公寓。但在這裡依然躲不開公眾的眼睛和新聞記者。

賈桂琳的妹妹李・拉齊維爾說：「賈桂琳為了躲開世界上好奇的目光，需要歐納西斯那樣一個男人。」

羅伯特・甘迺迪遇刺，更加快了賈桂琳走出美國、奔赴希臘的決心。她非常不安地說：「孩子們絕不能再待在這個地方。如果犯罪分子想要趕盡殺絕甘迺迪家族，我的孩子將是下一個目標。」

另外，她之所以再婚，也是對美國人把她當做貞潔的未亡人、硬生生地推上「甘迺迪神話」祭壇的一種反抗。歐納西斯在結婚儀式前接受採訪時說：「她是一個被嚴重誤解了的女性。她被推上極無聊的禮節、貞操等所謂美國婦女美德的祭壇；為了再生，她必須有出格的行為。」

然而，她尋找的「安靜場所」只不過是個「臨時避難所」。似乎從蜜月

開始，他們之間就不斷爭吵，幾乎要分居。後來歐納西斯已經認真地考慮過離婚的問題。其原因，如一位經常寫甘迺迪家族婚姻關係的女記者所說：「歐納西斯曾像父親一樣愛撫賈桂琳；但是由於孩子們在外地上學，為了陪伴孩子，賈桂琳與歐納西斯分離的時間很長，以致歐納西斯與昔日情人瑪麗亞·卡拉絲重續舊情；而且，賈桂琳每月的服裝費就要用去幾萬美元，如此揮霍也激怒了歐納西斯。」

過了七年貌合神離的夫婦生活，歐納西斯已經決心離婚，只是由於他突然患病，在巴黎醫院病故，才未成為事實。賈桂琳的第二次婚姻又因為丈夫去世劃上了句號。她又回到紐約。

兩次婚姻使賈桂琳得到了世界上最高聲譽和億萬財富。她完全可以舒舒服服地度過餘生，可她卻在歐納西斯去世半年之後過起單身女職員的生活。億萬富婆、原第一夫人到《旅遊》出版公司屈就年薪1萬美元的編輯職位，實在令人費解。三年後，她跳槽到《雙人》出版社，理由是，旅遊出版公司不顧她極力反對，出版了影射羅伯特·甘迺迪策劃行刺他哥哥約翰·甘迺迪的推理小說，使她怒不可遏。

幾乎不接受任何採訪的賈桂琳，一九九三年在「不錄影、不照相、不回答個人問題」的嚴格條件下，接受了一家雜誌的採訪。這是她生前最後一次會見記者。採訪是成功的。

這家雜誌的記者寫道：「她給我的印象，是一位典型的專家型人物。她告訴我，如此富有卻去從事收入微薄的編輯工作，是為了使日子過得充實些，因為她非常喜歡書籍。她還說，之所以中意編輯工作，是因為面對著作者和他們的作品，她就會投入全部精力。」

直至六十四歲病倒之前，她度過了近二十年的編輯生涯。身為《雙

人》出版社的高階編輯，每週上班三天，年薪五萬美元，在辦公室的寫字檯上用午餐，她樂此不疲。新聞媒體仍然不讓她安寧。婦女雜誌常用她的照片作封面，那些專門窺探名人行蹤的攝影記者們也不停地捕捉她的行蹤。只要她和男人單獨在一起，立即會有流言不脛而走。

她接觸過不少男人，但大多數只不過是吃一兩頓飯而已。賈桂琳喜歡的男人只有一個，那就是比利時出生的寶石商、六十四歲的莫里斯‧坦帕爾斯曼。起初他只是她的財政顧問，不久就成了戀人，並且在賈桂琳的寓所同居了六年。

人們經常可以看到這對情侶，和賈桂琳的兒孫們一塊在中央公園散步的身影。賈桂琳病情惡化的幾天前，還照過一張兩人攜手散步的照片。坦帕爾斯曼深知賈桂琳的內心：兩次婚姻並沒有使她滿足。只是因為他分居的妻子頑固地堅持不離婚，使他不能與賈桂琳正式成婚。一位記者寫道：「坦帕爾斯曼不想從賈桂琳那裡獲得什麼；相反他使她的財產成倍增長。為了賈桂琳，他願意奉獻一切。」

第三章　苦境轉運玄機：相信這個世界是美好的

第四章

困境轉運玄機：腳踏實地，主動出擊

要訣一　找回失去的自信

【解讀】

　　困難只是暫時的，這是困境中人必須要認知的樸素道理。把自己看得一無是處，把現實看得一團漆黑，這樣的人就只能消沉了。轉變命運首先要有強烈的自信，相信自己才能走出困境，贏得一切。

【事典】

　　每星期五下午下班後，我都得要趕六點半的最後一趟火車回到普林頓和家人歡度週末。通常，火車在晚上九點抵達普林頓車站，我得在車上熬過很長一段時間。這對於忙碌了一週、疲倦不堪的我來說，無疑是一段艱辛的路程。

　　過去，每當我坐在這破舊、簡陋、擁擠的車廂裡，面對著那些睏乏的礦工、提著大包小包的商販和說乾了嘴唇懶得開口的業務員，在沉悶的空氣中昏昏欲睡，有時真感到難以忍受。

　　然而，上個週末，一個在普林頓車站賣玉米的小女孩改變了我的心境。我不知道這個小女孩是什麼時候開始在那裡賣玉米的，但近來我總能在週末晚上的站臺見到她。起初，我根本沒有在意她，可上個週末，我卻和她相識了。

　　那是一個炎熱煩悶的夜晚。我乘坐的火車誤點，接近十點半時火車才抵站。由於肚子餓得發慌，我不由得想起了那小女孩。她是否還會在那裡賣玉米呢？令我驚訝的是，一下火車，我就聽到了她那稚氣、清脆的吆喝聲。

　　「先生，要買玉米嗎？」當她看見我就直接朝我走來。

「嗯，是的。請給我來兩包吧。」

「先生，一美元。」她把盛著玉米、蓋著一塊白紗布的盤子朝我遞來。

她雖然不是天生麗質，但看上去像一個可愛的小天使。在她那稚氣的小臉蛋上，有一雙天真、聰慧、晶瑩的大眼睛，像其他黑人一樣，長著短短的捲髮，厚厚的嘴唇。當她臉上現出甜甜的微笑時，就會露出一排雪白的牙齒來。她的鼻子有點扁平，但還算秀氣。她穿著一條漂亮的粉紅色連衣裙，一雙粉紅色的涼鞋，看上去顯得非常協調、清秀。雖然她是一個非常普通的黑人小姑娘，但從她身上透出一股純真和可愛。

「告訴我，你有多大了？」拿起玉米時，我不禁問道。

「七歲，先生。」

「那麼，你為什麼這麼晚了還在這裡賣玉米呢？」

「唔……這是個祕密。」似乎她拿不定主意是否該告訴我。

「啊，對不起。我只不過隨便問問。」我意識到這會使她為難的。

「不，先生。」她有點不安地說，「沒人知道我的這個祕密。嗯……不過，我想，我是可以告訴你的。」

她靠近我，踮起腳尖，在我耳邊輕聲說道：「我要給媽媽買一件聖誕禮物。」

「是嗎？」我有點驚訝。

「是的，先生。你知道聖誕節快到了，我想給媽媽買一臺錄音機作為聖誕禮物。」

我感到有點困惑。大凡過聖誕節都是父母、長輩或親朋好友給孩子們送禮物，我還從未聽說過這麼小的孩子給大人買禮物的，更不用說是靠自

己的雙手去賺錢買了。

她似乎看出了我的心思，便低下頭，不安地挪著腳說：「爸爸兩年前去世了，媽媽的眼睛從那以後就再也看不見了。所以，我想如果平時能有音樂陪伴著她，也許她會快活一些的。」

猛地，我的心就像被人捏了一把似的。我被她的話深深震動了。我蹲下來，握住她的肩頭，注視著她的雙眼。我看見她眼裡既有一種傷感，又有一種為某個希望而努力的興奮和喜悅。

「啊，真是個好主意。」為了掩飾聽到此話後的震驚和不安，我連忙假裝輕鬆地說，「嗯，太好了，真是件不錯的禮物。我相信當你媽媽在聖誕之夜得到它時，一定會非常非常高興的。」我有意識地強調了「非常」這兩個字。

我發現在她明亮的眼裡閃爍著一種希望和興奮。

聖誕節只剩下三個星期了，我不禁有點擔心她的錢是否攢夠了。

「唔，請你告訴我。現在你已有多少錢了？」

「嗯……大約有三十五美元了。」她有點不安地說。

「太棒了，再加把勁！你知道好的開端就是成功的一半，對嗎？」

儘管我清楚地知道，她的錢離買一臺錄音機還差得很遠，但我卻不願打破她那美好的希望。

「對的，先生。我會盡力的。」聽到我的話，她高興地笑了。

我掏出錢包，抽出一張十美元的鈔票，遞給她：

「你，不用找了。」

「噢，不！先生，這太多了。我媽媽常對我講，不能毫無理由地接受

別人的恩惠。」她使勁地搖著頭說。

　　我立刻意識到我傷害了她的自尊。於是連忙補救道：「請收下吧，你瞧，現在我們不是已成為好朋友了嗎？難道我不能為自己朋友的母親盡一分心嗎？你說，對嗎？」

　　「嗯……」

　　不等她猶豫，我趕快把錢塞進她的手中：「好了，我的小天使。就這樣吧！我想你一定會為實現你的心願而感到高興的。」

　　「好吧。謝謝你，先生。你真是太好了！」也許是我的話起了作用，也許是她非常想實現她那美好的心願，她終於紅著臉說道。

　　接下來，我送她回家。在路上，她告訴了我一些關於她以及她家裡的情況。她是一個小學一年級的學生，除了母親外，家中還有年已七旬的外婆和五歲的弟弟。她父親是一個礦工，在她五歲時死於一次事故。後來，她的母親因悲傷和憂鬱過度，雙眼瞎了，可為了養家餬口，還非得到一家福利廠工作。

　　她的家離車站不遠。那是黑人和一些沒錢的移民居住的地帶。到了她的家門口，她握了握我的手說：「先生，謝謝你送我回家。今晚認識你，我感到非常高興。」

　　「哈，我也有同感。從你身上，我又找到了希望和自信。」我摸摸她的頭繼續說道：「這，也許你還不太明白。今晚對於我來說是多麼的重要。」

　　我又看著她的雙眼一字一句地說道：「請記住。今晚，是你給了我一件世界上最好的禮物。」

　　似乎，她明白了我的話。我看見她使勁地點了點頭。

　　「下星期見，我親愛的小天使。」我彎下腰吻了吻她的額頭。

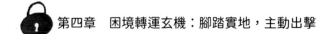

「下星期見，先生。」她朝我揮了揮她的小手。

今天，又是星期五。下班後，我比往常更早些趕往車站。我發覺急於見到那女孩的心情竟如此強烈，因為我知道，正是那女孩使我找到了已失去的自信，和對生活的執著追求。儘管我不得不為生活疲於奔命；儘管公司正面臨危機，自己有可能被裁員；儘管我每週都得鑽進那破舊、擁擠、散發著汙濁空氣的車箱；儘管生活中還有這樣和那樣的不如意，但每當我想起那女孩，特別是她那雙充滿希望的雙眼時，這一切都變得算不了什麼了。

是的，一切都會好起來的。只要你不懈地努力，困難只是暫時的。

要訣二　貧窮誤人

【解讀】

人不要憎恨貧窮，卻要不甘貧窮。只有不甘貧窮，人才會積極向上，轉變命運的渴望也十分強烈。歷盡貧窮，人們方知此中辛酸；不甘貧窮，人們才會奮鬥不止，永不滿足。

【事典】

如果不是那根稻草，肖琴這時有可能已經大學畢業，可現在，肖琴每天要種地、放牛、打豬草，經年累月地生活在曾夢想飛出的窄小天地裡。

一個人的命運，難道真的會懸於一草？

那一年，肖琴五年級，妹妹燕雲二年級。兩個喜歡讀書的小女孩欣喜地盼到開學的九月時，卻在媽媽手裡攥著的兩根稻草前呆住了——「家裡只供得起你們中的一個上學，這兩根草一長一短，抽到長的去上學，短的

留在家裡做事……」妹妹先跑上去抽，之後便是光明燦爛的笑。

草被抽出的一刻所凝固的美麗是短暫的，在姐姐幾乎同時迸出的淚水中，才只七、八歲的妹妹第一次體會了「快樂不僅是快樂」的人生況味，面對成就美麗的痛苦，妹妹的淚水淹沒了她光明燦爛的笑。

直到今天，每次想起、提及，燕雲都會淚水潛然，一顆年輕的心負荷著本不該的沉重，而讀書，不是她的權利嗎？

到底該怪誰？

媽媽握著手中剩下的草，對肖琴說：你認命吧！

可那根草真的是肖琴的命嗎？如果當時妹妹抽到的是這一根，而不是那一根，自己就真的會看著更小的燕雲從此放牛打草，自己讀書上學嗎？

而對感慨於此事的人來說，姐姐讀書、妹妹輟學不同樣讓人悲從中來？所以有人提起，她總是淡淡的，說自己是姐姐，說媽媽很好，她沒別的辦法……

勞作一天之後，坐在門口橫生的老樹上，內向、不喜張揚的肖琴偶爾會目光空茫：她的成績曾那麼好，比妹妹還要好，考試從來不出前三名。妹妹說：「如果姐姐讀書，一定能考上大學，而且肯定比我好得多。」

妹妹考上吉首大學後，姐姐跟著去了一次，並且住了一天。很少表達自我的肖琴說：「進校門的一刻，我的感觸還是蠻大的……」這樣說時，她微低著頭，眼裡有瑩瑩的亮。

到底該怪誰？對肖琴家重如泰山，而對揮霍者不及一盤冷盤的學費，真的有權改變這樣一個熱愛書籍、熱愛生活的女孩的命運嗎？普及多年的「九年制義務教育」又「義務」在了哪裡？而在此之後，社會又能如何提供她繼續教育的可能？

燕雲哭著說：「現在我還沒有能力，等將來畢業後，我一定要讓姐姐的小孩上一個很好很好的學校，不讓這種悲劇重演……」

而肖琴想得比較多的是，怎麼多賺一點錢，幫妹妹讀完大學。媽媽身體不好，外出工作對肖琴來說仍是遙遠。

「肖琴，想過自學嗎？」

「各方面環境條件都不太好，……很難。」

「如果可能，最想做什麼？」

「讀書，當老師。」

「為什麼？」

「我喜歡和孩子在一起，而且，當老師可以幫助一些沒有條件的孩子讀書。」

要訣三　坦誠地向人求助

【解讀】

不要相信人情都是冷漠的，只要付出真心和誠意，幫助你的人就不在少數。人不能自高自大，也不要封閉自己，這都無益於成功。一個人的力量是有限的，轉變命運需要向人表露心聲。

【事典】

許多年前，那時我剛二十歲，冬天的一個晚上，我在某日報採訪部忙著用打字機打稿。送稿工友傳話要我到編輯主任辦公室。編輯主任脾氣很古怪，他靠在旋轉椅背上問我：

「你會彈鋼琴嗎？」

「不會。」

「會拉小提琴嗎？」

「不會。」

「會唱嗎？」

「不會。」

「那麼你去參加蘭心劇院的音樂會。我們的音樂評論員突然死了，今晚的音樂會就交給你去採訪。」

一小時後，我傾聽著克萊斯勒（Fritz Kreisler）的演奏，心醉神迷，大為激動。

真是此曲只應天上有，人間能得幾回聞！我小時候學會說的第一個詞語是「音樂」—— 是我第一次聽見街上的手風琴聲時母親教我說的。可是我家裡卻從來沒有音樂，連舊式大喇叭的留聲機都沒有。童年時聽到的音樂，不過是教堂裡莊嚴的唱詩班的歌聲而已。年紀稍大，我常到公園裡去聽銅管樂隊的演奏。我讀過關於貝多芬、韓德爾、海頓和舒伯特等人的書，卻從未聽過他們的樂曲。

我對音樂一竅不通，而現在卻身在克萊斯勒的音樂會上。若說派我做音樂評論員，除了我們那位編輯主任 —— 他厭惡那些信口雌黃且自以為是的音樂評論 —— 之外，任何人，連我自己在內，都會認為不可思議。但我卻立意要盡力完成這樁奇怪的任務。

這時在劇院通道的另一邊，坐著另一家日報的音樂評論員。那人學問淵博，又擅於舞文弄墨，我可以斷定，明天他準會發表一篇精采評論。我怎麼能夠和他抗衡呢？

　　我只希望交出一篇漂亮的文章，使任何人看了都不會認為我不稱職，我就可以做正式的音樂評論員了。演奏暫停的時候，我從防火梯跑到外邊，獨自在黑暗裡凝思這問題。音樂會一完，我便跑到後臺去敲那位小提琴家化妝室的門。

　　疲乏的克萊斯勒正在接待一群貴婦。

　　「克萊斯勒先生，」我說，「我是記者，有一樁十分重要的事必須和你單獨談談。」我這樣一說，任何有名的人物都會有點心驚。

　　客人都被請了出去，剩下了我和這位在音樂和風範方面都令人仰之彌高的當代人物。我對他傾訴我的窘境，他驚奇地聽著。

　　「你可以幫我寫評論嗎？」我懇求說。

　　他對著我笑了起來。但他果然肯幫忙，告訴我關於他所奏的那首新樂曲的精義。那是位年輕作曲家的作品，他詳細講解樂曲中描寫「礁湖」那段旋律的纖妙和優美，他談到音調的共鳴和聲學以及弱音的運用。

　　我都寫了下來。我那位傑出的對手，無論他寫得怎麼好，在持論確切、了解深入以及對克萊斯勒的讚譽方面，都不能和我經過這位提琴家親自指點而寫的評論相比。

　　我果然成為正式的音樂評論員了。我勤奮地研究和工作，使自己稱職。其後的五年，我參加音樂會和歌劇演唱，總是坐最好的座位。我聽過卡羅索（Enrico Caruso）、泰脫拉吉尼、梅爾芭（Dame Nellie Melba）、諾逃嘉、荷默、嘉登和舒曼漢克等的歌唱；也聽過艾爾曼（Mischa Elman）、海費茲（Jascha Heifetz）、巴德瑞夫斯（Ignacy Jan Paderewski）、鮑爾（Jürg Baur）和嘉倫紐等的演奏；還看過尼金斯基（Vatslav Nijinsky）的舞蹈。最後，我辭去這個好職位，為了到紐約擔任一家音樂雜誌的總編輯。所有的

音樂會我都有免費入場券。

從這次經驗中，我領悟了一項可貴的真理：無論陷於怎樣的困窘境地，只要坦誠地向人求助，人家不見得不會同情諒解而袖手旁觀。我發覺不單偉大的人物如此，許多我曾向其提出請求的不出名人士也是如此。

坦誠對人，並完全相信人有與生俱來的同情心，幾乎不會教你失望。這也許是因為助人比受助會使人獲得更大的滿足。

要訣四　選擇堅強

【解讀】

在困境之中，怯懦是無濟於事的，堅強才會度過難關。轉變命運要有長期的準備，要堅忍不拔。不使自己倒下，方有成功的希望，這需要不斷地鼓勵自己。

【事典】

那年，我才十八歲，剛接到一所師範大學的錄取通知書。那時，父親正病重，已在床上躺了一年。弟妹還小，都在中學讀書。於是，我這個長子便在萬般無奈之下，捏著證明文件到銀行貸款。

接待我的是位五十多歲、頭髮花白的老伯。他接過我的證明，略微一看，便抬起頭細細地打量我。我心中不由惶惑起來，慌亂之中的我只穿了一條舊短褲與一件紅背心，腳還赤著。過了好久，他才淡淡地說：「你就是那個才考上大學的孩子？」我輕輕地「嗯」了一聲，便低頭看向自己的腳丫。老伯放下手中的文件，摸著花白的頭髮在窄窄的室內踱起步來。我慌了，心想這回準借不到錢，先前我曾聽人說過，現在向銀行借錢要先給

紅包，再給回扣，還要找經濟擔保人。可是，我哪來的錢給紅包給回扣又找誰來做擔保？我想伸手去拿回文件，因為我事先已想好：萬一借不到錢，我便不去讀書而去打工，我不信我不能靠自己的雙手來養家。

「別急！」老伯慢慢踱過來，輕按我的手：「借多少？」

「起碼要三千元。」我知道自己的學費要兩千元，弟弟和妹妹至少要六百元。

「三千元？要這麼多？」老伯驚疑地看著我。

「是的，我三兄妹都讀書。」老伯不再說什麼，坐在桌邊去簽寫一張票據。

當我捏著一疊錢正準備離開時，老伯突然走出來，立在我的面前，目光定定地望著我。然後，他把手搭在我的肩上，用力搖了搖：「小夥子，千萬要好好挺著，以後的日子還很長。」那時，正是八月下旬，天氣很悶熱。我望著院外火辣的陽光，再看看手中的錢和那位老伯，淚便滾了下來。

進了學校，辦好一切手續後，我便騎著一輛租來的單車吱吱呀呀地在城裡轉悠了幾天，終於找到了兩份打工的差事：替人守書攤和當家庭教師。每週三下午一～五點替人守書攤；每週三、五、日晚給一個初二的學生輔導功課。

守書攤的攤主是個很和善的老頭。他說他已擺了近十年書攤準備不擺了，可是他聽了我的境遇後便僱了我，說還想再擺幾年。我照看書攤很是認真，時間久了，老頭便誇我這樣的人難得，準會有出息。可是，令我傷心的是，家教學生的母親卻很刁蠻。她不問自己女兒的基礎如何，卻要求我一定將她女兒的成績提高到年級前五名。她還說拿了錢就得辦事，就得

辦好事。委屈的我在一個雨後的中午與書攤的老頭說起這事，老頭聽了，良久才抬起頭，目光望向前方，說：「再忍一忍，挺一挺吧，以後的日子還很長呢！」沒想到，在這異地他鄉，又一個萍水相逢的人對我意味深長地說出這個「挺」字。我不禁悽然淚下，也暗下決心一定要好好挺著。

大二時，父親的病慢慢好了起來。這時弟弟和妹妹也相繼接到大學的入學通知書。那天，又是盛夏，我再次赤著腳，冒著火辣辣的太陽去那家銀行借錢。其時，我的貸款已高達萬元，銀行的主任不想借了，讓我往別處想辦法。我沒說什麼，我知道我無法可想。我找到了那位曾給我簽過借據的老伯。他沒說什麼，將我帶到銀行主任那裡說：「借給他吧，我擔保。」我的鼻子一酸，淚再一次流了出來。我知道，這萬元鉅款若用自己畢業後那三四百元的薪資，就是待到猴年馬月也還不清，我更知道，到時候銀行將會對提供擔保的人採取一定的措施。但沒容我想下去，老伯便牽著我走了。他又一次搖搖我的肩：「小夥子，好好挺著，以後的日子還長呢。」

是的，以後的日子還長，我該好好挺著。當去年九月的某天，我將穿著一新的弟妹送至遠方的城市時，這個信念又一次堅定起來。是的，不管日後的路途如何艱險，不管生活的風雨如何鞭打我稚嫩的雙肩，我都不會妥協。就為那些鼓勵我「好好挺著」的人們，我也要選擇堅強，好好地挺著。

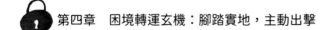

要訣五　不能過高地想像愛情

【解讀】

　　天真和幼稚常使人付出高昂的代價。高估愛情也屬不成熟的表現，其結果必是苦痛的。轉變命運不能依賴幻想，一定要腳踏實地，處處務實。虛無飄渺的浪漫是誤人的，愛情的真諦是樸素無華。

【事典】

　　一九九三年，二十二歲的我大學畢業後，分配到某軍隊文化站工作。到文化站報到的第一天，接待我的是一名長著一張娃娃臉的小兵，叫肖濟。當他張口管我叫大姐的時候，那個樣子滑稽極了，我忍住笑，嚴肅地糾正道：叫大不行，叫姐也不行，部隊不興這套，以後叫名字就行了。

　　這個海南籍的小兵才十九歲，在警衛班做過一年，由於有出色表現，調到文化站負責保衛及清潔工作。我的辦公室就在文化站內，平日我躲在個人辦公室裡寫宣傳稿，寫總結報告，組織部隊的新聞宣傳報導，調整文化站的活動安排，其他還有諸如為機關分派書報，為閱覽室裝訂報紙雜誌等等，雖然事情不算重要，但也挺雜，無暇顧及外面的世界，和肖濟也不常碰面。但每日我去上班的時候，桌上肯定已有一杯沖好的茶水；有時候晚上看書看得太晚，第二天一早就不能按時就餐，每每這個時候，為我準備好早餐的肯定是肖濟。從我辦公室及整個文化站的清潔程度可以看出肖濟的勤快和辛苦，後來許是看我有些忙不過來，每日郵車來時他都主動過來幫我，大批的書報、信件分發和雜誌裝訂，在有了他這個幫手以後，已不是十分累人的事。這個年齡如我弟弟一般的小兵，口勤手快，工作迅速，有農村孩子吃苦耐勞的品德，更有城市同齡人不太具備的清純。時間

一長，這個娃娃臉模樣的小兵已慢慢走進我的心，看著他，就讓我想到遠在他鄉求學的弟弟，我從不適應他一口一聲「小姐姐」的呼喚，到也一口一聲地喊他肖濟小弟，我從內心裡喜歡上他了。

工作了半年多，男朋友來了分手信，說什麼如今天各一方，我又穿上了軍裝，往來多有不便，相聚相廝守的機會十分渺茫，守得住寂寞並不意味守得住清貧，愛情是風花雪月，婚姻是柴米油鹽，有些愛情必須止於愛情，而不能發展成為婚姻。他要輕裝上陣，獨自去闖一番事業了。說白了，也就是放開手腳去賺永遠也不嫌多的鈔票。寫得一手好文章的他，就這麼輕而易舉地把他在校園勾畫出的，如夢如幻的愛情境界給撕得粉碎。看完了信，流了很多淚。大學生涯，因為有這一份情，有這一種相知，習得基礎專業知識外，還獲得了原來以為是一生受用不完的浪漫情懷，卻沒想到到頭來只是一場華而不實的經歷。

那一陣子，我特別消沉，做什麼事都提不起勁。一天，我正坐在辦公室發呆，肖濟走了進來：「小姐姐，你有心事？」我不語，用一種很成人的眼光打量著他。「能不能說與我聽，讓我替你分擔。」「行了，你還小，不懂，去做你的工作。」我想打發他走，但他說出的話卻讓我吃了一驚：「不就是這段時間你沒收到他的信嗎？有什麼了不起的。姐姐平日看來挺開朗的，不應這樣折磨自己。」「你怎麼能懂？」我就再也說不下去了。

日子一天一天平靜地度過。白天我還是很樂觀的樣子；到了晚上，常常對著那些記錄了許多美好時光的日記和信件淚浸天明。我終於病倒在宿舍裡，發著燒，說些別人破譯不出的胡語。軍醫按時上來探望，打針發藥，體溫控制在三十七度。第四天，勉強能動，就把髒衣服洗了，拿到陽臺上去曬。那時已是晚上九十點了，微灑月光的大地顯得異常清冷，恍惚中見陽臺下有一個身影正在拚命揮手，等到意識到是誰在向我揮手時，我

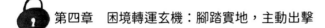

的心異常激動，哽咽的喉嚨怎麼也叫不出那兩個親切的字眼：「小弟！」他已守望了幾天，今天他又守望了幾時，在我，都不很清楚，但病中的我在這份無言的關懷中，心情開始愉悅起來。

再見面時肖濟語無倫次：「你不知道你多讓人擔心，又不能上女宿舍樓，又不便讓人帶話，給你弄的雞蛋都放壞了，別人對你不好，你也對自己不好，你還不要別人對你好。」我自知有愧，也不多言語。

這以後，肖濟來幫我打雜的機會多了，閒時和我聊天話題也多了。他告訴了我許多家鄉的趣事，他為我描述美麗的海南風光。他正確的文字表達及他的聰穎，使我對他沒有考大學繼續唸書而覺得是一種遺憾。當我以後無意把這一遺憾告訴他時，他顯得很詫異：「你真看重這個？文憑對你來說這麼重要嗎？」有一天，他鄭重其事地跟我說：「小姐姐，你輔導我學習，我想考軍校。」我當時十分高興，滿口應承下來，以極大的熱情幫助他購買複習資料，安排學習計畫，先易後難循序漸進地加以輔導。平時以他自學為主，不懂的可以來問我，我間或會安排作業和習題，我甚至還定期測驗，檢查學習結果。這樣的日子沒有喧譁，沒有色彩，也實在是難為不到二十歲的他了。那陣子他總是說：「我好累，你別再逼我。」其實提出上學和考試的是他，而不是我，最後拚命加油的，好像又是我而不是他。我像是琢玉的工匠，一邊琢，一邊為這塊好玉高興，所以越做越開心。

拿到錄取通知的那天，我向他祝賀，可他卻顯得心事重重。

送他上火車。在站臺上，他的眼睛有點紅。低低地說了再說：「我不願離開你，我寧願守著你。」我制止他再說下去：「別胡思亂想，要好好珍惜這個機會。」列車長已經吆喝著要關門了，他默默地上前，雙手環住我，就那麼輕輕地擁抱了我一下。我的心止不住地跳動。這是我們認識一

年多來的第一次肌膚之親，雖然是一個弟弟對姐姐式的，但帶給我的仍是種初戀般的、被擁入懷的顫慄。

很快就來了信。

「小姐姐，對你的思戀一日重似一日 —— 無論是過去還是現在。如果說考軍校拿文憑可以縮短我們之間在學業、知識層次等方面的差距，那麼該做的我已經做了，剩下的則是我所不能的了，相信你不是個太在乎年齡、相貌、家庭條件的人。是你重新塑造了我，是你給了我新的生機和活力，我無法報答，除了一顆純淨的心，我一無所有。我無法保證給你風花雪月的愛情，也無法保證給你大富大貴的生活，但我仍是懇求你，等我四年，好嗎？給我長大的機會，好嗎？我懇求你，用一顆心。」

我被這封平平實實的信深深打動。這麼久，我第一次肖面對失戀後已緊緊將情感世界封閉的自己：這就是再度降臨的愛情嗎？它怎麼和以前、和書中描寫的毫不一樣？我一直在過度地想像愛情，我仍在虛無飄渺的境界中神遊。其實，愛情就是這樣一種情愫：樸實無華，自然率真，是學歷、年齡、相貌、經濟基礎阻隔不了的真實感情。以前的男友用華麗的文字告訴我，有些愛情必須止於愛情，我一直讀不懂。今天，我卻讀懂了一個來自農村的、不到二十歲的小士兵，用他一顆樸素的心和樸素的語言向我揭示的愛情真諦：平實的感情較風花雪月更有彈性和內容。

至今，仍能清晰憶起他的音容：「給我長大的機會，好嗎？」其實，我們都需要長大。

要訣六　尋找和抓住機會

【解讀】

機會是需要發現和掌握的，這不僅需要銳利的眼光，而且需要付諸行動。轉變命運需要主動出擊，勇於決斷，患得患失是成功的大敵，猶豫之際，好運也許就溜走了。

【事典】

一九三四年，美國經濟陷入了大蕭條的困境，旅館業開始衰退，已有八家旅館的希爾頓處處節約，日夜奔波忙碌，但仍然虧本，經濟十分困難。有一次，他想出門坐車，但無錢付車費。為難之際，一位年輕的侍者走來把一包東西塞到他手裡說：「只是些飯錢而已，希爾頓先生。」說完，一溜煙似地跑了。

正是在這些好心人的幫助和激勵下，希爾頓度過了最困難的時期，繼續擴大經營他的旅館業。

一天，他在雜誌上見到一幅照片，這是紐約一幢豪華的旅館亞斯陀利亞。他被這個規模宏大、裝飾華麗的「王后」吸引住了。他悄悄地把照片撕下來裝進了口袋。

一九三九年春天，希爾頓又買下好幾家旅館，並破土興建了幾家新旅館，但他對亞斯陀利亞仍然念念不忘。只要擁有它，就代表擁有了整個旅館業，真的可稱為「旅館業大王」了。

一九四三年春天，希爾頓來到紐約，開始接觸亞斯陀利亞。他眼捷手快，先買下了羅斯福旅館做鋪路石。十月，他又以七百四十萬美元買下了雅緻精巧的樸來莎旅館。

從一九四四年到一九四七年，希爾頓先後收回了史蒂文森旅館，買下了芝加哥的巴爾莫大廈和華盛頓的五月花旅館，他在一步一步向目標接近。

坐落在紐約市派克大道上的亞斯陀利亞旅館是世界名人朝見的聖地，是上層貴族的高階寓所，是紐約的高階社交中心，也是許多人夢寐以求的地方。它有「雙親在上」：一個是亞斯陀利亞旅館公司，另一個是紐約不動產公司。若要買下它，不但要掌握股權，還要得到不動產公司的默許。

而傾慕亞斯陀利亞的不止一家，希爾頓碰上了強硬的競爭對手。但他認為時機已到，不能再等。在董事會仍沒有對購買亞斯陀利亞表態時，他決定用自己的錢先買下來。他請教了華爾街一位行家。在交易所的幫助下，他買下亞斯陀利亞公司的二十五萬股，每股十二美元。幾經波折，希爾頓最後以七百萬美元獲得了亞斯陀利亞的控股權，只剩下三百萬美元現款還沒繳清。

董事會見希爾頓已經下了決心，便同意希爾頓公司參加承購集團，好幾家大公司也答應為希爾頓提供資金。

一九四七年十月十二日，希爾頓終於買下了亞斯陀利亞。希爾頓從看上亞斯陀利亞這位「王后」到最後得到它，整整用了十八年的時間。他終於登上了美國旅館業的王座，成為真正的「旅館業大王」了。

要訣七　絕不低頭

【解讀】

不服輸的精神源於對生活的熱愛，不只為自己奮鬥，才會長久堅持下去，永不言敗。轉變命運不是一朝一夕的事，切不可因一時失敗而氣餒。一個人如果有了崇高的目標，那麼他就不可阻擋了。

【事典】

　　我出生在一個非常偏僻的小山村。父親在我不滿三歲時就去世了，當時我妹妹剛出生兩個月。一家人的生活只能靠母親工作來維持，生活非常艱難。

　　在我的人生中，我最感謝的是母親，她不僅給了我強健的身體，而且教我養成了吃苦耐勞的品格。母親在昏暗的油燈下為我們縫補衣衫的身影，扛著柴禾在山路上蹣跚而行的腳步，還有那掩飾不住辛酸的苦笑，都深深地印在我幼小的心裡。為了減輕母親肩上的重擔，從七歲開始，我就拿起了鐮刀和繩子上山砍柴，一擔擔柴禾由我嫩弱的肩膀挑回家，砍傷了手，壓彎了背。一直到現在，刀疤還清晰可辨，背也沒有直過來。

　　家裡雖然貧窮，母親寧肯自己受苦受累，也要讓我能讀書成才。在上小學的頭天晚上，母親用她的一件舊上衣，給我趕做了一條褲子，第二天早晨，我美滋滋地用布帶子繫上，光著上身，赤裸著雙腳，空著兩手上學去了。母親又趁著中午休息時間，走到五公里外賣了十個雞蛋，買回來二尺布和幾個筆記本，我就這樣揹上了母親給我做的小書包。

　　十三歲時，我考上了離家二十五公里的中學，週六下午，我步行爬山回家；週日下午，我再揹著糧食返回學校。在校住宿，放學後不必上山砍柴了，自然比上小學時輕鬆了許多，但我知道，我每月三元的伙食費，是只會寫自己名字的母親用一顆顆捨不得吃的雞蛋換來的，所以我更加努力地學習。每當我在考試後把成績告訴母親時，她只是微微一笑，做一頓稍好的飯菜，作為獎勵，然後對我說：「我們可不能驕傲，科科都是一百才好。」在母親看來，無論是第幾名，不是一百分就不算是好成績。

　　由於我的學習成績好，又能吃苦耐勞，多次被評為模範生。

　　初中畢業時，根據我的學習成績，校長和老師們都勸我考明星高中，以後再考明星大學，而我所憧憬的路也是如此。可是我沒有勇氣開口。我知道，因過度勞累母親已是疾病纏身，她捨不得花錢買藥，咬著牙硬挺著下地勞作，她把苦澀的淚水趁我們睡熟時默默地嚥下，而在我們面前卻裝出若無其事的樣子。為了給我湊開學的費用，母親拖著勞累到極點的身子到處採藥，每次我接過母親給我的一毛毛的錢時，我覺得接過來的是母親一滴滴的血。我知道，如果我上高中，妹妹就要輟學務農，否則母親無力承擔兩個人的讀書費用。怎麼辦？要想繼續學習，還有一條路：上中等師範學校，這樣可以不用交學費、書費，還能得到助學金，妹妹也可以繼續讀書了。於是我報考了中等師範學校，這是我人生中第一次重大的、情願而又不情願的選擇。

　　一九八四年九月十二日，我懷裡揣著賣了一隻豬得來的錢，扛著行李走進了第一師範學校。

　　入中師剛半年多，一天上午，我們正在上課，班級導師把我叫出教室，遞給我一封電報：「母病危速歸。」當我下了火車，又在夜間步行三十五公里趕回家時，我那操勞一生、從未享過一天福的母親已在一天前閉上了眼睛。悲痛和自責煎熬著我的心，母親走了，而我曾無數次設想過的如何報答母親養育之恩的希望，在這瞬間破滅了。

　　流盡了眼淚，也沒能把母親喚醒。妹妹搖著我的手，可憐巴巴地說：「哥，我們倆怎麼辦呀？」當時我十六歲，正讀小學的妹妹十三歲，我們靠什麼繼續生活、讀書呢？在鄉親們的幫助下，我像一個大人一樣，賣掉了全部家產，還完埋葬母親用的花費，還剩下六百元錢。這點錢根本無法保證我和妹妹的上學花費，怎麼辦？都說人生是漫長的，但最關鍵的只有幾步。讀書，再艱難我也要讀書！於是我把妹妹寄宿在親戚家後，急忙趕

回了學校。從此，我們兄妹兩人相依為命的生活開始了。

中師的第一個暑假，學校的老師和主任同情我的境遇，安排我做打更的工作。學校也從此成了我們兄妹臨時相聚的家。從親戚那裡拿來一些小米，把飯盒當做鍋，在宿舍裡支起了生活的一角。我買了一斤肥肉，熬成油，撒上鹽，每次做菜時放一點。一個月過去了，我接到老師給我的報酬五十八元五角，這是我第一次用自己的勞動賺得的錢。我讓妹妹帶著五十元返回學校，留下了八元五角錢自己用。

助學金僅能維持我的吃飯，而日常需要的花費和妹妹的費用還無法解決，於是在課餘時間，我就到附近的菜場運菜，到車站當打工，到建築工地當抹灰工，這樣每月都能賺一些錢。當時我擔任班長，在打工的同時，還要處理班上的事務，所以我每天五點起床，不浪費一分鐘，力求在課堂上消化所有學習內容。我沒有星期日，也沒有節假日，工作沒有耽誤，每學年的成績都名列第一，連續四年被評為校模範生。

人的一生面臨著無數次的選擇，陽關大道固然車水馬龍，然而崎嶇小路上也不乏心甘情願者。

轉瞬間，四年的中師生活結束了，每年都會選拔百分之二的優秀中師畢業生保送高等師範院校。根據我的學習和工作成績，學校把我排在保送之列。當時正好有一個各種待遇都很高的國營企業到學校要一名學生，校長考慮到我的經濟狀況，徵求我的意見，一些老師和同學也勸我：「你去工作，正好可以供你妹妹讀高中。」我知道，如果我上大學，妹妹讀高中，費用比以往要更多，我和妹妹都要繼續過艱苦的生活。但我知道我是從家鄉的山溝裡第一個靠讀書走出來的孩子，現在的水準僅能當一名小學教員，這只是我人生追求的第一步，我不想這麼早就結束我的求學之路。繼續走下去會更苦更累，可我想起了母親，想起了母親掩藏著苦澀的微

笑，於是我選擇了上大學的路，我想母親會為我的選擇而欣慰的。

一九八八年九月十二日，我進入了從小嚮往的大學校園，成為師範學院中文系一名學生。

首先面對的挑戰是外語，我只有初中的一點底子，中師又扔掉四年，我只能從零開始。每天早晨，同學們還在睡覺，我悄悄地爬起來，躲到牆角裡一遍一遍地朗讀，甚至背下來。經過兩年的努力，我由第一次期中考試全班最後一名，到順利地通全國大學英語四級考試。這時我有一種體會：所謂的可望而不可即，有時是你毫無根據地強加在自己身上的，一旦享受到「一覽眾山小」的愉悅時，過去的高不可攀之感便會消失得無影無蹤。我一直偏愛理科，但中師保送生必須進文科系。對於古典文學，我的基礎很差，為了縮短與同學之間的距離，我就把《文選》上的詩從頭到尾往下背，一年多過去了，我才隱隱約約望見文學殿堂的金碧輝煌。於是我開始學習寫作，偷偷地投稿報刊，當同學們看到我發表在報刊上的第一篇影視評論時，都投來驚訝的目光。

入大學後，我擔任班長，後來又擔任了中文系學生會長工作。但除了學習和工作，在我肩上最沉重的擔子依然是生活，我必須為生活而奔波。入學後的第二週，有人熱心介紹家庭教師的工作給我，每週兩個晚上去上課。我輔導的第一個學生以前語文成績從未超過八十分，我輔導了半年後，期末成績九十八分，家長樂了，學生也樂了，我心裡也有了一份安慰。這之後，我又接了兩個家教，為了我和妹妹的生活，我每週一、三、六晚上和星期日一整天都要出去講課，屬於自己的時間更少了。但我已學會了利用每一分鐘，第一學年結束時，我的學習成績名列第一，獲得了一等獎學金。我把獎學金的一半作為班費，四分之一作為寢室活動費用，剩下的寄給了妹妹。

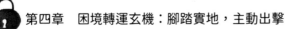

自從母親去世後，我是妹妹的唯一依靠。在妹妹眼裡，我是什麼事都能辦到，任何困難都難不倒的，她的生活費用全部由我來負擔。妹妹在縣裡的中學住宿，每逢假期來到我身邊，積攢了一年的孤寂、苦惱，這時便從她幼小的心裡傾瀉出來。看著流淚的妹妹，我想起了苦難的母親，心裡酸楚，我也想和妹妹一起哭，可我是哥哥，我不能這樣，我擦去她的眼淚，自己則像當年的母親一樣悄悄地嚥下酸澀的淚水。我在妹妹面前裝得大手大腳，不缺吃的，不少花的，唯恐她發現我手頭拮据。我平時不捨得花錢買的菜，這時也買給她。每次臨走時，妹妹都流著淚不願意走，我便狠著心訓斥她。可送走妹妹從火車站回來，我的眼淚便情不自禁地流淌下來，我下決心要照顧好妹妹，以兄長之情彌補她失去的母愛。

我整日忙忙碌碌，為了生活，為了學業，為了工作。我失去了許多年輕人的浪漫，可我不後悔，因為我沒有辜負母親的期望。所以我不斷提醒自己，一定要珍惜、把握現在的一切。這就是屬於我的生活。

我不會低頭，多少痛苦我都熬過來了，我所要做的就是奮鬥，為了我所熱愛的生活，為了給了我無數關懷的老師和同學，為了我的妹妹，更為了備嘗艱辛養育了我而沒有享受我一絲報答的母親……

要訣八　從新的角度去發現

【解讀】

不能用舊眼光看人看事，這是看不出新意的。好的創意源於新的角度，這需要人們跳出窠臼，不落俗套，在創新上下功夫。轉變命運要走創新之路，在此多做努力，成效是顯著的。

【事典】

　　一九八八年，澳洲雪梨歌劇院召開世界廣告大會，主席布羅迪說：「這次盛大會議的主題就是創新。」

　　對事物有獨特的感知和發現，從新的視角發現和提出問題，這是創新的基本要求。

　　美國鮭魚市場上，紅鮭魚與粉紅鮭魚競爭十分激烈，多年不分勝負，但兩方銷售商的廣告都說自己略勝一籌。其實，初期的贏家是銷售粉紅鮭魚的銷售商，知名度和利潤都要比對手高。

　　紅色鮭魚的銷售商立即開會，總經理聲色俱厲地訓斥推銷人員：「給你們九十天時間，縮短這個距離，否則我讓你們摔個全身粉紅。」

　　推銷人員苦苦思索，終於想了一條妙計，只在罐頭上多設計了一條標籤。三個月後，紅色鮭魚的銷售量大大回升，剛開始以為是偶然，又過了三個月，仍然直線上升。

　　總經理十分高興，召見了推銷人員。人們向他彙報，全是那條標籤上的字起了作用。原來，標籤上寫的是：「正宗挪威紅鮭魚，保證不會變成粉紅。」

　　這句廣告語不僅暗示自己的正宗，而「保證」一句既貶低了對方，又不使對方抓到把柄。

要訣九　書中自有黃金屋

【解讀】

在困境中的人們，不可喪失對精神的追求。讀書的快樂能使人從困境中解脫，提高自身的品味，增強戰勝困難的勇氣。擁有知識是成功的資本，轉變命運離不開書籍的指引與啟迪。

【事典】

五〇年代末，飢餓的黑潮席捲了中國，飢餓的每一天都是那麼漫長，嚥下最後一口又澀又苦的野菜湯，就眼巴巴地盯著太陽能快快移到西邊，好再喝上一碗充飢的清湯。等待的時間過得慢，於是盼望自己能入睡，可虛弱的身體上每一根神經都那麼敏感，竟無半絲睡意。終有一日，我努力睡了三次都沒成功時，便瘋狂地在爺爺堂屋裡翻箱倒櫃，儘管知道屋裡不會有半點可吃的東西，我還是來了次大掃蕩，最後從床下拖出一口舊木箱，裡面竟是幾本發黃的厚書，出於無聊，一本本翻看書名，才知是《水滸傳》、《三國演義》、《西遊記》、《新唐書》。為了讓幾乎發瘋的大腦停住奢望食物的狂想，我便隨手翻覽起《水滸傳》來。誰想到一看，我竟進入了曲曲折折的境界中，忘記了飢餓，忘記了難熬的時光。從這以後，我便無法自拔，每天用讀書來解除飢餓的折磨。

終於度過難關，村裡餓死了許多人，但我卻活了下來，我知道是書解緩了飢餓，給予了我活下去的力量。

大考前夕，老師再三警告我：莫讓閒書分神，可我把讀文學名著當作消遣，每當大量的習題攪得我大腦發昏時，我便悠閒地品味幾頁小說，從而迅速地恢復了良好狀態。

有一次，幾個同學相約遊南山，不料剛到山中就遇暴雨，洪水怒吼著將道路沖斷，我們在山嶺中轉悠，終於在天色完全暗下來時，找到一頂牧羊人的帳篷，可牧羊老頭冷著臉一言不發，我悄悄把老頭拉到一邊，用神祕的口吻對他說，我們是說評書的，你要聽嗎？啞巴似的老頭立刻一臉驚喜，他喚起剛睡下的五六個壯漢，點亮了燈盞，忙著為我們燒火做飯。入夜，我擺出一副說書人的架式講起《新唐書》。開始有些緊張，等講過一兩回，自己和聽者都進入故事中。講到半夜，我說一聲「要知後事如何，且聽下回分解」，牧羊人們立刻哀求起來：再來幾段吧！他們說，乾脆今夜為你們宰隻羊，不是還有幾斤白酒嗎？全部拿出來。

　　那一夜，我吃著大塊煮羊肉、喝著燒酒，講了一夜。事後同伴們說多虧了我，我說是多虧了書。

　　全市文化機關舉辦知識競賽，主任直接找我：「你去，就憑你那幾架子書，還怕他繞道？」幾場下來，我不負眾望，獲得全市第一名，我的照片上了市報，市長頒獎時握著我的手說：「這麼年輕就學識淵博，真是人才。」

　　不久，一位相貌出眾、舉止高雅的女孩走進我的生活。她說她之所以嫁給我，是因為我愛書，愛書的男人比愛錢的男人更可靠、更有人情味、更懂得愛情和生活。婚後，她也迷上了讀書。這樣，我們都覺得生活並不是進餐廳、進舞池、逛商場那般狹小、那般乏味，妻子也沒有像許多女士那樣和別人比穿戴、比體面，因此，我們也就不會因為金錢而出現感情的波動。

　　也有為書生氣痛心的時候，有一次鄰居借走柏拉圖的《理想國》等四本書，一月後未見歸還，去問詢，說沒看完，過了半月又去問，他仍說沒

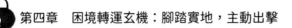

看完，我起疑心再三催問，他才紅著臉說，和媳婦吵架，被她給撕碎投進了火爐。我聽後怒火攻心，心痛萬分，終於摔門而去。以後十幾年我未與那鄰居說過一句話，而且從此不論誰來借書我都絕不答應。

每當夜晚聽到窸窣的輕響，我便迅速爬起來，在房裡仔細搜尋一番，怕老鼠咬壞了書，我還不時買回鼠藥拌好香餌分放在牆四角。有一天半夜，房頂漏雨，等我從夢中驚醒，泥水已漬溼了好幾本書，沒法補救，我一連幾天沒有笑臉。

最近，朋友告訴我，我收藏的許多書都成了收藏精品，當年一本只賣幾角，現在收藏價為每本上百元、上千元。朋友誇獎我，說我是真正有遠見有財富的人。朋友說得不錯，擁有許多書，就擁有許多財富，但這些財富絕不是用錢能衡量的。

要訣十　鬥智不鬥力

【解讀】

人生是充滿競爭的，人們要時時有緊張感。走在人前的人定是智者，而只會使用蠻力，便要落於人後了。轉變命運要努力學習，增長智慧；智慧可以兵不血刃，無往不勝。

【事典】

二十世紀初，美國年輕業務員金‧吉列發明了安全刮鬍刀，投入市場後，十分熱銷。由此，創辦了金‧吉列刮鬍刀公司。當金‧吉列在市場上大紅大紫時，蓋斯門公司沒有像其他競爭者那樣，一心想搶在金‧吉列公司的前頭，而是不動聲色地尾隨其後，祕密地進行大量而周密的市場調

查，收集金‧吉列刮鬍刀的弱點。十七年後，蓋斯門公司推出一種兩面使用、鋒利安全的刀片，它既能安在蓋斯門公司生產的刀架上使用，又能安在金‧吉列公司的刀架上使用。這種刀片進入市場後，很受顧客歡迎，而金‧吉列的老顧客也紛紛改用蓋斯門產品。惱羞成怒的金‧吉列公司連忙推出雙面刀片。然而蓋斯門公司立刻避開刀片上刀架，推出既能使用蓋斯門公司的刀片，又能使用金‧吉列公司新推出刀片的刀架。財大氣粗的金‧吉列公司推翻了原本的刮鬍刀設計，研製出刀架通用型、刀片雙面刃的刮鬍刀，企圖壓垮蓋斯門這個後生，誰知蓋斯門又研製出刀架重量輕、雙面不鏽鋼刀片的刮鬍刀。蓋斯門公司三發重重的悶炮，發發打中金‧吉列公司的後腦杓，在十多年的較量中，金‧吉列公司刮鬍刀的全球市場占有率從初期的百分之九十下降到不足百分之二十五，而百分之七十五的市場則被以蓋斯門為代表的後來居上者瓜分。

　　一九六〇年代初，美國一家小公司威爾森‧哈瑞爾公司製造出一種名叫「處方四〇九」的噴霧清潔劑，由於非常講究品質，堅持信譽至上，因而生意非常好。美國雜貨業大王波克特甘寶公司見生產清潔劑有利可圖，便投入大筆資金，研製一種名叫「新奇」的噴霧清潔劑。這種清潔劑效果好，包裝也很新穎，波克特公司準備投入大量的資金做廣告。在做廣告之前，他派實驗小組到丹佛市做試驗，看銷路如何。面對咄咄逼人的強手，威爾森‧哈瑞爾公司知道要想取勝，只能智取。哈瑞爾立即傳令停止供貨丹佛市，使「處方四〇九」清潔劑在丹佛市場上立刻消失。此時，由於市場上沒有「處方四〇九」清潔劑，「新奇」的銷路一時不錯，而當「新奇」試驗小組剛撤出丹佛市時，威爾森‧哈瑞爾馬上下令把十六盎司和半加侖裝的「處方四〇九」包裝在一起，以往常售價的百分之五十出售。主婦們看到常用的清潔劑又回來了，而且如此便宜，紛紛爭購貯存，這樣一來，

她們半年內再也不用買清潔劑了。「新奇」產品上市後，雖然天天報刊上有名、電視上有形、電臺上有聲，但銷路一直打不開。他們哪裡知道在自己跨出第一步時，便掉入了哈瑞爾巧設的陷阱之中。八個月後，波克特甘寶公司的決策者們認為清潔劑市場不易占領，都洩了氣，把目光轉到別的目標上去了。「處方四〇九」清潔劑穩穩保住了自己的市場。

柯達公司自西元一八八八年推出柯達第一號照相機以來，產品不斷創新，到一九六三年研製成大眾化自動相機，在世界範圍內獨領風騷。然而，柯達公司在新產品帶來滾滾財源之際，出人意料地宣布放棄獨占自動相機專利，同意所有廠家自動仿製，且不收分文轉讓費。其他廠家認為機會難得，紛紛仿製自動相機。其實，柯達公司尚在人們對它的做法困惑不解時，就已料到世界相機市場必將隨著專利權保護期的結束迅速擴大，從而導致兩個結果：一是照相機市場競爭空前激烈，生產照相機無大利可圖，而「柯達」樹大招風必成眾矢之的，待到「敵軍圍困萬千重」之時，很可能遭受「滑鐵盧」的敗績；二是照相機市場大發展，必然會拉動下游產品，膠捲的需求量急遽增多。於是，柯達公司先人一招，使出妙計：捨此逐彼，把競爭者引到照相機陣地上去混戰，而自己則在別人無暇顧及之際，悄悄地移師膠捲這塊「處女地」，集中力量全方位系統開發感光產品，終於在不長的時間內使柯達膠捲覆蓋全球市場。前不久有人猜想，柯達公司僅「柯達」膠捲商標的價值就值三十五億美元。而當初對柯達公司恩賜照相機專利感激不盡的大大小小公司，恨之不能，怨之不得，只有柯達發財自己發愣的份。

第五章

險境轉運玄機：剛柔並濟，隨機應變

要訣一　不吃眼前虧

【解讀】

　　人不能逞一時之勇，忍耐一時就可化解災難，這是轉變命運的基礎。明知有凶險而不加以迴避，情況就難以預測了。凡事小心是轉變命運的不變主題，在此多設防，方能不著凶險，免遭傷害。

【事典】

　　昨天下午，我的祕書差點被人打瞎了眼睛，送醫的途中，她的左眼已經完全看不見了，鮮血從長達五公分的傷口不斷湧出，我無法為她止血，因為傷口就在眼睛與眉毛之間，深達半公分如同被刀切開的裂口，像是張著吐血的嘴。

　　醫生為她縫合的時候說：「好險哪！算你走運，再低一點點，你的左眼就永遠看不見了！」

　　我跟著趕去派出所，逞凶的人正在接受問話，他的妻子跟在身邊，當他們知道傷得那麼重時，似乎也有些驚愕，而當我問他為何那麼衝動時，他的太太說：「他有時候一生氣就沒辦法控制，大概是你的祕書小姐說話激怒了他！」

　　我又隨警察回到了醫院，祕書在接受筆錄詢問時，說雙方都騎摩托車，只是小擦撞，她說了對方兩句，居然就被打破了車子後視鏡，而當她再斥責對方時，則挨了這狠狠的一拳。

　　「我看他載了老婆，想他一定不會動粗。」祕書說，「他要是一個人，我就不敢多說了，豈知……」

　　豈知居然就挨了拳，而且因為眼鏡破裂，造成那樣大的傷害，雖不致

瞎，疤痕卻難免了！

今天早上，當我對朋友述說這件事時，朋友也講出了他最近的遭遇：

「某日我開車在南京東路上，橫著竄出一輛機車，嚇我一跳，要不是反應快，只怕就撞上了。我斜過臉看了那騎機車的一眼。要知道，只是『看一眼』喲！那小子居然轉了個彎，追上來，掏出刀子，在我車上狠狠劃了兩道。」朋友直摸胸口：「真是好險哪！幸虧是大白天，否則只怕就不是劃在車上，而是臉上了！」

請不要怨暴戾之氣，這種因為「看一眼」就招來殺身之禍的事，古今中外簡直太多了。我的一個朋友到紐約，第一天搭乘地鐵，不是就因為撞了黑人，又斜斜看對方一眼，而被打裂嘴角，縫了好幾針嗎？

我更記得小時候，祖母總是叮囑我，遇到小太保，不要看他們，連一眼也不要看。

「你斜著眼看，感覺上是鄙視，他當然要打你；你偷偷看，感覺是怯懦，他則可能藉機欺侮你；至於正眼看他，感覺無所畏懼，他也可能認為你多管閒事。」你的祖母說：「愈是這種不良分子，愈自卑，也愈敏感，你只當他是不正常的人，何必去逞英雄，吃眼前虧呢？」

至於古時候，這種人也不少啊！羞辱韓信，叫他從胯下爬過的，就是市井小流氓。《史記・荊軻傳》更記載有個叫秦舞陽的年輕人：「年十三殺人，人不敢忤視。」

什麼是「忤視」？

只要秦舞陽覺得你的眼神「不順眼」，就算「忤視」！這與現在的流氓太保不是一樣嗎？

但往下想，韓信成為歷史上的名將，秦舞陽卻成了歷史上的「名

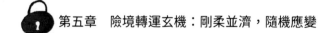

丑」。當他走進秦始皇的宮殿時，竟然嚇得臉色大變，渾身發抖。

如此說來，逞一時口舌之快、意氣之勇，又有什麼好處？又算得哪門子英雄？

遇到不講理的人，除非你有絕對強過他的實力，或擁有正義的群眾做後盾，否則就忍一步吧！

「山不轉，路轉！」山多麼強，還是被人征服了，因為人們知道怎麼讓路轉過去。

要訣二　掌握應變的原則

【解讀】

緊要關頭，人的抉擇是最重要的。抉擇無誤要靠平日的知識累積，它可以幫助人們平安脫險。轉變命運不能依靠僥倖，多學些生存的本事，危難之時就多了一分保障。

【事典】

如果有一天，你在亞馬遜叢林裡迷了路，舉頭只見濃葉蔽天，使你認不出太陽的方向；森林地又是一片平坦，沒有讓你可以四眺的高山；加上亞馬遜叢林是廣達七百零五萬平方公里的蠻荒，你要怎麼找到逃出叢林的路呢？

如果有一天晚上，你在電影院、辦公大樓或超級市場這類的寬廣建築物中碰到了火警，所有的電燈突然熄滅了，人們在黑暗中狂奔尖叫，你要怎樣找到逃生的路？

如果有一天你在登山的途中遇到大雨，而山洪暴發，只見洪流從山上

滾滾而下，你正置身半山腰，該怎麼辦？

　　當我告訴你，今年暑假我住的英倫大樓地下室發生火警，管理員從樓頂搭電梯趕下去救火，中途停電，使電梯停在半空，管理員在漆黑中跳出電梯折斷大腿骨而送醫院急救的事情之後，考了你以上的問題，卻發現你沒有給我最滿意的答案。

　　你想到從樹桿上的苔蘚和年輪分辨方向，想到在地上爬行以免被濃煙嗆暈，想到抱緊大樹以免被山洪沖走，答案都沒有錯，卻差在你沒有說出最要緊的應變原則。也就是說，所有的小舉動都應該在那個大原則的指導下進行；你提出了戰術，卻沒有提出策略。

　　現在讓我告訴你專家們建議的大原則：

　　在廣大的叢林裡迷路，如果沒有指南針或辨別方向的可能，走出叢林最好的方法，是順著小水流前進，從小流走向小溪，從小溪進入小河、轉入大河，最後自然會流向江海，脫出叢林的圍困。

　　在黑暗的建築中，找出逃生之路的最好方法，不是東跑西撞地狂奔，而是朝固定的方向一直走，自然會碰到牆，再沿著牆一步步朝同一方向摸索，自然可以找到逃生的門窗。

　　在山洪暴發的半山腰，逃難的最高原則，是絕不能往山下跑，因為愈向下，山洪彙集得愈多，夾帶的砂石也愈多。唯有朝山頂的方向前進，才能減少山洪的威脅。所以登山家有句名言：「沒有一個山頂，會有所謂的山洪。」

　　如同上面所說的情況，在我們遇險時，有許多「最高指導原則」，它們聽來非常簡單，卻可能帶給你最大的希望。

　　在你的心中，有多少這樣的指導原則？使你在最緊要的關頭，可以立刻做出正確的抉擇？

要訣三　不做無謂的犧牲

【解讀】

面對險境，保護自己才是最重要的。太剛難免被折斷，太柔終會成懦夫，人們要剛柔並濟，以最適當的方式來化解凶險。轉變命運要掌握主動，隨機應變才能使自己不失根本。

【事典】

當你今天對我說，班上有個同學已經在街上被人搶了五次時，我並沒有對他遭搶的事感到吃驚，倒訝異於他不曾受到一點傷害。

因為搶匪在動手時，往往先會給對方一個下馬威，使他失去反抗力。所以能夠毫不動粗、搶了就走，必然由於你同學的瘦小，以及他反應方式的恰當。

或許你要說，面對暴徒，居然還要講究「反應的方式」，是多麼沒有出息的消極做法。但你也要知道，這消極的反應卻是使你免於傷害，進而能將暴徒繩之於法的積極態度。

也正因此，以打擊犯罪為責的紐約市警察局，竟然公布過一項數據，建議市民學習在四顧無援的情況下如何被搶，甚至如何面對非禮的暴徒。譬如：

男人應立即拉開外套衣襟，露出上衣口袋，請搶匪過來拿或是自己取出錢鈔，交給搶匪。但千萬不能在不先掀開外套衣襟的情況下，伸手進去拿錢，以免對方誤認為你在掏槍，而先將你撂倒。至於女人，最好自己將錢取出，而不可讓對方動手，以免進一步引起暴徒劫色的非分之想。

他們更建議，當婦女遇到強暴時，可以將手指放進喉頭，造成嘔吐，

甚至脫尿、脫糞，使對方看到噁心的東西，而失去興趣。

警方更叮嚀，受害者應該做出受害者的樣子，不要表現得十分瀟灑，更不可說：「要拿？全都給你！」這種蔑視的話，否則反而會挨揍。因為即使是強盜，也有自尊，他是要搶，不是要被施捨。

最重要的是：你必須記住他的特徵，清點自己的財物損失，並即刻報警！

請不要認為我在教你當懦夫、順民，因為我要讓你知道，如何在這個龍蛇雜處的社會中生存下去。我要你在面對無可避免、毫無反抗力的情況下，放棄年輕人的血氣之勇，而留得青山，開拓未來。

孔子曾說過：「暴虎馮河，死而無悔者，吾不與也！」意思是他並不贊同那空手搏老虎和毫無憑藉而渡河的人，這種人的死是毫無意義的。

人生就是如此，我們既要有迎向光明、成功的胸懷，也要有面對厄運挫折的能耐，像韓信少年時由市井流氓的胯下爬過、勾踐在被俘時嘗夫差的糞便，反而成為大勇的表現。

要訣四　保持冷靜

【解讀】

冷靜是應變的不變法則，只有冷靜才可遇事不慌，做到膽大心細，消解災難。轉變命運要時刻培養自己的應變能力，不斷加深對人與社會的認識和了解，如此才能處變不驚，而過於衝動只能使自己險上加險。

【事典】

在我抵達紐約的當天下午，我提著幾十公斤重的大箱子，爬上數十級的石階，到聖若望大學後面的一戶人家租房子，房東太太只因為我問「能不能只租到暑假結束」這麼一句話，不由分說地就請我走路。儘管我說「如果非要以一年為期，也可以」，她卻以「因為你有只住短期的想法，難保你不半途開溜」，而拒絕了我的要求。

後來我由於兼新聞工作，常跟紐約中國新聞處的朋友往來，接連地聽說其中一位小姐在家門口遛狗時被搶；另一位小姐在大街上被搶頸上的金項鍊，由於鏈子太結實，幾乎被拖了半條街，脖子都拉出了血。又有一位年輕小姐，早晨上班時，居然被人一拳打傷了小腹。

至於我在聖若望大學任教，一位姓朱的女同學從我的繪畫班下課之後，居然在住家的公寓電梯裡差點被強暴，她騙對方說「我年齡大得可以做你媽媽」。那歹徒竟笑答：「我就喜歡！」

最可怕的是一位學生，居然在學校側門外，為了保護女同學，被一個黑人少年開槍打中脖子，幸虧命大，子彈從比較不要緊的地方穿過。

而後是一位女留學生在法拉盛被人惡意割破輪胎，所幸她知道那是匪徒的伎倆，勉強開到修車廠，堅持中途不下車檢查，所以能平安度過；至於我繪畫班上的佩姬和柯萊特，則中了圈套，在下車檢視時被搶走了皮包。

當然最令我們驚心的，要算是連著幾年，當我在中國城做春節特別報導時，同一條街上都發生了槍擊案。還有我的左鄰被兩個少年打破後窗衝進去，當著女主人的面，搶走許多銀器。

以及你與同學一起去看電影時，被人搶走了身上的現款，同學的父親

追蹤匪徒,在電影院裡開槍的種種。

十一年來在紐約,僅僅是身邊,就發生了這許多事,把我真正磨練成一位紐約客。

紐約客(New Yorker)這個名字真是取得太好了,那是一種特殊的動物,將滿腔的熱情藏在裡面,以一種冷漠的外表、冷靜的態度,來面對周遭冷酷的現實。因為如果不夠冷漠,就容易「人善被人欺」,不夠冷靜,就要處處反應失當,吃了大虧。

身為紐約客,他知道即使迷了路,也只能不露聲色地看路牌,不可東探西找。也因此,到陌生的地方之前,必定先看地圖;如果是自己開車去,出發前就先把車門鎖好,因為你不知道那地區的情況,難保沒有人會在你紅燈停車時,突然衝上來,將槍口冷冰冰地抵在你的太陽穴上。

身為紐約客,他知道晚上商店都打烊之後,如果在街上行走,要盡量靠著馬路那側,而不可沿著騎樓邊緣走,因為隨時可能從旁邊的門裡伸出一隻黑手,將你一把拉進去。也可能迎面走上兩個人,將你擠到牆邊洗劫,甚至為了避免你喊叫追逐,臨走時賞你一刀。至於靠馬路走,如果看情況不對,還可以衝向街頭攔車呼喊,或只是衝過馬路,而避過一場大禍。

身為紐約客,他絕不獨自穿過地下道,而在亮處等到有人同行,再一起穿過。他也絕不單獨一人坐在地下鐵的空車廂裡,更不會坐在角落。也就因此,你常可以看見,地下鐵到了深夜時,許多人放著空的車廂不坐,而寧願擠在一塊。

身為紐約客,當他聽到鄰人家有槍聲,或見到街頭的凶殺時,不會立即衝往現場,而是打電話報警。因為他知道,當他有勇無謀地衝過去,很可能吃下另一發子彈,警察卻因為沒人報案而無法趕來。

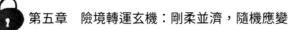

　　身為紐約客，當他夜裡聽到街頭槍響或有車禍的聲音時，絕不立刻點燈，而是從窗簾間檢視，記下肇事的車號和歹徒的相貌穿著，成為提供線索的證人，因為他知道若提早曝光，很可能惹來殺身之禍，更使警方失去了破案的機會。

　　由於你昨天深夜坐計程車回家時，沒有請送你上車的同學先記下計程車的車牌號碼，使我不得不寫這封信給你，提醒你：「我們是紐約客！」同時告訴你，記下車牌的動作最好讓司機看見，你很可能會因此而避過一場災禍。至於到家後，則應該立刻打電話告訴同學，以免對方擔憂。

要訣五　不要在無理的環境中講理

【解讀】

　　熟悉生存法則的人不會對環境的好壞置之不理。環境不同，人的處事態度就要適當調整了。這是轉變命運的重要方略，也是轉變命運的有效方法，在此切不可輕視。

【事典】：

「那個女人沒戴胸罩耶！」珍妮在保羅耳邊大聲喊著。

「有什麼稀奇，你看看裡面的那個。」保羅指著一個大鳳梨模樣的花車，喊了起來：「三點全露！」

「奇怪？警察為什麼不取締呢？」

「警察也參加了遊行，只怕裡面有些打扮成海盜的，就是警察。」

起初新聞報導，說今天的遊行隊伍有三英哩長。可是一路看下來，只

怕六英哩也不止。因為每輛花車後面都擠進一批狂歡客。一個個打扮得花枝招展、奇形怪狀，頭上掛一大推東西，身上穿得卻少之又少。

還有一群群的人妖，戴著氣球做的假奶，纏著透明塑膠做的衣服，或腳鐐手銬，外面再罩個鐵籠子。

總之，這個嘉年華會的遊行，不但聚集了來自世界各地的眾多觀光客，而且每個觀光客都成了被觀光的「遊行者」。

「這是法定假期，無法無天。」珍妮又喊。

「應該說是自由日，大家快快樂樂地狂歡！」保羅拉著珍妮，「來！我們也參加。」

珍妮戴了一副綴滿亮片和羽毛的胸罩，保羅脫去上衣，又從別人身上「揩」來一些油彩，塗在胸口。

在這個狂歡節上，從別人身上揩油，不但可以，還是一種親熱的表現。那被揩油的男生，居然還抱著保羅狠狠地吻了兩下。

遊行隊伍到達終點之後，就各自散開了。一輛輛花車停在小巷外，車裡跳下一群群瘋狂的人，衝進小酒吧買酒，再跑到街上，繼續唱歌跳舞。

珍妮和保羅手拉著手，再拉著旁邊一群不相識的人一起叫、跳。

對面來了一對像日本人的觀光客，男的打著領帶，女的穿著洋裝。

「太煞風景了！」隊伍裡有人過去，掏出小刀，一刀割斷了男人的領帶。日本人嚇得臉色發白地大叫。大家則又跳又喊地笑成一團。

還有個肉彈女人，過去抱著日本男人猛親，親得一臉口紅印。大家笑得更放肆了。

突然保羅覺得身上有點怪，低頭看，一隻手正伸進自己的褲子口袋。

趕緊拍了那手一下，一雙泛著血絲的眼神，尖聲笑著跳開來。

珍妮那邊也出了狀況，身旁一個人妖一面摟珍妮，另一隻手則偷偷開啟珍妮的皮包。保羅正要過去攔，後面突然又撲上幾個人，包括剛才一刀割下日本人領帶的那個。

「買酒啊！」有人高聲叫著，指了指後面。保羅回頭看，不遠處有個酒吧，除此之外，前前後後居然沒一家商店了。黑漆漆的，已經到了小城的邊緣。

「買酒！買酒！」保羅拉著珍妮，也拉著旁邊的人，一起轉身往酒吧衝。

又有人掏出保羅的皮夾，拿走了錢，再把皮夾塞回保羅的口袋，發出尖聲怪笑。珍妮的皮包也被扯走了。

「不要跟他爭，讓他拿。」保羅對珍妮喊。皮包又被扔了回來。

一群人衝進酒吧。

保羅和珍妮飛快地衝向外面的大街，看見路邊躺著一個滿臉鮮血的男人，旁邊一個女人在哭。是那對日本觀光客。

看完這個故事，你覺得保羅笨不笨？

你可以說他笨。因為他笨到跟著一群不相識的人，進入一個偏僻的小巷。

你也可以說他不笨。因為他知道在「那種情況」下，喊抓賊是沒用的。如果硬要抵抗，只可能吃虧，甚至送命。

所以，他很識相地順著大家，讓那些傢伙「拿」走錢，留下皮夾和皮包，也留下保羅和珍妮的生命。

許多人，在人生地不熟的情況下，只因缺少這分機智，為保住「身外之物」而抵抗，結果造成悲劇。

不錯！東西是你的，他憑什麼搶？你當然可以反抗。

但你也要知道，當東西是你的，群眾是他的，而你勢單力孤的時候，東西也可以變成他的。

孔子說「危邦不入，亂邦不居。邦無道，危行言孫」，就是這個道理。

當你不小心進入「危邦」或「亂邦」，就必須認清情勢，明哲保身地想辦法「全身而退」。再在全身而退之後，想辦法「平反」。

據說東晉大畫家顧愷之，曾經把一大箱最好的作品，寄放在當時專擅朝政的桓玄家裡，為了保險，還在上面貼了封條。

沒想到，過不久，當顧愷之拿回那箱畫的時候，封條沒破，畫卻全不見了。

你知道顧愷之怎麼樣？

他沒有哀聲嘆氣，更沒有責怪桓玄，反而裝作十分高興地說：「我知道了，因為畫得太好，如同人能夠羽化登仙，這些畫也通靈不見了。」

相似的事情，居然也發生在近代大畫家黃君璧先生的身上。

黃大師曾在抗戰時期，把一大箱最珍貴的收藏交給一位軍政大員保管，但是當他取回的時候，裡面的古董字畫全變成了英文雜誌。

黃大師親口對我說：「我沒多說話，自認倒楣。那位大員倒也有點不安，後來送了我好些印章，還為我安排了幾場畫展，倒也讓我賺了幾十條黃金。」

請問，顧愷之和黃君璧先生的畫，真是「通靈飛去」了嗎？還是「被吃」了？他們難道不知道？

但是，在那個時代，在人家的槍桿子下，知道，又有什麼用？

記住！不要在必輸的情況下逞英雄，也不必在無理的環境中講理。

否則，你就永遠沒有講理的機會了。

要訣六　以敵人的名義

【解讀】

以敵人的名義來刺激他人，可以達到拯救自己的目的。讓他人感到敵人的凶險，他人就會成為自己可靠的盟友了。轉變命運要學會借力打力，自己的朋友多了，就會壯大自己的力量。

【事典】

第二次世界大戰初期，希特勒的納粹德國侵略軍在歐洲橫衝直撞。大批德軍雲集英吉利海峽，準備實施橫渡海峽的「海獅行動」計畫。在德軍飛機的狂轟濫炸下，英國航空工業中心科芬特里被夷為平地，倫敦等大城市也是滿目瘡痍。大英帝國處在危急中！

但是，大西洋彼岸的美國此時卻還沉浸在一片歌舞昇平的氣氛之中。到一九四一年十月，歐洲的戰爭已經打了兩年，華盛頓的國會山上，仍被孤立主義情緒所籠罩，羅斯福總統提出的援助英國的議案一再遭到否決。

一九四一年十月二十七日，在慶祝美國海軍節的午餐會上，羅斯福總統突然宣布，他獲得了一幅希特勒政府繪製，附有說明的中南美洲地圖。這幅地圖明確地將中南美洲十四個國家的疆界重新劃分，例如將阿根廷和巴西的領土都擴大了，委內瑞拉、哥倫比亞和巴拿馬則被合併成為一個受希特勒控制，名叫「新西班牙」的國家。與美國利害攸關的巴拿馬運河以至整個拉丁美洲，都被納入納粹德國的勢力範圍。這幅地圖表明，希特勒

的刺刀即將伸進美國的「後院」，德國轟炸機將隨時飛臨美國佛羅里達州上空。

這幅地圖一公布，美國人再也沉不住氣了。誰統治歐洲他們可以不管不問，但現在卻有人要把戰火燒到他們的屁股上來，他們可就不能再穩坐壁上觀了。於是，美國輿論譁然，群情激憤，紛紛譴責希特勒的罪惡行徑，要求美國國會和政府放棄孤立主義政策。在強大社會輿論的壓力下，國會山上那些頑固的孤立主義議員也不得不做出讓步。

十一月初，美國國會參眾兩院廢除了一九三五年通過的《中立法案》，羅斯福總統被授權在北大西洋對德潛艇進行公開的戰爭行動，為英國的運輸船隊護航。

一幅地圖竟然在一週內就使美國對歐洲戰爭的態度來了個一百八十度的大轉彎。所以有人說，一幅地圖不但拯救了英國，而且也拯救了歐洲。

二十多年後，兩位美國歷史學家查閱了大量英國情報機關的檔案，發現那幅地圖竟是英國情報機構在邱吉爾的授意下而繪製的。

要訣七 「老好人」做不得

【解讀】

現實生活中，人與人之間的衝突是必然的，不可能一味地迴避。轉變命運就應有面對衝突的勇氣，學習解決衝突的技巧，不可甘當「老好人」。

【事典】

在一家建築公司裡，麥凱是布萊恩的助手。在性格與風格上，他們兩人是完全相反的。布萊恩非常誠實，他不但不張揚自己對工程的重要性，

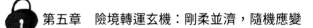

而且主動提攜同事 —— 自己站在後面，給同事以充分表現的機會；主動為客戶著想 —— 對客戶指出超預算的可能性，即使超預算的可能性還很小。

麥凱則完全相反，他不但工作不嚴謹、不謹慎，而且還明目張膽地掠奪布萊恩的工作成果。他習慣性地對布萊恩撒謊，例如他說會幫助布萊恩解決設計問題，卻跑到老闆那裡詆毀布萊恩，說他的計畫無法施行。布萊恩發現後非常氣憤，但他息事寧人，什麼也沒說，什麼也沒做。麥凱同樣也對客戶說謊，他中傷競爭對手，以荒謬的低價去爭得競標，事後又拼湊帳目以報帳。

這種欺詐持續了數月，布萊恩內心燃燒著憤怒，表面卻很平靜。最後，麥凱又騙得了一個和布萊恩平起平坐的職位。這件事成了布萊恩的一個轉折點：雖然他是個根深蒂固的「老好人」，但可以預見到在不久的將來，麥凱會爬到一個更高的位置上，而他自己則會披著破布流落街頭。

布萊恩開始不再保護麥凱。過去他們一起工作時，麥凱起草的工程預算讓專家一看就知道低劣到了荒謬的地步，在送給客戶看之前，布萊恩總是認真檢查，修改錯誤的數據。碰巧此時公司正在競標一個重要的辦公室，工程的一個重要預算交給了布萊恩和麥凱。以往，為了遮掩麥凱的欺騙，在別人看見之前，布萊恩總是先把他的那些錯誤都改正。這一次，布萊恩決定讓負責這個工程的合夥人一起來看麥凱做的預算。

還沒弄清怎麼回事，麥凱已經被叫到合夥人的辦公室，由合夥人與布萊恩一起檢查數據。開始合夥人覺得數據奇怪，然後就勃然大怒。很明顯，麥凱企圖用低報價來獲得工程，而客戶仔細一檢查就會立即露出馬腳。老闆疑惑地望著麥凱：這個愚蠢的計畫不僅缺乏職業道德，也使整個

工程處於危險中。

　　數週之內，麥凱被迫離開了公司，布萊恩終於明白了做個「老好人」有多危險──不論對個人還是對公司。

要訣八　不輕易訴諸暴力

【解讀】

　　暴力和災難是同義詞，不想毀滅自己就要慎重行事。轉變命運不可輕易訴諸暴力，若無必要，一定要控制自己的情緒。一個人不管有多大的才華，制怒都是重要的一課。

【事典】

　　盧剛出身於一個普通的工人家庭，十八歲進入北京大學物理系學習。一九八四年，盧剛透過李政道主持的中美物理學交流計畫（CUSPEA）考試，考取了公費留學生前往美國留學。一九八五年，盧剛大學畢業後進入美國愛荷華大學物理與天文學系攻讀研究生，後又在該大學攻讀博士學位。留學期間，他研究的學科重點屬於現代物理學的尖端領域──太空等離子理論。

　　盧剛在美國愛荷華大學物理系學習期間，師從地位顯赫、頗負盛名的美國理論天體物理學家克里斯多福・戈爾咨（Christoph Goertz）教授。盧剛在校期間，學習勤勉，做事認真，才華橫溢，成績一直名列前茅。

　　盧剛曾在一項研究中與導師戈爾咨教授產生了衝突。原因是盧剛經過研究所得出的結論，與導師研究之前預期的有所不同。因此，盧剛受到戈爾咨導師的指責。與此同時，戈爾咨導師還因盧剛使用電腦時間太長而批

評了他。盧剛為此心中鬱悶不平。

　　一九八七年，美國愛荷華大學物理與天文學系又來了一名中國留學生 ── 山林華。山林華恰巧也師從戈爾咨教授，成為盧剛的學弟。山林華出身於浙江嘉興農村，在校學習期間，他吃苦耐勞，聰穎伶俐，學習勤奮，很快博得了導師與同學的好感，成為最優秀的學生之一。山林華所從事的課題研究，得到戈爾咨導師的認同和讚賞。而且，山林華非常注重在科學研究專案上與導師通力合作。他能夠積極領會並遵從導師的意圖進行實驗性研究，並且及時把與導師研究的內容與實驗的結果整理出來，在刊物上發表。因此，山林華深得戈爾咨教授的賞識，認為他是不可多得的人才。山林華不僅在學業上成績突出，而且善於與人溝通，交際廣泛。一九八九年，山林華當選為愛荷華大學中國同學聯誼會主席。

　　對於山林華，最令盧剛接受不了的，是山林華比自己晚來愛荷華大學，但卻比自己早取得博士學位。而且，山林華還榮獲了 DCS 學術榮譽獎。而盧剛的第一次博士論文口試卻沒通過，雖然後來通過了博士論文口試，但也沒有獲獎。盧剛還因此向校方指控物理系評獎不公，卻被駁回。為此，憤悶、嫉妒的情緒在吞噬著盧剛的心。

　　接下來的事實更讓盧剛難以忍受。山林華畢業後留校從事博士後研究，從此，還可以拿到豐厚的薪水。而盧剛一九九一年畢業後卻始終無法順利找到工作。當時的美國經濟蕭條，許多科學研究機構都在裁員，面臨這種形勢，盧剛感到就業的前景黯淡。

　　長期以來積壓在盧剛心頭的憂慮、妒嫉、忿懣，終於像火山一樣爆發了。

　　一九九一年十一月一日下午三點半左右，在美國愛荷華大學物理系大

樓三〇九室，正在舉行一場天文學討論會，盧剛也在場。他旁聽了五分鐘報告後，突然拔出攜帶的手槍開始射擊。他首先擊中導師戈爾咨教授，眼見戈爾咨中彈倒下去，他又朝其腦後補了一槍；接著，盧剛又向史密斯副教授連開兩槍；然後，盧剛又把仇恨的子彈射向長久以來嫉恨的學弟山林華。隨後，盧剛瘋狂地衝到二樓二〇八室系主任辦公室，射殺了四十四歲的主任尼克森教授；接著又跑回三樓，發現史密斯教授奄奄一息，幾個學生正在奮力搶救，於是，他又對準史密斯教授的腦部補了一槍，致使史密斯教授身亡。在此之後，盧剛跑向生物系學樓，從一樓到四樓，沒有發現自己要尋找的射擊目標，接著，他又跑向行政大樓，衝進校長辦公室，朝副校長安妮的胸部和太陽穴連開兩槍，又朝女祕書開了一槍。

　　盧剛自認為用罪惡的子彈掃清了曾經阻擋自己前進的障礙，最終，飲彈自盡。

要訣九　讓對手矇在鼓裡

【解讀】

　　自己的行動多了些神祕，對手就多了一分困惑和憂懼，其信心便會動搖了。不要讓對手對你瞭如指掌，這是轉變命運的前提之一，人們在此要多做努力，高度戒備。

【事典】

　　第二次世界大戰結束後的第二年，遠東國際軍事法庭在東京開始了長達兩年半的審判。

　　在被審判的罪犯中，有一名叫荒川秀俊的日本氣象學家。雖然他不是

軍人，但他曾使美國蒙受巨大損失，正如審訊官所說：「……你被日本海軍僱用；你是氣象學家，但你是軍事氣象學家。你以一種特殊的方式參加了戰爭，而且，你在戰爭中的破壞作用，遠勝過一支凶悍的作戰部隊！」

在一九四四年的太平洋戰爭中，美軍沿兩個策略方向節節推進，年中攻占馬里亞納群島，日本的絕對防衛圈被突破，本土有隨時遭襲擊的危險。

為了挽救失敗的危機，當時的新首相小磯國昭啟用了荒川秀俊的氣球炸彈行動計畫。

荒川是研究氣象的，他知道，在一萬公尺高空，有一層恆定的東去氣流，從西太平洋流向東太平洋，從日本可以到達美國。如果把無數氣球吊上炸彈，只要讓氣球飄到美國，就可襲擊美國。

當時有人對此置疑，荒川卻信心十足：「可以設計一個定高裝置，使氣球始終保持在高空偏西風中。以風速計算，只需二到三天，便可飄到美國。然後使它降落，懸掛的炸彈、燃燒彈便會觸地爆炸。」

不久，荒川的定高裝置也設計出來了：氣球的吊籃裡裝有三十個二到七公斤的沙袋。當氣球飛行低於九千公尺時，由於氣壓的作用，固定沙袋的螺栓自動解脫，沙袋依次拋落，氣球因減重而升高；飛行高於一萬零五百公尺時，氣囊的一個閥門就自動開啟，排出氫氣，氣球便降低高度。

日本大本營在確認了氣球炸彈的可行性後，便動員了許多工人，甚至一些中學學生也投入製作氣球。一九四四年八月一日上午，四國東部海濱的一個祕密基地，在陸海軍要員的督視下，幾百個乳白色的大氣球飄飄升空，越洋跨海向東飛去。

第二次世界大戰中絕無僅有的氣球炸彈襲擊戰開始了。

日本的氣球炸彈首先引起了美國連續不斷的森林火災。瀕臨太平洋的美國西部，是內華達山脈和落基山脈相夾的廣闊山區，生長著茂密的森林。往年也有林火，但多發生在乾旱的春季。當年反常，在寒冷並時有落雪的冬天也火警不斷。當時美國西部地區防衛司令部的準將威廉波，組織了消防專家、氣象專家和聯邦調查局人員進行調查研究，仍百思不得其解。

　　後來，人們在加利福尼亞海域發現了「白色漂浮物」，上面有日文假名。不久，幾名小學生和教師又在樹梢上發現了氣球及其懸掛物，當時，孩子們出於好奇心，拉動了牽引繩，結果，炸彈爆炸，炸死五名小學生和一名教師。此後，這才確認造成美國森林火災的罪魁禍首，是日本製造的氣球炸彈。

　　不久，發現氣球炸彈和造成傷亡的消息一個接一個，西部的居民似乎面臨世界的末日，惶惶不可終日。

　　威廉波和他的助手心急如焚。

　　兩個月後，一個白色的光點出現在海軍舊金山雷達站雷達的螢幕上，高度八千公尺，速度慢悠悠的。

　　最終確定是氣球炸彈！落點將是舊金山市區！

　　舊金山市區防空警報淒厲地尖叫著。商店關閉，工廠停工，車輛停駛，人心惶恐。

　　威廉波的西部防衛司令部正設在舊金山，他急令戰鬥機起飛。

　　三架戰鬥機起飛了，氣球已降到六千公尺。飛機繞著目標盤旋，但束手無策。因為擊落它易如反掌，但炸彈下面是市區。不擊落它，它也會自行飄落。

氣球仍然在緩緩下降，五千公尺、四千公尺、三千公尺！紐約街區的居民人心惶惶，四散逃離。

飛機還在圍著目標打轉，但又不敢靠近。突然一架飛機駕駛不慎，竟直衝氣球而去，直到快撞上時，飛行員才驚恐地拉起機頭，機身幾乎擦著氣球。

奇異的現象出現了：飛機並沒有撞到氣球 —— 飛機的機翼和高速旋轉的螺旋槳掀起一股強大的定向氣流，吹動氣球飄往飛機飛去的方向。

當時，帶隊的上校哈根靈機一動，命令其他飛機轉西南航向。

舊金山西南的郊區是一片空曠的山地，那裡人煙稀少。

哈根的三架飛機和後趕到的四架，像蜻蜓掠水，依次擦過氣球上端。氣球的降落路線從垂直變成向西南傾斜，「魔鬼」在逐漸告別市區。

此後，對氣球炸彈的防衛變成飛機誘導。然而，西部地區面積廣大，不論白天黑夜，天晴天陰，氣球炸彈造成的傷害事故時有發生。

一九四四年底，美國開始啟用馬里亞納基地，日本列島進入了美國遠端轟炸機的作戰範圍，被氣球炸彈困擾的美國人開始反擊。

被美國俘獲的氣球炸彈越來越多，保持平衡用的沙袋中的沙子引起了威廉波和參謀人員的注意。沙子的顏色、質地多不相同，表明採自不同的地域。經過研究，斷定了沙子取自九州、四國和本州的五處海濱。在之後的航空偵察照片上，在這些地方發現了白色的圓形物體。太平洋空軍隨即進行了大規模轟炸。但是，日本的氣球炸彈作戰並未停止，荒川等人分散了製造點，施放的氣球每月仍達一千五百個左右。

威廉波為了徹底扭轉局面，經過一番認真的思索後，決定在加緊防衛的同時，採取新聞封鎖的辦法。經國會批准，禁止全國一切新聞媒介刊登

有關氣球炸彈爆炸的消息。無論炸彈爆炸造成的傷亡損失，還是發現、捕獲炸彈的報導都在禁止之列。這樣做的目的是使日本人無法了解攻擊的戰果，動搖其堅持氣球炸彈作戰的信心。

日本方面，自一九四四年十一月初作戰開始，情報分析部門就著手收集美國報刊的反應。十一月四日的《舊金山晚報》刊登了一則海面發現不明漂浮物短訊，奧勒岡師生被炸的消息也見諸報端。日軍大本營曾對荒川等人的「赫赫戰功」進行表彰。不過，從那以後，一切消息全無，荒川等人陷入迷惘。

為了弄清氣球是否到達美國，荒川挑出每組氣球中的一個，裝上無線電傳送機，但是，由於日本的無線電技術落後，兩天後就失去了訊號。日本的氣球炸彈攻勢仍在進行，但荒川等人的信心卻越來越不足，出自軍界的責難聲也時有所聞。

一九四五年春，美國西部的森林區到了火災危險期，威廉波憂心日增。而且，他們更擔心日軍在氣球上吊裝細菌彈、化學彈。但是，到四月末，「乳白色魔鬼」從此無影無蹤，這場罕見的空戰莫名其妙地結束了。威廉波深感慶幸。一九四六年東京審判開始後，他身為審判荒川秀俊的證人，來到了東京。從荒川的供詞中得知，日軍大本營四月末下達了停止作戰的命令。他們的判斷是：「氣球炸彈的作戰未收到明顯的效果，軍部甚至懷疑有沒有氣球炸彈飛到美國。倘若美國人受到打擊，在一個崇尚民主、新聞自由的國家，怎麼能在這麼長的時間裡保持沉默呢？再繼續下去只會對已經極端緊張的戰爭資源造成巨大浪費。」於是，氣球炸彈的作戰被迫停止。

第五章　險境轉運玄機：剛柔並濟，隨機應變

第六章

慘境轉運玄機：理智地對待一切

要訣一　珍惜眼前的一切

【解讀】

不要對不如意的事情抱怨不休，生活的真諦並不是享受完美。幸福之中的人們往往感覺不到生活的美好，這是他們的憾事。轉變命運必須認識生活的真諦，求全責備的人只會使自己無盡的痛苦。

【事典】

第一次世界大戰期間草率成婚的人們當中，有一對性情熱烈、引人注目的年輕夫婦克拉拉和弗萊德。一九一九年勞動節後的一個晚上，他們爭吵起來。儘管他們還相愛，可兩人的婚姻卻已經岌岌可危。他們甚至還認為：兩個人總是在一起，簡直是愚蠢。於是克拉拉約了查理出去，弗萊德約了珍妮參加酒會。

突然，一陣震耳欲聾的汽笛呼嘯著打斷了他們的爭吵。這聲音不同尋常，它突然響了起來，接著又戛然而止，令人膽顫心驚。一英哩以外的鐵路上出了什麼事，無論是克拉拉還是弗萊德都一無所知。但不久後查理和珍妮都取消了與他們的約會。

那天晚上，另一對年輕夫婦正在外散步。他們是威廉·坦納和瑪麗·坦納。他們結婚的時間比弗萊德和克拉拉長，夫妻之間的那些小芥蒂早被清除了，威廉和瑪麗深深地相愛。吃了晚飯，他們動身去看電影。在一個平交道上，瑪麗右腳滑了一下，插進鐵軌和護板之間的縫裡去了，既抽不出腳來，也脫不掉鞋子。這時一列快車卻越駛越近了。

他們本來有足夠的時間通過平交道，可現在由於瑪麗的那隻鞋搗亂，只剩幾秒鐘時間了。火車司機直到火車離他倆很近才突然發現他們。他拉

響汽笛，猛地拉下制動閥，想把火車煞住。起初前方只有兩個人影，接著是三個，正在平交道旁的鐵路訊號工約翰・米勒也衝過來幫助瑪麗。

　　威廉跪下來，想扯斷妻子鞋上的鞋帶，但已經沒有時間了。於是，他和訊號工一起把瑪麗往外拽。火車呼嘯著，朝他們駛來。

　　「沒希望啦！」訊號工尖叫起來，「你救不了她！」

　　瑪麗也明白了這一點，於是朝丈夫喊道：「離開我！威廉，快離開我吧！」她竭盡全力想把丈夫從自己身邊推開。

　　威廉・坦納還有一秒鐘可以選擇。救瑪麗是不可能了，可他現在還能讓自己脫險。在撲天蓋地的隆隆火車聲裡，訊號工聽見威廉・坦納喊著：「我跟你在一起，瑪麗！」

　　不久以後，鄰居們到弗萊德家做客，把那幕慘劇講給了他們聽。

　　「……丈夫本來能脫險，可他沒想走。他用手臂緊緊抱著妻子，緊緊地抱著她。這時候那個訊號工聽見他說：『我跟你在一起，瑪麗！』他倆緊緊摟在一起 —— 火車前燈的光照在他們的臉上。他始終跟妻子在一起。」

　　聽完這個故事，克拉拉淚流滿面，弗萊德也久久無法平靜下來。他們想到那天晚上淒厲的汽笛聲，想到查理和珍妮一定是因為親眼目睹了慘劇，所以分別取消了約會。後來克拉拉和弗萊德成了人們稱道的模範好夫妻。可以肯定，他們之間關係的好轉就是從那個晚上開始的。

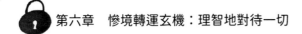
要訣二　不要感情用事

【解讀】

命運的轉變不能倚賴感情衝動，否則，其結果多是苦澀的。成熟的人遇事冷靜，不會輕易做出決定，從而避免鑄成大錯。不經過深思熟慮的決定，人們會為之終生悔恨。

【事典】

忘不了，九年前的那個冬季，十八歲的我剪去披肩的長髮，脫去女兒家俏麗的衣衫。從此，軍營裡多了一個冒失的小女兵。

也許是高山症，一下部隊我就開始發高燒，隨之腳上的一個傷口感染了，腫得像塊麵包。不用說，我沒法參加新兵訓練了。每天，我一瘸一拐地跟在女兵班後邊，那一走三晃的笨樣子實在好笑極了，活像個頑皮的小傷兵。

有一次半夜緊急集合，我的速度絕對一流，第一個全副武裝衝出了宿舍。可隊伍尚未出營區，我背包上掛的軍鞋竟毫不留情地滑落在地。天呀！我霎時「立定」在那裡，猶豫片刻，我猛然抓起地上的一堆東西往懷裡一抱，企鵝般左搖右晃地追趕遠去的隊伍。可身上揹的「七斤半」偏偏搗亂，一會兒磕腳，一會兒絆地。我東倒西歪，大口大口地喘氣。多虧輔導長及時趕到，我怯生生地望著正經八百的輔導長。起初，輔導長還挺嚴肅的，審視我片刻，他再也忍俊不禁，哈哈大笑起來，全沒了往日那副威嚴。你可以想像，一個女兵懷裡抱著枕頭、被子；褲子鼓鼓的，一邊塞一隻鞋子，槍因帶子放得太長在腳背上晃來蕩去，那模樣該有多滑稽。

該進行瞄準訓練了，我無論如何也不會睜一隻眼時閉另一隻眼。班長

費了好大的勁做示範，我對著鏡子擠鼻子弄眼練習了老半天，結果兩隻眼還是要睜全睜，要閉全閉，氣得班長沒一點脾氣。還是那位漂亮得像女孩一樣的醫官有辦法，用紗布和膠布蓋上我的左眼。太好了，這下我可以瞄準了，而且瞄得極好了。實彈射擊時，我如法炮製：砰、砰、砰⋯⋯棒極了，全是十環。就在我手舞足蹈、忘乎所以時，輔導長走過來說：「打起仗來也這樣？」「那，那也只好這樣吧，總比不打強。」我同樣無可奈何地望著他。

總之，我想完了，輔導長肯定對我沒一點好印象。

告別新兵連文藝晚會上，我和女兵班表演了詩朗誦〈告別在今宵〉；我領誦，引起了滿堂喝采，輔導長興奮地拍紅了雙掌。當他聽說這首詩是我自己創作時，本來就很大的那雙眼睜得更大，樂得半天不知說啥。

也許就因為這首詩，當許多人都被分到較苦、較乏味的總機房，我卻被安排到環境最優雅、工作最清閒的保密室。輔導長一再囑咐我：「這裡空閒時間多，你可要給我多寫稿，給我往報上登。」

我沒有辜負輔導長的期望，採寫的稿子一篇篇被採用了。隨之而來是一串串的榮譽：立功、受獎⋯⋯

那時候，我快樂極了，充實極了，一天到晚都用自己那五音不全的嗓子哼著一首歌：生活啊生活，多麼美好，多麼美好⋯⋯

那時的我躊躇滿志，立志要考上軍校當一名軍營女記者。誰知天有不測風雲，輔導長奉上級命令找我進行了一次極為神祕、極為嚴肅的談話。說有人向司令部反映，我收到許多情書，某男兵跟我關係密切等等。末了，輔導長壓低聲音，非常嚴肅地說：「元月一日晚，你在保密室值班，誰進去過？發生了什麼事？」「誰也沒來過。那天晚上軍區放電影《人生》，

大家都去看了，我閒著沒事做，抱著褚威格的《心靈的焦灼》看了一夜。」我毫不猶豫地說道。「你是黨員，要對黨忠誠老實，不能隱瞞！」輔導長的語氣很嚴厲，我無言以對。

是的，我不否認，在那雪片般的讀者來信中，確實不乏英俊小夥子的照片和多情的求愛信。可是，我絲毫也沒有忘記自己不僅僅是女孩，更是軍人。況且我才二十歲，我不會輕易給自己編織一個美麗而虛幻的網。可輔導長……

呵，軍營，你這有鐵一般紀律的軍營，一觸及「男女問題」就神經質的軍營！

一時間，感情用事的我大大地惱火了。考什麼軍校？當什麼女記者？通通見鬼去吧！衝動之下，我寫了份退伍申請，氣呼呼地扔到輔導長桌上。

沒出當天，我又後悔了。望著複習中的高中課本，望著那疊寫滿化學符號、代數公式的厚厚卡片，再想想自己那再不久就可以實現的軍官夢，我眼前一片茫然。

昏頭昏腦中，輔導長找我談話。我暗想，如果他好言相勸，我正好順臺階下，以考軍校為重，委曲求全。誰知他卻說：「在這個節骨眼上你千萬不要走，否則正說明別人的話是對的；再說部隊培養你也不容易，我不能放你走。」

如果說幾分鐘前我還猶猶豫豫，不知所措，那麼現在，反抗心理使我在剎那間鐵了心：「走！我偏要走！我今天就是要走！我不要當這種情緒超載的前輩，我不願看別人疑神疑鬼的目光，我再也忍受不了這苦行僧般的日子，我要尋找一個常人的自由！」我的心在吶喊，在為自己鳴不平，

願我反抗的衝擊波能擊碎軍營禁錮的鐵門。

由於情緒受到極大的刺激，我得了嚴重的自律神經失調，不得不住進了醫院。一日，穿著肥大的白底藍條的病人服在花壇邊漫步，偶遇我的中學同學。聽完我的苦衷，他胸脯一拍：「這事我包了！」原來，他在軍隊裡「有關係」。就這樣，我的賭氣成全了我的自尊，退伍便成為對現實的暫時解脫。

在退伍工作大會上，當輔導長很遺憾地唸到我的名字時，全場譁然。誰也難以相信，誰也不敢相信，誰不知我是立志要考軍校並一定能考上軍校的。可這畢竟是事實。當無數雙眼睛不可思議地望著我時，我竟有點幸災樂禍，臉上的表情似乎在說：「哼，誰稀罕上軍校？」同時，又似乎得意洋洋地激輔導長：「誰說不讓我走？我這不是要走了……」

我賭氣成功了，要離開鬱悶的軍營了，我卻沒感到一絲一毫的輕鬆與快慰。三年了，我曾魂牽夢縈的軍營！就這樣匆匆別離嗎？就這樣傷感地捨你而去嗎？依在車窗，我竟沒有勇氣直視輔導長那淚水濛濛的眼睛。我知道，輔導長打從心底是捨不得讓我走，可倔強的我硬是受不得一點精神上的委屈。

列車終於緩緩啟動了，大滴大滴的淚珠連同一個女兵的軍官夢被碾碎了……

回家後，我一直忘不了那天輔導長跟我談的那件事，便十分誠懇地寫了封信給他：「請告訴我，你們究竟懷疑我元月一日晚做了什麼？要不，我一輩子都矇在鼓裡。」

沒多久，輔導長回了信：「那天，一個參謀上樓取東西，路過四樓一號房間時，發現一男一女在接吻，他便把這件事向上反映。由於一時馬

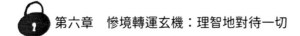

虎，他把四樓當成了三樓，三樓一號是保密室，而那天晚上你又正好值班……後來才知道，是張幹事的妻子到四樓一號送晚飯給張幹事……」

看完來信，我腦子一片空白，整個人傻在那裡……若不是這個參謀的錯誤，我會成為一名女軍官，一個出色的軍營女記者……不可思議的是，這樣一個瑰麗的理想竟是被一個虛無的、並不屬於自己的「吻」字所擊滅！我的心裡有一種難言的滋味。

好在人生的意義並不是在社會這個大舞台上扮演某個固定的角色，人間的風景也不只一處，但是我常常於無人之時翻看相簿裡那一張張流溢著翠綠的照片，撫摸我曾用過的領章、帽徽和軍衣，陷入深深地沉思……

要訣三　面對現實

【解讀】

開闊自己心胸，前途才會充滿希望，反之則會荊棘遍布。轉變命運要解決實際問題，切不可牢騷滿腹，心生恨意。面對現實需要人們平心靜氣，不走極端。

【事典】

在比薩和羅馬之間有座微不足道的小火車站，這一路段貫通瑪瑞門沿海沼澤地帶。站上有一位名叫安東尼奧·瓦爾伽的站長。他因一位修道院院長一時心血來潮的恩寵而得到這一職位的，而在他走馬上任之後，就被遺忘在了陰山背後。

安東尼奧·瓦爾伽的父親在梵蒂岡當守門人，那是一個奢華絢麗的地方。小時候，每當去看望父親時，小安東尼奧總是誠惶誠恐地穿過廳堂，

心情激動地在雕飾精巧的門前行駐足，禮讓達官貴人從身旁走過。有一次，他悄悄溜進一間陳設豪華的內室，正當他如醉如痴地撫摩座椅的錦緞面料時，被人捉住了。他看到豪華公寓前有馬車停駐等人時，便久久不肯離去，直到看見搭車的有錢人的身影；他整天在大飯店或博物館和教堂前轉來轉去，為的是觀察按照他自己的臆想賦予姓名和頭銜的陌生人。這絕對不是為了炫耀，因為他從未向任何人說這件事，只是為了讓自己能夠同那個夢寐以求的世界，搭上某種可望而不可即的關係。

　　無論是梵蒂岡的殿堂，還是帝王花園，無論是卡爾索河畔宮殿那些在夜幕中燈光熠熠的窗子，還是麗人纖手戴著的鑽戒，抑或將軍胸前佩戴的勳章，只要他看到這些令他想到權力、統治和財富的東西，就覺得自己是一個被騙去合法享受自己財產的人，憤懣之情油然而生。他沒有朋友，男人們身上那種安閒自得、唯唯諾諾的樣子令他生厭；他沒有情人，因為他對平民少女的穿戴舉止不屑一顧；他飄飄欲仙，一心夢想只同伯爵和公爵的夫人們用殘暴、冷酷和傲慢的方式交往。他有一種癖好，專門收集各色布料、禮帽飾帶、社會名流的相片、顯赫人士的名片、零碎的花邊、時裝雜誌上的銅版插畫，以及從舞廳或市場門前撿來的單隻手套。由於這種癖好，他把自己低價租來的房間變成了一間小小的展室，藉以排遣百無聊賴的情緒。

　　他在而立之年被調到瑪瑞門這塊荒涼的沼澤地帶，所有的愛好再也無法滿足。這位本來就鬱鬱不得志而神經過敏的男人變得如此心灰意懶，即便在公餘時間也不肯離開這片可悲的荒涼之地。他穿過渺無人煙的地帶，躺在海邊長達幾個小時。他的目光充滿高深莫測的抱負和心願，深深地凝視著遠方。晚上他就擺弄自己那些奇特的收藏，把藏品一件一件地擺在桌上。他欣賞著這些毫無價值的東西，就像一個視財如命的人看著自己的財

寶和有價證券，其樂無窮。

在這個路段上行駛著一趟豪華列車，往返於巴黎和拿波里之間，早晨南下，晚間北上。有一天，發生了這樣的事情：車務段的一位巡道員給這輛列車發出了緊急停車訊號。這位巡道員的妻子夜裡分娩，患了產褥熱，生命垂危，方圓數里尋不到醫生急救，況且他還必須堅守職位。焦急之間，他鋌而走險截住了這輛列車，他抱著一線希望能在乘客中找到一位醫生。但是他的冒險行為於事無補，乘客是不能隨意打擾的，引起的不安卻也非同小可。幸好列車長大發惻隱之心，他就此事向車站站長瓦爾伽寫了一份書面報告，欲將大事化小，他想當然地以為這樣就可以盡量寬恕這位巡道員，畢竟他的妻子已在事情發生後幾小時離開了人世。

但這真是天大的誤會，安東尼奧・瓦爾伽大為光火，他對當局的陳述和要求使得這位不幸的人沒過多久就被趕出了鐵路局，丟掉了飯碗。

人們自然都會認為，他想讓一個怠忽職守的公務人員受到懲罰，他也能夠讓人相信這一點。而在他內心深處卻隱藏著一個十分可怕的原因，那就是巡道員做了一件他自己朝思暮想，而且日復一日感到無法抗拒、非做不可的事情。

這輛豪華列車並不會在這座小站停靠。每到預定的時刻，它便浮現在遠方的平原上，鐵軌嘎嘎作響，大地震顫，隨著一陣旋風，列車隆隆駛來，呼嘯而過，又漸漸消失在遠方的茫茫煙霧中。夜晚時分更令人激動不已。車窗透出的燈火映在孤獨的月臺上，使得那幾盞油燈倍加慘淡無色。窗後灰暗的身影隱約閃動，如幽靈一般，似現非現。這時安東尼奧・瓦爾伽想到了那些人身上戴著的珍珠項鍊和金鑲玉嵌的飾物，想到了他們旅行箱中的華裝，想到了他們傲視萬物的目光，想到了他們的嘉會瓊筵，他們調情求歡，豪賭尋樂，想到了他們那富麗堂皇的樓宇，他對不可阻攔地從

他眼前掠過的這列華貴貪婪的世界深惡痛絕。

　　他這種日益強烈的情緒，遂變成永遠無法排解的報復心理。受這種陰鬱心情的驅使，他自言自語道：我若不能步入你們的世界，我就迫使你們進入我的天地，我要讓你們像奴僕和乞丐一樣趴在我的面前。

　　一天晚上，從熱內努亞開來的貨車誤點到達，為了給豪華列車讓行，這輛貨車必須排到一條廢棄的軌道上。但貨車尚未調開，豪華列車便進入視野。此時應發出緊急停車訊號，由於助理段務員正在路段上查巡，安東尼奧・瓦爾伽急忙跑進值班室，但他沒有在這千鈞一髮之際拉動訊號，卻遲疑了起來。他把抬起的手臂又落了下去，他意識到有多少人的生命和命運懸於他這隻手的起落之間，他內心充滿了一種未曾覺察到但早有所感的快意，他那顆心跳動的聲音愈加清晰，他的血液流動得更加平靜。兩輛列車撞到了一起，發出震耳欲聾的巨響。

　　這時，瓦爾伽離開值班室，邁著平穩的步伐從倉皇逃命和哀哀苦訴的段務員中間走過，隨即來到現場，他交叉著雙臂站在那一片狼藉的火車殘骸旁。熊熊烈火中可以看到那些奮力掙扎的身影，他曾年復一年地懷著滿腔仇恨和不能如願以償的慾望追尋著他們的生命軌跡。他觀賞著眼前的景象猶如一位將軍觀望一座被攻克的堡壘的廢墟，而站在車站一旁的工人和段務員個個呆若木雞。就在此時，一個動人心魄的聲音傳入他的耳際。他順著叫聲走了幾步，看到一個美麗絕倫的女孩。她面貌清秀，柔媚動人，幾乎是英國女人才獨具的天生麗質；她的身體擠壓在金屬和木頭板塊中間，她氣喘吁吁，從嘴裡流淌出鮮血，她那雙美麗的眼睛不久就會永遠失去光澤。女孩痛苦萬分，精神恍惚。她伸出雙臂，似乎想說：擁抱我吧，緊緊地擁抱我，把我失去的青春給我。從她的目光裡透出一股烈焰，它剝去了嚴厲表情和尊貴雙脣的偽裝，似乎還要從死亡中再奪回一小段生命。

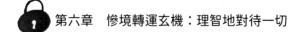

安東尼奧‧瓦爾伽的心靈不禁為之一顫。他將女孩的頭輕柔地放在自己的膝上，他無法再做更多的事情使她得到安慰。他平生第一次感覺到需要另一個人，需要奉獻，這是對愛的初次察覺。

當女孩死去之後，安東尼奧‧瓦爾伽離開進行搶救的人群，回到自己的房間，寫了一封悔過書，那是一封不厭其詳的筆供。當他以其慣常的細心態度列完拖欠同類的帳目清單之後，便立即進行償還 —— 他懸梁自盡了。

要訣四　情不可痴

【解讀】

面對不公正的待遇，要學會化解，這樣才能承受苦難，不致癲狂。轉變命運要善於忍耐和等待，不可灰心失望、自暴自棄，最悲慘的莫過於自我毀滅了。

【事典】

拿破崙發奮學習，不理會周圍的喧鬧與白眼，就這樣忍受了五年的痛苦。這五年之中，每一種嘲笑、每一種侮辱、每一種輕視的態度，都增加了他的決心，堅定了鬥志。靠著不懈的努力，在十六歲那年，拿破崙榮升少尉，並以全校第一名的成績畢業於貴族學校。

隨後，拿破崙接受軍事徵召來到部隊。到部隊以後，他發現周圍的同伴不務正業，卻以追逐女人和賭博為榮。由於經濟依然困難，再加上不善於溜鬚拍馬，拿破崙不久即遭到同事排擠，被擠下少尉職位。

拿破崙不再理會他們無聊的遊戲，埋頭於圖書館中，決心要讓天底下

所有的人都知道自己的才華。他大量閱讀哲學、軍事、名人傳記等著作。在部隊中，他孤寂、沉悶、憤怒，但是他頑強地堅持了下來，並勾畫著美好的未來。

拿破崙在埋首圖書館的這段歲月裡，僅摘抄的筆記就累積了一尺多厚。他把自己想像成總司令，畫出科西嘉島的地圖，並清楚地指出哪些地方應當布置防範，而且計算得非常精確。

一次，長官見拿破崙的學問很好，便派他到訓練場執行任務。這項任務需要繁雜的計算，他做得極為出色，讓長官甚是吃驚，於是他獲得了新的機會。從此，拿破崙走上了飛騰之路。

塞爾是一家大公司的中層管理人員。他幹勁十足、表現優秀，又有素養，本來應該有美好的前程，但當他看到老闆的親戚沒有他優秀，卻職位比他高、薪水比他多時，心裡感到非常的不平衡。

塞爾想：自己的能力比他們都強，工作比他們辛苦，忙來忙去，幫他們發展公司，還要受他們的氣。塞爾越想越覺得不公平，在不平衡心理的驅動下，他開始蒐集公司的情報與商業祕密，然後高價賣給公司的競爭對手。公司發現商業祕密被洩露後，立刻報了警。最終，塞爾也為自己的行為付出了代價。

朱迪是一位頗有魅力的女士，丈夫很愛他。但她仍然抱怨說，結婚五年了，她的家庭生活一直不大和諧。

每次丈夫說了幾句讓她不高興的話之後，朱迪總是反駁說：「你為什麼會說出這種話？我可從來沒說過這種話。」

當丈夫談到兩個孩子時，朱迪就說：「這不公平，我吵嘴時從來不把孩子扯上。」

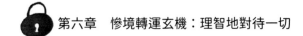

當他們提到閒暇時間的娛樂活動時，朱迪說的還是：「你總是往外跑，讓我在家裡帶孩子，這太不公平了。」

朱迪就這樣是把家庭事務列出清單，夫妻兩人各占一欄，兩相比較，必須公平：我這樣做，你也得這樣做。難怪她常常憤憤不平，總是考慮著要糾正她認為不公平的現象，而不是考慮如何使家庭生活更加美滿。其實，只要她不再比較，不再強求公平，獨立地積極投入她所嚮往的生活，便可以有效地改善夫妻關係。

要訣五　遵守遊戲規則

【解讀】

意外常是不遵守規則的結果，對規則的蔑視便是對自己的傷害。轉變命運不能任性妄為，嚴守規則是成功的關鍵。做任何事都有它的規則，這無法以人的意志轉移的。

【事典】

今天凌晨，我突然接到一個老朋友的電話，她顫抖著說：「我的孩子出事了！我需要你幫忙！他騎摩托車載一個女同學，結果被大卡車撞倒，女孩當場就死了，我兒子也受傷入院，晚上要在學校開善後會議，我現在的心全亂了，請你出席幫我說幾句話。」

晚上七點，我準時趕到學校，會議室裡坐滿了人，意外的是，當肇事司機走進去，沒有瘋狂的叫罵與哭喊，反而是一片低氣壓般的沉寂。

死者的父親睜著滿布血絲的雙眼，盯著桌面，緩緩地說：「我今天追究責任又有什麼用？孩子已經死了！只是記得她生前常對我說：『爸爸！

如果我將來有了錢，一定要做些慈善的事。』就請表示些誠意，為她做些功德吧！我們為父母的，也會拿出些錢來，做善事，了卻我死去女兒的心願……」

雖然他已經不想追究肇事的原因，但從死者同學的口中得知，是兩校舉行聯誼郊遊，原本包了旅遊車，因為死去的女孩子非常保守，不太能適應坐在她身邊的男生，正巧我那朋友的兒子騎了摩托車去，女孩便要求載她回家，豈知遇上大卡車轉彎擦撞，當場身亡。

「女孩子太保守了，我可以做證！」我的朋友終於忍不住哭了出來：「我兒子在醫院對我說，她即使坐摩托車，也不願抱著我兒子的腰，結果一個緊急躲閃，我兒子向右傾，女孩子卻倒向了左側，正好被緊跟在後的大卡車……」

「她即使死了，手還緊緊抓著摩托車後座的皮帶！」死者的母親喃喃自語。

調解會議出人意外平和地結束了，但我建議學生檢討整個事件，在男女交友的活動中，怎樣避免因為觀念不同造成心靈的傷害，甚至發生悲劇。

走出校門，外面正下著綿綿秋雨，我站在簷下等車，有個參加會議的學生追出來問我：

「同學們都非常傷心，事情發生之後，大家也盡了力，又何必麻煩我們，尤其是友校的同學，一再調查整個事件呢？」

「我只知道你正站在這裡跟我講話，你的女同學卻死了，再也不會回來了。」我對他嚴肅地說，「用寶貴的生命換取教訓，要求大家記住難道算超過嗎？我們不想追究當天遊覽車上，是哪個男生坐在她旁邊，或說了什

麼話，做了怎樣的舉動，但我們總要避免以後再發生這樣的悲劇啊！」

可不是嗎？每個人有自己的生活態度，只要不影響到他人，個人的保守或開放是無所謂對錯的！但若有些看來不明顯的影響，卻可能造成無可彌補的傷害。

當我像你這個年歲時，住在一棟公寓裡，樓下是一所女子補習班，我下課之後常跟那裡的女生聊天。豈知某日有個女生對我說：「你知道某人為什麼不見了嗎？因為你說話傷了她，她說會記恨你一輩子！」

老實說，直到今天，我都想不出講錯了什麼話。

但我記得很清楚的是，大學一年級時，有一天我對班上一位女同學才說了半句話，她竟突然站起身，哭著衝了出去。後來我才知道，只為我說她有點「三八」。

在我的字典裡，「三八」是天真無邪的形容詞，以前常跟朋友用這個字眼，豈知對那位保守的女同學而言，卻成為一種侮辱。

那時我真是驚住了，才發覺原來每件事在不同人的心中，有著不同的準繩與定義，我們絕不能單純地用自己來想別人。

後來念美術心理學，更了解到，居然面對同樣的色彩，不同人的感受也絕不一樣。我看來很強的顏色，你看來可能很淡。你畫出來讓我覺得誇張的東西，對你來說都可能恰到好處。

人與人相處是多麼不易啊！言者無心，聽者有意；動者無心，受者多情。如同遊覽車上的男生，可能只是無意的半句話，卻導致了死亡的悲劇！

我永遠記得一位自稱「遊戲人間」的朋友所說的：

「遊戲並不容易，你先要了解遊戲規則，也要確定對方跟你遵守同樣的規則，否則就可能闖大禍。」

要訣六　不許說謊

【解讀】

　　做人是不能愧對良心的，不說謊的人可以消除不安，擔當更大的責任。轉變命運不可投機取巧，失去誠信，任何不實之辭到頭來傷害的還是自己。

【事典】

　　公路一側，是一個僅存著地名的「集鎮」——黃昏集。緊挨著它的是一座小村落。村東頭的第一戶是間茅草小屋，小茅屋現在已經不存在了；茅屋有一位老婦，老婦現在也不存在了。但村落的一切都依然存在我的記憶裡，存在我不太願意揭開的一頁生活紀錄裡，更確切地說，存在我常常勾起的激動裡。

　　我曾經站在小茅屋前，低垂著頭，靜默好長一段時間。頭是沉重的、腿也是沉重的，更沉重的是我的情感。她，與我非親非戚，非鄰非里。我不知她的姓名，也不了解她的身世。但當我得知她的生命已與茅屋長辭，在我再次路過黃昏集時，我以兒子對母親的虔誠，默默地悼念她。沒有花圈，沒有青紗，連野花也沒採到，有的只是睫毛下被晚雲與夕照映得帶血色的珠淚。

　　世間竟有這樣嚴厲的目光——她曾瞅遍我的全身，似有滿腹疑雲；世間竟有那樣刻板的面容，滿臉亂麻般的皺紋長時間木然不動。她冷若冰霜？她麻木不仁？她無動於衷？不！她眼中分明充滿了鄙視、充滿了憂患。她的一句話像重錘般擊在我的心上，至今響在耳際。

　　那是個「糧食不夠瓜菜代、瓜菜不夠穀糠代」的年月。我奉命到三十

公里外蒐集畝產萬斤糧的宣傳材料。步行六個小時後，肚裡的二兩稀粥早已化為一身冷汗，一身塵垢。斜陽將我的身影投在坎坷的石子路上，搖搖晃晃，恍恍惚惚。雙腳重如磐石，任意志多麼堅強也挪不動一身癱軟。我的心慌亂起來，眼模糊起來，冷汗加劇，耳朵轟鳴。我要倒下去了，我也想倒下去，但我十分清楚，這浮腫的身軀一倒下去就難以起來了。我不由自主地向著一間茅屋走去。一時間，恐懼與羞愧同時襲來 —— 在當時，有一個字是不准講的，那就是「餓」。我身為替國家做宣傳工作的公務員，更應謹慎，更不能向老百姓討吃的，但轆轆飢腸偏偏與我的意志與尊嚴作對。我終於原諒了自己：我會像軍人遵守紀律那樣付錢，也決不會說「餓」字，我已想好了理由。

　　茅屋靜悄悄的，一位頭髮花白的村婦在搓揉著一捆麥草。她面如黃土，雙眼浮腫，似乎視力極差，但對落在地下的幾顆可憐瘦麥卻一粒不漏地挑選了起來。這麥草的香味、麥粒的顏色竟使我口中唾液猛增。我實在忍不住了，小聲地說：「老婆婆，你家裡有賣雞蛋嗎？」（當時我真想生吞兩顆雞蛋），說著，我連忙掏出錢來。

　　她慢慢抬起頭來，打量我一番，瞇縫著的眼睛突然閃出兩點光亮，十分冷峻：「人都沒有吃的，還養雞？」

　　「是這樣，」我連忙解釋，「我不是收購雞蛋的。路過這裡，有位同事病了，暈在馬路上，特來弄幾個雞蛋沖點蛋花給他喝。」

　　老人睜著雙眼，將我從頭到腳審視了一番。我連忙擦掉滿頭冷汗，裝出精神抖擻的樣子，但浮腫的雙腳卻是無法掩飾的了。

　　「家家（外祖母），這錠水寫的字不現。」從內屋傳來一個女孩的聲音。我這才發現一個小姑娘正伏在長凳上做作業。

「錠水是顏料粉子沖的，紙又黑又毛糙，要寫得現才怪哩。」她兩眼直盯著我，嚴厲得嚇人。

我感到一陣內疚。我說聲「打擾了」，就告退了。

正當我踏著昏黃的夕照拖著綿軟的雙腿離開茅屋時，一個稚嫩的聲音在後面喊：「叔叔，等一等。」

寫作業的小姑娘追上來了，她雙手捧著兩節蒸熟了的野藕，遞到我的眼前：「我家家說，你在說謊話。快拿去吧，家裡沒別的好東西了。」

「我……」我本想說「我不餓」，但似乎立刻聽到一聲喝斥：「你在說謊！」我木然了，好久好久，面對落霞染紅的茅屋是慚愧？是自責？心中有一股悽然，有一股悲涼。

兩節野藕使我走完了三十公里的路程，完成了上級的使命，但，我人生的道路卻很長很長。在以後的日子裡，每當我將去宣傳一些不實之事時，我就會看到那雙嚴厲的眼睛，使我羞愧，使我痛苦，因而也使我沉默。儘管，我早得知她沒有度過哪個饑饉之年，那雙眼睛已不復存在。然而，我總以兒子對母親的虔誠，端端正正地立在她的目光之下。

要訣七　莫忘親情

【解讀】

支撐人們走過苦難的，少不了親情，它是無私的，也是不離不棄的。轉變命運，親情往往是決定性的力量，它給人的感動也是長久的；即使有天大的困難，它也會幫助人們戰而勝之。

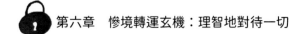

【事典】

　　我是道地的莊戶人家的孩子，父母生下我們姐弟四人。姐姐最大，為了供我們讀書，她十二歲就扛著一條大扁擔，下田工作了。哥哥的學業也完成得艱難，趕上「文革」，在聯中草草讀完九年，就下鄉勞動了。

　　一九八三年，我考上大學，哥哥一直把我送到縣城。四年大學都是哥哥供我的，他吃了無數的苦。有一次，放寒假沒錢回家，哥哥連夜踏著沒膝的雪走了二十公里路，到郵局匯了錢，又踏著雪回去。

　　哥哥總是鼓勵我說：「你要努力，哥哥拚了命也要供你讀書，只要你有出息，我吃一點苦又算什麼呢？」

　　我只有無盡的感動。

　　畢業了，我分到了縣城教書，哥哥經常趕著驢車來看我。他怕影響我的形象，總是躲著我的同事，他說：「哥穿的破，又不會講話。」

　　我說：「你是我哥，誰會笑話你呢？」

　　哥哥後來遇上車禍，草草地走完了一生。

　　沒有哥哥，便沒有我的今天，我的人生全因他而轉變了。每每想起往事，想起哥哥的奉獻，我就淚流不止，增添無盡的動力。

要訣八　真正的愛情不易獲得

【解讀】

　　遭受過愛情創傷的人是脆弱的，但這不是就此放棄尋找真愛的理由。轉變命運需要愛情的激勵，而真正的愛情絕不是隨便就可獲得的，人們要有足夠的耐心。

【事典】

　　歌德是十八世紀後期和十九世紀初期德國文學的主要代表作家。他的文學作品不僅在德國，在世界文學中也占有重要地位。然而，他在愛情上卻屢屢遭受痛苦的折磨。

　　歌德的戀愛發生得早，大約十四、五歲時，他便開始了初戀。當時，歌德居住在出生地法蘭克福。他的鄰居中有一個叫格蘭脫欣的姑娘，年齡比歌德大。兩人經常在一起玩耍，很要好。不知不覺中，歌德對格蘭脫欣產生了一種朦朧的情感。當時，歌德喜歡寫詩，於是他便寫了一封情書，但這封情書不是歌德寫給格蘭脫欣，而是歌德從格蘭脫欣的角度，想像她對自己的愛而寫出的情書。寫完之後，歌德把情書拿給格蘭脫欣看，並請她在情書上簽名。格蘭脫欣還以為歌德是在開玩笑，玩遊戲，她感到很有趣，便在情書上簽了自己的名字。然而歌德卻認真起來，在他看來，格蘭脫欣也喜歡自己。從此，歌德陷入了情網。但是愛情不能一廂情願，格蘭脫欣並沒有對歌德產生愛情，在平常的玩耍中，她把歌德當作弟弟看待。於是，她拒絕了歌德。後來，格蘭脫欣離開了法蘭克福。多情的歌德為此傷心落淚，徹夜失眠，這是歌德生平第一次遭受情感上的打擊。

　　西元一七六五年十月，歌德來到萊比錫大學學習法律。但他由於家庭的薰陶和秉賦，對文學與繪畫更有興趣。因而，歌德的文人氣質特別濃厚。在萊比錫，他常常到咖啡館和酒館。在一家酒館中，他結識了酒館老闆的女兒安娜，安娜年輕貌美、活潑可愛，歌德為之傾倒。安娜也被歌德的氣質吸引，她常常備好酒菜，與歌德約會，二人共墜愛河。但是，歌德在這場愛情中表現得心胸狹窄，他容不得安娜與別的男子來往。一次在戲院中，歌德發現安娜和一名男子談話，他惱怒已極，失去理智，以致發狂。安娜感到自己猶如被禁錮在囚籠裡，壓抑得喘不過氣來，於是，她提

出與歌德分手。由於歌德的無端猜忌，致使這次戀愛又中途夭折了。

　　西元一七七二年五月九日，二十三歲的歌德到韋茨拉爾帝國高等法院實習。在那裡，他與年輕的法學家克斯特納相識，並結為摯友。一次，歌德應邀參加舞會，與年輕女子夏洛蒂·布甫相遇，並深深地被她的氣質與美貌所吸引。歌德不禁對這位年輕女子產生了愛慕之情，很快，歌德便上門拜訪了她。可萬萬沒有料到的是，透過兩人的談話，歌德得知夏洛蒂·布甫原來是他的好友克斯特納的未婚妻，而且，她對自己的未婚夫一往情深。從此，歌德便陷入了痛苦之中。他一度為情愛所困，無法自拔。他深知對夏洛蒂·布甫的愛情根本是無望的，因而想拔劍自盡……

　　遭遇情感的挫折後，歌德漸漸地讓自己的火熱情感冷卻下來，他終於清醒地意識到自己不能就此沉淪下去，他決意離開韋茨拉爾，繼續新的生活。臨行前他還寫信給自己的友人與他的未婚妻致以問候與祝福。後來，歌德把這段經歷反映在他的名著《少年維特之煩惱》。

　　西元一七八八年六月十八日，歌德在義大利旅行後，回到魏瑪擔任劇院監督，併兼管礦業。同年七月，歌德結識了一名女子克里斯蒂安娜·福爾皮烏斯。福爾皮烏斯出身於一個小職員家庭，沒有受過什麼教育，但她聰明、勤勞，很體貼人。歌德對這個普普通通的姑娘產生了愛情。福爾皮烏斯對歌德的才華很是欽慕。歌德的此次愛情雖然受到了當時上流社會的非難，但歌德並沒有被封建的門第觀念所左右，不久，便與福爾皮烏斯同居。福爾皮烏斯善於理家，她精心照顧歌德，把生活安排得井井有條，使歌德能夠安心創作。正是這位普普通通的女子最終使長久以來備受情感折磨、飽嘗孤獨的歌德，在情感上得到了慰藉，品嘗到了家庭的幸福。

　　歌德與福爾皮烏斯同居了十八年，至西元一八〇六年才正式結婚。

要訣九　沒有絕對的完美

【解讀】

悲劇總在追求完美時發生，這是不理解現實所產生的必然結果。不完美才是世界的本相，這是人們無法超越的事實。轉變命運不可脫離實際，人們要理智地對待一切。

【事典】

一九二一年十一月七日，蘇聯「十月革命」四週年紀念日，莫斯科大劇院裡座無虛席。

舞台上，一個身著紅衣紅帽紅鞋子、身段迷人的舞蹈家，表演著即興舞蹈。她那優美嫻熟、富有藝術想像力和創造力的舞姿，以及那充滿熱情的、具有青春活力的出色表演，給觀眾留下了強烈深刻的印象。觀眾席上不時爆發出一陣又一陣的熱烈掌聲。

這個表演者不是別人，就是曾經風靡美國和歐洲的著名舞蹈家伊莎朵拉·鄧肯（Isadora Duncan）。她這次訪蘇，是應蘇聯教育人民委員會主席盧納察爾斯基（Анатóлий Васи́льевич Лунача́рский）的邀請，克服重重阻力，由美國專程到蘇聯演出。

在大廳裡的另外一角，觀眾席上有一位模樣英俊、舉止瀟灑的青年男子。他平時顯得有些憂鬱的藍眼睛裡閃著一種異乎尋常的光芒，完全被臺上舞蹈家的出色演出征服了。這個青年男子就是蘇聯當時著名的抒情詩人葉賽寧（Серге́й Алекса́ндрович Есе́нин）。

鄧肯獨具風味的舞姿和嶄新的藝術風格，給葉賽寧留下了極為美好的印象。尤其是鄧肯身上透逸的獨特藝術家浪漫氣質，更是在葉賽寧心裡引

起強烈的共鳴。

演出結束後，當葉賽寧被介紹給鄧肯時，年輕的抒情詩人微覺情緒激動，心旌飄蕩。兩人緊握雙手、簡單寒暄後互相凝視時，彼此都感到又驚訝又興奮。

鄧肯曾經讀過葉賽寧所寫的美麗抒情詩，如今見到這位詩人竟是這樣年輕英俊，那雙略顯憂鬱的藍眼睛裡迸發出如此奔放而且灼人的熱情……她完全被迷住了。

對葉賽寧來說，鄧肯是他第一個接觸到的現代西方女子，她身上有著俄羅斯女子所沒有的獨特魅力。同時，她又是一個成熟的藝術家，那臺上臺下的每一個動作、姿態，都具有一種特殊的美感。更使葉賽寧驚異的是，在同鄧肯的接觸交往中，又往往能從她身上感受到少女般純真的熱情。正因為如此，兩人見面相識後，便一見傾心，互相鍾情。接著便陷入熱戀中。

從戀愛婚姻的角度來說，葉賽寧和鄧肯是不太相稱的。葉賽寧當時僅二十六歲，而鄧肯已經四十三歲，比整整葉賽寧大了十七歲。其次，兩人語言不通，葉賽寧不懂英語，鄧肯不懂俄語，彼此沒有可以直接交談的語言。

然而，這一切並不妨礙兩人如痴如狂的熱戀。雖然語言不通，但彼此都能從對方身上和眼睛裡感受到一種特別強烈的愛。更重要的是，他倆似乎僅憑直覺便知道彼此都需要對方的這種愛。

不久，葉賽寧正式與鄧肯同居。鄧肯離開莫斯科去外地巡迴演出時，葉賽寧也隨她一道去蘇聯各地旅行，並進行一同出國的安排和準備。

在正式辦理出國手續前，按當時法律規定，兩人須先辦理結婚登記。

鄧肯為縮小自己與葉賽寧之間的年齡差距，有意將實際年齡減少了八歲，改為三十五歲。待一切手續辦妥，準備就緒，兩人於一九二二年五月十日踏上了去歐美的旅途，開始了他們正式的「蜜月旅行」。

葉賽寧和鄧肯的國外旅行按事先擬好的路線，先後經德國、義大利、法國、比利時，最後到達美國，歷時一年多。

葉賽寧這次出國，除商談詩集印刷事宜外，還有一個沒有公開講出來的目的，就是想藉此親睹一下西方世界，增添感性知識，從而創作一些外國題材的詩。

由於葉賽寧的名氣，以及他毅然與西方舞星鄧肯結婚 —— 這樣具有傳奇色彩的行動，更使他的經歷蒙上一些神祕色彩。西方社會帶著某種好奇心，審慎而有禮貌地接待這個來自「紅色世界」的高貴遊子。葉賽寧和鄧肯所到之處都受到人們的歡迎。然而，西方資本主義世界金錢至上，貧富懸殊，以及人們追求享樂、輕視藝術的現象，又使葉賽寧深感不安，以至於產生反感，出國的時間越長，他心裡的壓抑感就越深。他想大量創作帶有異國風情詩篇的興致和情緒，全然被破壞了。與此同時，詩人對祖國、對故鄉的思念之情也日益加深。相反，正由於在國外的旅行生活中顯示出兩人在各方面的嚴重差異，這段為時不久的愛情和婚姻面臨著危機。

從葉賽寧和鄧肯兩人來看，儘管他們之間有的藝術語言這個共同基礎，但在出身、教育、年齡、性格等方面都差距甚遠。在戀愛初期的甜蜜興奮與衝動過去之後，隨著接觸了解的加深，才發覺彼此之間存在著一條不可踰越的鴻溝：兩人在性格上明顯缺乏和諧一致。從某種的意義上說，葉賽寧是個「憂傷」的詩人，而鄧肯是個「快活」的舞蹈家。這種性格上的不和諧必然造成感情上的裂痕，加之他們之間還有很嚴重的語言障礙，兩

人交流思想感情只能求助於手勢和代名詞。這樣，由於思想感情得不到及時而充分的交流，兩人之間的矛盾加深和最終分手，就是不可避免的了。

出國不久，葉賽寧和鄧肯就經常因性格不合而爭吵。到巴黎時，兩人的衝突公開爆發，一度鬧得不可開交。吵鬧到後來，當他們兩人都意識到分手已是不可避免的事時，便彼此都冷靜下來，達成一個不成文的「君子協議」：回到俄羅斯以後就分開，彼此以朋友身分相處。

一九二三年秋，葉賽寧和鄧肯返回莫斯科不久，兩人果然就分居了。

鄧肯對自己和葉賽寧之間的愛情破裂，感到十分難過和傷心；而葉賽寧呢，他同情甚至可憐鄧肯這位有才華的異國女子，但卻不想修復感情。他將鄧肯送到高加索療養，自己則和兩個妹妹一起搬到過去的情人別尼斯拉夫斯卡婭那裡去住。

別尼斯拉夫斯卡婭的父親是俄籍法國留學生，母親是喬治亞人。她不僅漂亮聰慧，而且有很高的文學素養和藝術見解。一九一六年她十九歲時，在聖彼得堡的一次文學晚會上第一次見到詩人葉賽寧，這位年輕詩人的氣質和才華，給她留下深刻印象。

三年後，在莫斯科的文學晚會上，她再次聽到朗誦葉賽寧的詩。少女的心扉被這些充滿激情的美麗詩篇撥動了。漸漸的，她對葉賽寧的崇拜達到了狂熱程度。葉賽寧的公開詩朗誦會，她場場必到，而且每次總是買同一排的座號：第四排第十六號。對葉賽寧的每首詩，她都熟讀強記，並細細思索，理解其中的思想感情和深刻寓意。不久，一個偶然的機會，別尼斯拉夫斯卡婭結識了葉賽寧。隨著交往接觸加深，她成了葉賽寧的朋友和情人。他們常待在一起，討論探索藝術思想和創作技巧等問題。別尼斯拉夫斯卡婭和葉賽寧一起度過了二○年代初期那一段平靜和諧、幸福安寧的

時光。遺憾的是，這段感情並沒維持多久。自葉賽寧見到鄧肯這個風靡歐美的著名藝術家後，憂傷詩人時時鬱鬱寡歡卻又易於衝動的感情世界，便遭到了愛情風暴的襲擊。這樣，他離開了別尼斯拉夫斯卡婭，陷入和鄧肯的狂熱戀愛中。

別尼斯拉夫斯卡婭是一個富有犧牲精神，而且自制力很強的女子。當葉賽寧遇到鄧肯，並同她結婚且出國旅行時，別尼斯拉夫斯卡婭儘管受到很大刺激，因悲傷變得一天天陰鬱沉默，但她卻沒有沉溺在悲痛中無法自拔，她以堅強的毅力和無畏精神去忍受痛苦，並在靜默中自我排解。現在，和鄧肯分手的葉賽寧重新回到她身邊，多情而善良的別尼斯拉夫斯卡婭原諒了他，她又像過去那樣，將自己的愛無私地獻給葉賽寧。

鄧肯在高加索和克里米亞旅行休養一段時間後，於一九二四年秋離開了蘇聯。她和葉賽寧這位蘇聯當代名詩人的短暫羅曼史就這樣結束了。不過，鄧肯始終對葉賽寧懷著崇敬和愛戴的珍貴感情，並不因兩人最終分手而視若仇敵。她後來還對人坦率地說，她認為自己在蘇聯生活的三年，其中包括與葉賽寧的戀愛悲劇，比她一生中其他歲月的總和還更有價值。

葉賽寧在別尼斯拉夫斯卡婭那裡重新尋到了安寧和諧的環境和脈脈溫情。但令人遺憾的是，這段和諧與安寧仍然沒能保持。不久後，這位多情的詩人又跌入了另一個紛亂的愛情漩渦，使他往悲劇又向走近了一步。

一九二五年三月，別尼斯拉夫斯卡婭在家裡舉行了一次家庭晚會，在出席的客人中，有位頗具名門閨秀風範且容貌出眾的少女，她就是作家列夫・托爾斯泰的孫女索菲婭・安德烈夫娜。葉賽寧一見到她，就被其容貌舉止吸引住了，再也無法掩飾對她的好感。生性聰明的索菲婭，正值情竇初開的少女時期，也極想尋找一個多情而有才氣的藝術家或詩人做自己的

生活伴侶。葉賽寧本來就易於衝動並且常常深陷愛情狂熱的心靈，自認識了索菲婭那一天起，又失去了平衡。

一九二五年五月，葉賽寧來到巴頓，他回了一封信給別尼斯拉夫斯卡婭，提到自己健康狀況欠佳，並暗示他即將和別尼斯拉夫斯卡婭分手。這是葉賽寧寫給她的最後一封信。

這年九月，葉賽寧與索菲婭正式結婚。隨後，他搬進了索菲婭那豪華而又古色古香的寬大住宅裡。令葉賽寧失望的是，婚後生活並不像原來想像的那樣美滿。索菲婭雖然出身名門，天資出眾，但她既缺乏同詩人相匹配的藝術才識和見解，也沒有別尼斯拉夫斯卡婭的溫情。

葉賽寧是一個天性喜愛自由、理想大於現實的人，不習慣傳統的家庭生活，當他追求理想的美神而投入索菲婭懷抱時，卻沒有意識到他把自己關進了一向厭惡的家庭生活牢籠，充當了婚姻鎖鏈下的奴隸。到這時，他才真正感到別尼斯拉夫斯卡婭的重要和可貴。

隨著心境失調，葉賽寧也愈來愈暴躁，到後來竟經常莫名其妙地發脾氣，顯得喜怒無常。經醫院檢查，醫生認為他已患有精神憂鬱症。十二月，葉賽寧孤獨地離開了莫斯科。他繞道去克里米亞同自己的兩個孩子吻別，然後到了列寧格勒，住在一家旅館裡。

一九二五年十二月二十八日凌晨，葉賽寧在旅館的房間裡自殺了。那年，他剛滿三十歲。死前，他咬破手指，用血寫成一首八行的絕命詩：

再見吧，我的朋友，再見吧。
你永銘於我的心中，我親愛的朋友。
即將來臨的永別，
意味著我們來世的聚首。

再見吧，朋友，不必握手也不必交談，

無須把愁和悲深鎖在眉尖，

在我們的生活中，死，並不新鮮，

可是活著，當然更不稀罕。

在國外的鄧肯驚悉葉賽寧自殺消息後，立即發給巴黎各家大報這樣一封電報：

「葉賽寧悲慘的死帶給我巨大的悲痛，……他的精神將永遠活在俄羅斯人民和所有愛好詩歌的人們心中……」

鄧肯自己的命運也相當不幸。一九二七年，她在穿過大街時，由於精神恍惚，圍巾被捲進汽車輪子，遭受嚴重車禍而死。這位西方紅極一時的著名舞星，也和一年多前自殺的抒情詩人一樣，十分悲慘地走完了自己的人生路程。

一九二六年冬，正當葉賽寧去世一週年之際，別尼斯拉夫斯卡婭一個人來到坐落在莫斯科近郊的瓦甘科沃公墓。她在詩人墳前跪了許久，最後，拿出隨身帶來的手槍自殺了。

別尼斯拉夫斯卡婭殉情時，留下一封遺書：

「一九二六年十二月三日我在這裡結束殘生。儘管我知道在我死後會有人對葉賽寧無休無止地狂吠，但是這對他、對我都已無所謂了。對我來說，一切最珍貴的東西都在這墳墓裡……」

別尼斯拉夫斯卡婭的殉情自殺，可以說是葉賽寧愛情悲劇中令人感嘆的最後一幕。她淒涼悲慘地結束自己的人生時，也還不足三十歲。

第六章　慘境轉運玄機：理智地對待一切

第七章

絕境轉運玄機：戰勝自己，改變自己

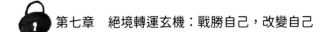

要訣一　多個朋友多條路

【解讀】

轉變命運離不開朋友的扶持和幫助，單打獨鬥難成大事。朋友總在最絕望的時候助人化險為夷，而朋友卻要在平時交結，臨時抱佛腳是不行的，人們要有廣交朋友的理念和行動。

【事典】

一九三〇年，西蒙‧史佩拉傳教士每日習慣在鄉村的田野之中漫步很長的時間。無論是誰，只要經過他的身邊，他就會熱情地向他們打招呼問好。

其中有個叫米勒的農夫是他每天打招呼的對象之一。當傳教士第一次向米勒道早安時，這個農夫只是轉過身去，像一塊石頭般又臭又硬。在這個小鄉鎮裡，猶太人和當地居民處得不太好，成為朋友的更絕無僅有。但這並沒有妨礙或打消史佩拉傳教士的勇氣和決心。一天又一天的過去，他持續以溫暖的笑容和熱情的聲音向米勒打招呼。終於有一天，農夫向教士舉舉帽子示意，臉上也第一次露出了一絲笑容。

這樣的習慣持續了好多年，每天早上，史佩拉都會高聲地說「早安，米勒先生」。那位農夫也會舉舉帽子，高聲地回道：「早安，西蒙先生」。這樣的習慣一直延續到納粹黨上臺，史佩拉全家與村中所有的猶太人都被集合起來送往集中營為止。

從火車上下來之後，史佩拉站在長長的隊伍中，靜待發落。在隊伍的尾端，史佩拉遠遠地看見營區的指揮官拿著指揮棒一會兒向左指，一會兒向右指。他知道發派到左邊的就是死路一條，發配到右邊的則還有生還機會。

他的心臟怦怦跳動著，越靠近那個指揮官，就跳得越快。

　　他的名字被叫到了，突然之間血液衝上他的臉龐，恐懼消失得無影無蹤了。然後指揮官轉過身來，兩人的目光相遇了。

　　史佩拉靜靜地對指揮官說：「早安，米勒先生。」米勒的一雙眼睛看起來依然冷酷無情，但聽到他的招呼時突然抽動了幾秒鐘，然後也靜靜地回道：「早安，西蒙先生。」接著，他舉起指揮棒指了指說：「右！」他邊喊還邊不自覺地點了點頭。

　　「右」，意思就是生還者。

　　比爾蓋茲在讀中學時，便與艾倫成為了好友。他們倆瘋狂地熱愛電腦，並且都是高手。他們的友誼因共同的興趣而越來越深厚。

　　早在十四歲的時候，蓋茲就和艾倫一起透過編寫和測試電腦程式來賺錢。一九七二年，兩人建立了他們的第一家公司「Traf-O-Data」。他們既是好友，又是合作者。在共同為電腦奮鬥的過程中，兩人感情日漸深厚。

　　一九七四年，艾倫從華盛頓大學退學；一九七五年，蓋茲也離開了哈佛。兩人深信個人電腦的發展前景，並且願意共同奮鬥。他們一起搬到了新墨西哥州的阿爾伯克基市，開始了偉大的創業生涯。

　　從此，二人同心協力，共同為微軟的發展出謀劃策，共同研究、開發一代代新產品。至於他們所取得的成功，幾乎是眾所皆知。

　　蓋茲不善言談，專攻科學研究開發；艾倫能言善辯，負責業務連繫。二人形成絕佳搭檔，共同為微軟的發展作出了傑出的貢獻。

　　可以說，蓋茲的成功不僅僅是他一個人的，艾倫也功不可沒；也就是說，沒有艾倫，很可能就沒有今天的微軟。

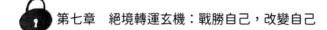

要訣二　莫為小事憂愁

【解讀】

因為小事而引發的大事都是令人遺憾的，這是人們的不智。轉變命運不可斤斤計較，要保持樂觀，把心思都投入到事業上。人們只有放眼大局，方可少做得不償失的蠢事。

【事典】

亨利從小家裡很窮，但他非常熱愛運動。他十六歲時，就能夠壓碎一顆棒球，能夠以每小時九十英哩的速度投出一個快球，並且撞擊足球場上移動著的任何一件東西上。他的高中教練是奧利・賈維斯，他不僅相信亨利，而且還教他怎樣相信自己。他教亨利知道：擁有一個夢想和足夠的自信，會使生活有怎樣的不同。

某年暑假，亨利找了一份工作，這意味著他將有錢和女孩約會，還可以買一輛新腳踏車和新衣服，還可以存錢為他的母親買一座房子。這一切都存在極大的誘惑力，但是他如果去做這份工作，就必須放棄暑假的棒球運動。當他把這件事告訴賈維斯教練的時候，教練生氣了。

「你還有一生的時間去工作，」教練說，「但是，你練球的日子是有限的，你根本浪費不起！」

亨利低著頭，還想堅持去打工。畢竟，有錢可以讓他得到許多快樂。

「孩子，你做這份工作能賺多少錢？」教練問道。

「每小時三點二五美元。」

教練繼續問道：「你認為，一個夢想就值一小時三點二五美元嗎？」

　　這個問題簡單得不能再簡單了，它赤裸裸地擺在亨利的面前，讓他看到了立刻得到的某些東西和樹立一個目標之間的不同之處。

　　於是，亨利放棄了打工，全身心地投入運動中。同一年，他被匹茲堡海盜隊選中，並與他們簽訂了一份價值二萬美元的球員合約。後來，他獲得了亞利桑那州州立大學足球獎學金，使他獲得了接受教育的機會；在全美國的後衛球員中，他兩次被公眾認可，並且在美國國家足球聯盟隊隊員的挑選賽中，他排在了第七名。

　　一九八四年，亨利與丹佛野馬隊簽署了一百七十萬美元的合約。他終於為他的母親買了一座房子，實現了他的夢想。

　　當庫克駕駛著藍色的 BMW 回到公寓的地下車庫時，又發現那輛黃色的法拉利停得離他的車位那麼近。「為什麼老不給我留些地方！」庫克心中憤憤地想。

　　有一天，庫克比那輛黃色法拉利先回到家。當他正想關掉引擎時，那輛法拉利開了進來，駕駛人像以往那樣把她的車緊緊地貼著庫克的車停下。

　　庫克實在無法忍耐，外加他正患感冒，頭痛得屬害，又剛收到稅務所的催款單。於是，他怒目瞪著黃色法拉利的主人大聲喊道：「瞧你！是不是可以給我留些地方？你離我遠些！」

　　那位黃色法拉利的主人也瞪圓雙眼回敬庫克：「和誰說話哪！」她一邊尖著嗓門大叫，一邊離開車子，「你以為你是誰，是總統？！」說完，不屑一顧地扭轉身子走了。

　　庫克咬咬牙，心想：「讓你嘗嘗我的屬害。」

　　第二天，庫克回家時，黃色法拉利正好還未回車庫，庫克便把車子緊

挨對方的車位停了下來。

接著的幾天，那輛黃色的法拉利每天都先於庫克回到車庫，逼得庫克苦不堪言。

「老這樣下去能行嗎？該怎麼辦呢？」庫克立即有了一個好主意。

第二天早晨，黃色法拉利的女主人一坐進她的車子，就發現擋風玻璃上放著一個信封 ——「親愛的黃色法拉利：很抱歉，我家的男主人那天向你家女主人大喊大叫。他並不是有意針對那個人的，這也不是他慣有的作風，只是那天他從信箱裡拿到了帶來壞消息的信件。我希望您和您家的女主人能夠原諒他。您的鄰居藍色BMW。」

第二天早晨，當庫克走進車庫，一眼就發現了擋風玻璃上的信封，他迫不及待地抽出信紙 ——「親愛的藍色BMW：我家女主人這些日子也一直心煩意亂，因為她剛學會駕駛汽車，因此還停不好車子。我家女主人很高興看到您寫的便條，她也會成為你們的好朋友的。您的鄰居黃色法拉利。」

從那以後，每當藍色BMW和黃色法拉利再相見時，他們的駕駛人都會愉快地微笑著打招呼。

東漢時期，京城太學裡有一個名叫甄宇的博士。

有一年年底，皇帝賜給博士們每人一隻羊為過年禮物。羊趕來了，負責分羊的官員一見傻了眼：原來這群羊的肥瘦大小相差懸殊。太學長官犯了難，不知如何分發是好，於是便找博士們來相商。

博士們平常關係都不錯，但面對這個問題也都犯了難。因為誰也不願要又瘦又小的羊，但誰也不願說「我想要大的」，於是紛紛出主意。

有的說應把所有的羊全殺掉，按斤兩平均分肉；有的說應抓鬮定奪，

聽天由命。

　　正在大家議論紛紛時，甄宇站出來說：「還是一人牽一頭吧，我先牽。」說完他就向羊群走去。

　　這時，便有人嘀咕說：「甄宇倒是聰明，如果他把大的牽走，那麼小的留給誰呢？」沒想到甄宇竟從羊群裡牽了一隻最瘦小的羊回家了。

　　這下博士們不再爭執了，人們都很敬佩他的無私與大度，敬佩甄宇的同時，紛紛效仿他的行為，先牽的人都是從小的牽起，越是肥大的羊反而越是剩在後邊。

　　這個牽扯到眾人利益的難題，就這樣輕而易舉地解決了。

要訣三　知恥而後勇

【解讀】

　　沒有什麼絕路，只有絕望的心態。轉變命運要戰勝自己，不喪失對前途的信心。恥辱不能靠折磨自己來洗刷，人要知恥後勇，化恥辱為挑戰一切困難和意志的行動。

【事典】

　　我寫遺書那年距今已有四年，這種愚昧無知的行為，現在回想起來使我感到羞恥。

　　四年前，我十六歲卻考不上高中。我整天愁悶不樂。理想不能實現，志向不能如願，談何事業成功？我無臉見人，只想到死。我絕望地寫下了遺書。

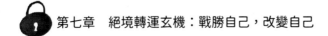

　　一天，在臨睡覺前，我一口氣服下了一小瓶安眠藥。我平靜地穿上盛裝，躺在床上，嘴裡喃喃地道：我就要死了。沒有出路了！死吧，死吧……唸著唸著便什麼也不知道了。

　　天還沒有亮。我覺得難受得要命，頭腦昏脹。我緊緊地閉著眼睛，一動也不動地躺著，心裡說不出是在想些什麼。為了死，我又拿起桌子上的剪刀，但是我無法使用這種武器。因為我的手在發抖，我連將剪刀穿進喉嚨的勇氣也沒有。這樣我痛苦地捱到了天亮，我知道，我不可能死了。我開始後悔藥吃得太少了。

　　的確，我不可能死了，我恨自己為什麼沒有死去。鄰居來串門，開口就問：「你考上哪個學校了？」怎麼回答呢？我無法啟齒，在他們面前，我就像一個罪犯，無地自容。雖然我不曾盜竊和殺人，但是，我卻辜負了父母的希望啊。負疚像一條毒蛇纏著我，使我得不到片刻的寧靜。我一次又一次地從枕頭底下拿出遺書，開啟遺書：「親愛的父母，請原諒您的女兒不孝……」熱淚又湧出來，模糊了視線。我痛苦地伏在床上哭泣，我恨自己愚笨。我怨自己生不逢時，我討厭自己性格脆弱，連死都無法果斷行事。我痛苦，我悲傷，我惆悵……頭腦昏沉，膨脹得像要炸開一樣。

　　就這樣我在痛苦中煎熬著，渾渾噩噩地磨著時光。一天傍晚，我的同學約我去她家玩。一進屋，我驚呆了。我看見她八十高齡的祖父在黯淡的燈光下，戴著老花眼鏡看書，神情是那樣的專注。頓時，我的心像打翻了五味瓶，酸甜苦辣一齊湧上來，一個年邁的老人還這樣珍惜光陰，我為什麼不愛惜自己寶貴的青春時光呢？無知啊無知。我為自己做的蠢事感到羞愧。我轉過身，緊緊握住同學的手，激動地說了聲「謝謝你」就跑回家了。

　　回到家裡，我從枕頭底下掏出遺書毀了。然後從箱子裡翻出書，我老

老實實開始自學。從此，我不再想去死了，我要學習。我應該學習，因為我還年輕，因為生活是美好的。

要訣四　換一種活法

【解讀】

循規蹈矩是不會走出一條新路的，也不會發現潛在的美好。轉變命運要打破常規，調整一下思路。改變一下自己有時是必須的，這能展現自己的另一面，發揮出更高的價值。

【事典】

在當了幾年的賢妻良母以後，我突發異想，要去看看外面的世界。於是，便被我丈夫一腳踹出了家門。當做過無數個溫馨的夢的家門在我身後「砰」地一聲關上的時候，我立刻覺得四周全是門，我再也無力開啟其中的任何一扇，哪怕是通向死亡之谷的門。

我像所有的女人一樣，坐在臺階上傷心哭泣，為我已經失去了的。

在一個久雨初晴的早晨，我睜開眼，陽光像一隻柔軟的手，輕輕地滑過我淚痕未乾的臉龐，空氣新鮮猶如五月的玫瑰。四周很靜，我聽見我的心在胸膛裡「通通」地跳著，我感覺到血在血管裡汨汨流動。我終於意識到，我還活著，我還擁有青春和美麗的生命。

這是一個美好的早晨，我決定，換一種活法。我告訴自己，失去的不一定是最好的，而現在要面對的也不一定很糟糕。比如現在，我至少可以每天睡到早上八點，可以在自己房間的任何一張凳子上翹起腳看書，可以把早餐推遲到中午，可以對有好感的異性微笑，可以毫無顧忌地買我喜愛

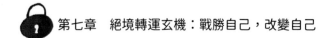

的奇裝異服。我可以隨意安排我的時間，可以重新為自己活一次。

哈！想到這裡，我簡直想跑回以前的家去，拍拍我丈夫的肩膀，感謝他給了我一個重新屬於我自己的機會。

自此，我覺得什麼是最糟糕的？就是你自己越想越糟糕的時候。

在別人看來，我去考大學純屬精神錯亂，離婚不到一個月，孩子不到五週歲，而且，公司還要停發薪資。

在進考場的一刻，我問自己：萬一考不上怎麼辦？

我搖搖頭對自己說：不想那麼多，權當發一回神經病！我輕鬆自如地進了考場，成績考得出乎我意料的好。所以我說，其實人的思維不必太正常。有時候，反常一點倒好，男女老少都說活得太累，我想，可能是思維太正常的緣故。

去年創作假，我去李自成當年屯兵的商洛山採訪。當地的農民大有闖王部隊的餘威，上下汽車之強悍令我大開眼界，好不容易上得車來，那幾個在涼鞋外面的出風頭的腳趾頭卻已血肉模糊，費了好大的勁才把襪子從腳上撕下來，裹上一層衛生紙，人便一瘸一拐地又行走在異地的夕陽裡。我對自己笑笑，總算對「擁擠」這個形容詞有了切膚之痛的感受了。

前不久，接好友來信，最後一句話令我大為感動。她說：「許多讓人哭的事情，你都笑著去做。」

我看了又看，突然淚如雨下，因為這是我一生中聽到的最好讚賞。

要訣五　發揮所有的潛能

【解讀】

　　人們能爭取到的東西很多，只是總太低估了自己而已。一切皆有可能，只要進取就會有成功的機會。難為一下自己，潛能便會助人們轉變命運。

【事典】

　　有一次，一位朋友對我說，她讀過一首朦朧詩，只記得半句：「人生的枴杖……」她問我這是什麼意思。我說枴杖是一種助人前行的工具，這裡或許是用來譬喻人的某種素養，但具體指什麼我卻含糊其辭，因為自己也覺得有點「朦朧」。

　　後來讀報紙，讀到外國有一運動員，在奧運奪得了金牌，當眾人向他祝賀時他卻抱頭痛哭，原來奪取奧運金牌是他多年的夢想，但壯志未酬，兩年前卻被確診患了癌症。他一次又一次對自己說：「我不能死 —— 為了那個夢想。」他終於堅持到今年，終於創造了奇蹟。在這輝煌的時刻，他心中翻起的是怎樣的波瀾啊！他能不哭嗎？

　　而我也彷彿看到了支持他前進的「枴杖」。

　　我有一個高中同學叫瓦平，他身材瘦削，性格也較「軟」，但就是他，去年三月間卻對我說他準備舉辦全員同學會，計劃在五月一日重訪距離廣州七十公里的母校。我直言道，憑你，行嗎？畢業二十年，同學早已星散，部分同學畢業至今杳無音信，從未連繫，你怎樣找？他回答說不管怎樣，一定要辦成這件事。

　　他真的辦成了這件事。五月一日早晨，我們四十多個同學在歡聲笑語

中分乘兩輛遊覽車出發了。不過大家都不知道，為了今天，瓦平付出了多大的辛勞。接連幾個星期天，他從早跑到晚，到處尋找連繫同學，有不在家的，有搬了家的，有地址不全的，他只得去了一次又一次，甚至到派出所請警察幫忙。恰逢梅雨天，傍晚精疲力盡回家時常常是外面雨衣溼，裡面內衣溼。此外還要連繫車輛，準備食品、飲料、照相機等等。當我們的遊覽車在闊別二十年的校園停定，他第一個跳下車，忘情地叫道：「我回來啦！」誰又知道他此刻心中的滋味？

於是，我也清晰地看到了支持他忘我奔走兩個月的那根「柺杖」。

人生的柺杖，其實就是信念。

那位運動員，若不是他懷著一個未圓的夢，他早就垮了。當然，戰勝癌症需要許多因素的配合，但於他來說，不達目的誓不休的堅定信念，以及由此煥發出來的生命熱情，起了關鍵的作用，因為這大大增強了他自身的免疫系統，調動了他身體內所有的防禦力量，終於戰勝了癌細胞，創造了生命的奇蹟。

我的同學瓦平，事蹟雖然沒有那位運動員那麼輝煌，但同樣是難能可貴的。有了他的努力，使我們全班同學得以久別重逢，在昔日的校園裡再溫舊夢，留下一個終生難忘的美好回憶。也正是這點不尋常的意義，形成了他心中的一個信念，鼓舞著他戰勝重重困難，成功地組織了這次聚會。

其實，人世間有許多幸福是我們可以爭取的，有許多不幸我們是可以戰勝的，有許多困難是可以克服的，有許多夢想是可以實現的，就看我們心中是否有一個堅定不移的信念。伴隨著信念而來的，是精神、勇氣、熱情、辦法……你所有的潛能都將發揮得淋漓盡致。

人生路長，我想我們每個人都應該尋找並緊握屬於自己的那根「柺杖」。

要訣六　不可折斷自己

【解讀】

危難的時候，人們想要放棄的念頭才是最凶險的。轉變命運要有始有終，要有必勝的信念，這是成功的要訣。放棄便全無希望了，這是人們一定要禁絕的。

【事典】

我將藥片一粒粒數過以後，倒了杯開水放在旁邊，然後找出幾顆巧克力來。我吃藥若是沒有巧克力壓陣，肯定會嘔吐的。

我覺得萬無一失的時候，便開始清理東西：信件、作品、女人的飾物。首飾少得可憐，沒幾下就收拾乾淨，放在一個盒裡，附上一張類似囑託的字條後，覺得一身輕鬆。錢財乃身外之物，我將不帶一絲牽掛而死。

我的作品也如我的首飾，稀少而備受珍愛。我一篇篇地寫下題目，又抄下一大堆友人的名字地址，然後給我親愛的丈夫寫了一封簡訊。信中說，讓我以愛妻的名義請求你，在我自殺以後為我出一本書，書寄給這份名單上的朋友們。我想像著我在外遊蕩的丈夫歸來後讀到信時，肯定是一方面惱怒至極，一方面又心如刀絞，我快樂而酸楚。

我看看一堆藥片，忍住了熱淚。我不哭。就剩下最後一件事了：讀信。多年來，良師益友的來信也是一筆美麗的財富。我想，要讀完這些信件大概要到天亮，而那時，大地清明，曙光微熹，我將在世界甦醒之時死去。

先讀好朋友們的來信。一封、兩封……這些來自四面八方的信，如潺潺小溪，輕柔地流過心間，撫我累累創痕。以前沒覺得，如今讀來，竟充

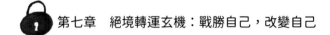

滿了愛和溫暖。他們是那樣關注著我的經歷，我所做的每件事，寫的每一行詩、每一篇文章，似乎都在他們的視線裡，而且如我一樣的看重它們。我感到真誠。讀到第三十二封的時候，心內揪心的痛。淚落下來，滴在信紙上，浸散開來，一片又一片，我讀不下去了。

我看看藥片，拿了一片吃了下去，再喝一口水，再吃一顆巧克力。我知道，這種藥先要零散地吃兩三片，然後再吞下大把，才能達到理想效果。然後，我劃了一根火柴，將朋友們的信件點著了。

誰料到這時突然停了電。屋外一片黑暗。片刻的騷動過後，居民們又歸於沉寂。他們好像已習慣了這種突發性停電事件。屋內，燃燒的火焰將一切映得蠟黃。我有些惶恐，一種不祥的預感籠罩了我。以前有過兩次自殺的企圖，卻都是因為意外的打擾而未遂。一次是預謀割腕，然而剛把小刀扎進手腕，就被丈夫憤怒地發現，把我押送醫院，傷好後就覺得自己嚇著了丈夫，一直不敢再有此瘋狂念頭。但是成年人的現實生活與理想相差太遠，一種看透紅塵、厭倦人生之感終又來臨。所以有一次深夜，趁夜黑之際，深深吻了吻他，便獨上高樓，想借明月清輝的映照，讓自己尚未被汙染的靈魂安息。但是高樓上竟躺了一片民工，或睡或醒，或笑或語，見一女子上來，驚訝不已。我心境大壞，煩躁而歸。紅塵無靜處，令我常常沮喪。

火光慢慢地微弱。我記起很久以前的一個幻覺。周遭一片漆黑，卻不知何處有一叢火光，在黑暗襯托下顯得遙遠而充滿誘惑。我向火光奔去，那火光卻永遠在前面閃爍，永遠那麼遙遠。如今我已看不到火光。我浸在自我思想的黑暗之中。

隨著一陣歡呼，電來了，室內又見一片光明。我興奮起來，又吃了一片藥，喝一口水，吃一顆巧克力。我該讀老師們的信了。在我一位如今已

成古人的導師信中，有這樣一段話，這段話曾經無數次地幫我走出困境：「人生是一張犁，各式各樣的挫折是土與石。犁遇土石，犁得動且直走，犁不動則繞開，萬不可憤然折斷自己。」但是我現在就要折斷自己了，導師。我並不憤恨什麼，只是一種深刻的絕望迫使我去叩敲永久的安寧之門。我不知道死後的世界是什麼樣子，但我願意。

我吞下所有的藥片。喝幾口水，吃一顆巧克力。如果不停電，我就能如期處理完這些信件，在純淨的黎明永遠的安眠。

然而，又停電了，又一片驚呼過去，又一片寧靜。

為什麼我不能順順當當地讀完這些信件！我一陣噁心，喉嚨裡便酸脹起來。潔白的藥片倏地翻捲而出，嘲笑我的失敗。我淚如泉湧。

我的心不復寧靜。我知道如果電不來，我將在無邊的黑暗中孤獨地呆坐到天明。天明以後，陽光燦爛，我又會笑容滿面地出現在貌似美麗的生活中。但我也明白，我的自殺計畫已被破壞。有時候人的生命並不掌握在自己手中，猶如自己的生活不完全由自己操縱。這是不是意味著我必須放棄這個計畫？

我苦笑著，無奈地走到陽臺上。海風無遮擋地吹來，溫柔中帶著腥澀。我驚訝地發現海原來就在我的身邊。已聽不見海潮聲，此時的海博大而安詳，我曾經希望自己做一個像海一樣的人。

我久久地佇立著，傾聽著許久以前的一種聲音，它來自天國，來自海洋，來自生命，它使我想起人的使命，人的意義。它讓我激情湧蕩：敢愛、敢恨、敢搏，你遠未做到。

海天相接處開始泛白。我意識到，黎明很快就會來了，黑暗結束，而我仍活著。

要訣七　找尋其他可行的路

【解讀】

方法一定會有的，重要的是找尋。在此反應要快、不遲疑。只要能達到目的，嘗試一下總比坐以待斃積極。轉變命運就要不放棄任何希望，在變通上做文章。

【事典】

「給我滾出去！我不認你這畜牲！」小弟才進門，老母就抓起扁擔打過去，卻被小弟一把搶了下來。

「放手！你想打媽媽不成？」大哥從裡屋衝出來吼著：「下流無恥的東西！」

「你們不要逼我！」小弟突然發瘋似地渾身顫抖，不但沒把扁擔放下，反而舉得更高了。

眼看小弟失去了理智，哥哥衝上前一把將老母拉開，並給了弟弟一腳，只是沒踢到，扁擔卻狠狠地揮了下來。從裡屋趕出的嫂子，竟沒能見到丈夫最後一面。

村裡一片悲戚，人人都為老婦失去孝順的大兒子傷心。他陪侍寡母，近四十歲才結婚，年紀輕輕的媳婦剛懷孕，竟被那逐出門的弟弟一扁擔打死，殺人者是非償命不可了！

問題是，弟弟不但沒償命，而且好端端地回家了，原來老母和嫂子，都作證是哥哥先動手拿鋤頭砍弟弟，弟弟自衛殺人，而鋤頭上確實有哥哥的指紋。

變故之後，老婦人沉默了，只是常見她對著丈夫的遺照喃喃地說：「老二原來殺了兩個人，我救下一個。」

　　二十多年前，日本國內有個陷在苦境裡掙扎的公司，它就是製造工廠火爐、熔解爐用耐火磚的「國代耐火工業公司」。

　　國代公司抱持觀望的態度，不願增加裝置，致使生產出的耐火磚沒人要，陷入了走投無路的困境。但加藤國雄董事長並沒有被時代的浪潮吞噬。

　　這時加藤看到一本書裡面寫道：

　　「馬匹在現代雖然喪失了運輸機能，但又以高度的娛樂價值起死回生。」

　　這並不引人注目的寥寥數字，卻使加藤看到了希望，他高興得跳了起來。看到這幾個字他靈光一閃，不再愁眉不展了。

　　他想：「製造鑄爐用磚虧本，資金已所剩無幾。但我還有一家燒磚工廠，將來隨著時代的進步，美術磚一定會逐漸取代現在的粗磚。在美術磚的色彩、光澤、感觸等各方面求改進，繼續不斷改良，一定可以開創一項新事業。是啦，此路不通，該走別條路了。我該為美術磚開路，帶動日本的美術磚起飛。」

　　加藤信心百倍地投入新產品的製造中。經過嘗試、摸索之後，他所做的產品越來越淡雅、優美、悅目，給人生動、舒服的感覺，可使建築物光耀生輝。

　　在逐漸由實用變為重視外觀美的時代裡，加藤此舉果然一帆風順，無往而不利。在各式各樣的東西皆在爭妍競美、角逐市場的今天，美術磚行銷無阻，一個月可售二十億日元。

　　美國密西根州有一位叫做霍夫曼的年輕董事長，他專門在別人不注

意、沒開發的空白點上下工夫，從而成功地發展了自己的事業。

霍夫曼高中畢業後在一家印刷廠工作，三年後自己在密西根州開了一家小印刷廠。當時，大的印刷廠壟斷了市場，他這樣的小印刷廠很難生存。

正在他打算另謀出路時，有個小出版社向他訂了一千美元的精品圖書包裝袋。這筆小生意啟發了他的經營思路。他藉此機會到處去調查圖書的市場，發現這是個「被人遺忘的角落」，偌大的圖書市場，竟然沒有一家專做包裝的廠家。

霍夫曼認為，既然大家都不屑一顧，沒人願意去做，那麼由我先行下手來填補這個「隙縫」，在沒有對手競爭的情況下一定大有作為。

就這樣，他乘隙而入，搶先進入了這一行。

因為沒有人跟他競爭，也沒有人向他殺價，可以說是一項獨占的行業。隨著時髦、豪華、精裝書籍的增加，沒多久，他就輕而易舉地坐上美國圖書包裝袋界的第一把交椅。

伊爾莎年輕的時候，父親帶她登上了羅馬一座教堂的塔頂。

「往下瞧瞧吧，伊爾莎！」父親說道。

伊爾莎鼓足勇氣朝腳下看去，只見星羅棋布的村莊環抱著羅馬，如蛛網般交叉彎曲的街道，一條條通往羅馬廣場。

「好好瞧瞧吧，親愛的孩子，」伊爾莎的父親溫柔地說，「通往廣場的路不止一條。生活也是這樣。假如你發現走這條路達不到目的地，你就走另一條路試試！」

伊爾莎的生活目標是成為一名時裝設計師。然而，在她向這個目標前進了一小段路之後，就發現此路不通。伊爾莎想起了父親的話，決定換一

條前進的道路。

　　伊爾莎來到了巴黎這個全世界的時裝中心。有一天，她碰巧遇到一位朋友，這位朋友穿著一件非常漂亮的毛衣，顏色樸素，但編織得極其巧妙。透過朋友介紹，伊爾莎知道編織這種毛線衣的太太名叫維黛安，在她的出生地美國，學會了這種針織法。

　　伊爾莎突然靈機一動，想出了一種更新穎的毛線衣設計。接著，一個更大膽的念頭湧進了她的腦中：為什麼不利用父親的商號開一家時裝店，自己設計、製作和出售時裝呢？可以先從毛線衣入手嘛！

　　於是，伊爾莎畫了一張黑白蝴蝶花紋的毛線衣設計圖，請維黛安太太先織一件。織好的毛衣漂亮極了。伊爾莎穿上這件毛線衣，參加了一個時裝商人矚目的午宴，結果紐約一家大商場的代表立即定購了四十件這樣的毛線衣，並要求兩星期內交貨。伊爾莎愉快地接受了。

　　然而，當伊爾莎站在維黛安太太面前時，維黛安太太的話讓伊爾莎的愉快情緒一下子消失得無影無蹤了。「你要知道，編織這麼一件毛線衣，幾乎要花上整整一星期的時間啊！」維黛爾太太說，「兩星期要四十件？這根本不可能。」

　　眼看勝利在望，此路又不通了！伊爾莎沮喪至極，垂頭喪氣地告辭了。走到半路上，她猛然止步，心想：必定另有出路。這種毛線衣雖然需要特殊技能，但可以肯定，在巴黎，一定還會有別的美國婦女懂得編織的。

　　伊爾莎連忙趕回維黛安太太家，向她說出了自己的想法。維黛安太太覺得有道理，並表示樂意協助。伊爾莎和維黛安太太好像偵探一樣，調查了住在巴黎的每一位美國人。透過朋友們的輾轉介紹，她們終於找到了

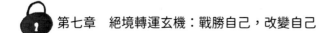

二十位懂得這種特殊針織法的美國婦女。

　　兩個星期以後，四十件毛線衣按時交貨，從伊爾莎新開的時裝店，裝上了開往美國的貨輪。此後，一條裝滿時裝和香水的河流，從伊爾莎的時裝店裡源源不斷地流出來了。

要訣八　完成一個人應該完成的使命

【解讀】

　　絕境中的人也會創造奇蹟，感動天下，這是一個人應有的價值，誰都不可低估。轉變命運要相信自己的價值和能量，勇於放手一搏。在絕境中爆發，能贏得人們的最大敬重。

【事典】

　　袁和是一位上海女孩。幾年前，她身為中國大陸留學生，到美國麻薩諸塞州蒙特·荷里亞女子學院攻讀碩士學位。

　　為了踏出國門學習，她付出了比別人更為艱辛的努力。當時，她已經三十多歲了，無論從靈氣和記憶力來說，都已經落後於更年輕的人。為了讓自己的願望得以實現，她白天在街道的小工廠裡和大嬸們一起糊紙盒賺錢，晚上躲進小屋藉著昏暗的燈光讀外語。就這樣，她以頑強的毅力通過了出國外語考試。臨走的那天，在踏進機場的時候，她忍不住放聲大哭。

　　讀碩士，攻博士，她心中有張人生的進度表。踏上美國的土地，儘管一切都是新鮮的，美麗的西海岸、讓人驚嘆的曼哈頓，但這一切沒有使她駐足。過往歲月已經耽誤了太多的時間，她要用超常的努力，贏得別人已經得到或沒有得到的那一切。

然而，這個進度表剛剛翻開，袁和就被罩上了「死亡」的陰影，命運給了這個倔強的女孩一個無情的「下馬威」——美國醫生診斷：癌症。袁和剛到美國才兩個月呵！不久，再次檢查的結果是：癌細胞轉移。

　　死亡向袁和這個弱女子撲來。這種恐懼對於任何人都是難以承受的，何況她這個身在異鄉、孤獨無援的女孩。除了明知道起不了多大作用，只是延緩那一刻到來的化療、手術，大家都束手無策。於是，有人勸她回國，那裡畢竟有親人照顧。也有人勸她留下來，因為美國是一個自由的國度，在這裡可以吸毒，可以放蕩，為所欲為。人之將死，不就想減輕痛苦、轉移壓力，多享受幾天人生的快樂嗎？

　　袁和沒有回國，也沒有去吸毒放蕩。她對人說，我還想讀書，想得到碩士學位。

　　她的同學把她的願望告訴醫生，醫生連連搖頭：「不可能，這是根本不可能的。按照經驗，她只能再活半年。想要得到碩士學位證書，這只是一種幻想，美麗的幻想……」

　　袁和正是懷著這種渺茫的幻想重新走進教室，走進圖書館，走進一個新的希望……

　　她彷彿忘記自己是癌症患者，一個被現代醫學宣判了死刑的人。她拚命地讀書，彷彿要把心中的痛苦，通通傾倒在浩如煙海的知識海洋裡。

　　兩年多的時間，她把死亡當成生命的枴杖，倚著它，無所畏懼地前行。她在教室裡暈倒過，但醒來，她依然走回教室；她吃下去的飯被無數次地吐出來，但她仍再一次頑強地咀嚼並嚥下去。

　　一個休息日，她在宿舍裡看書，突然一陣眩暈，摔倒在地上。就在那冰涼的地上，她整整昏死了十幾個小時。當她醒來的時候，已經是第二天

的凌晨，手腳也不聽大腦的控制了，然而，在一片空白中，她分明聽見一個聲音的呼喚：站起來，站起來！終於，她爬了起來，站立了起來……

腳下是深淺不一的足印，儘管她曾膽怯過、猶豫過，痛苦難耐時，也想放棄追求。但她終於戰勝了自己，戰勝了人的懦弱、絕望中的自戕。兩年多時間的苦熬，兩年多向死亡的挑戰，袁和終於穿著長長的黑色學袍，一步步走上了學院禮堂的臺階。她用顫抖的雙手，接過院長親自為她頒發的碩士學位證書。

對於袁和來說，這是她一生中最激動和最難忘的一天，她終於用自己的毅力和意志，把幻想變成了現實。

教授們和來自不同國度的學生們，在臺下為袁和鼓掌。他們看到了勇氣，看到了無畏，看到了人格的力量。

袁和並沒有停止她生命的歷程，她又以頑強的毅力去攻讀博士學位。但是，沒過多久，病魔終於奪去了她年輕的生命。

一個普通生命的消逝，竟在引起了很大的震動。麻薩諸塞州的四家報紙都刊登了袁和的大幅照片，撰文稱讚袁和的一生是人類「關於勇氣的一課」。

蒙特‧荷里亞女子學院破例降半旗兩天，向這名普通的女留學生致敬。他們還設立了「袁和中美友誼獎學金」，以獎勵那些對中美文化交流事業做出貢獻的人們。

在學校附近的草地上，學院為袁和立了一塊碑，碑上面有一張袁和微笑的彩色照片……

袁和以她的勇氣和毅力，在異國他邦塑造了堅毅的不朽形象。這是一個讓人欽佩和折服的形象！若說奉獻，這就是她做出的最大奉獻。

袁和去了，在完成了一個人應該完成的使命後，平靜地去了……

要訣九　天無絕人之路

【解讀】

　　始料不及的事總在發生，好運總是眷顧不灰心、不絕望者。奇蹟鍾情於從不放棄、與命運抗爭的人，上天的厚待也是可以期待的。轉變命運依靠的不僅是人們自身，還有神奇的安排。

【事典】

　　西元一八八二年五月四日早晨，巴西護衛艦「阿拉古阿里」號上的水手像往常一樣用吊桶提上來一桶海水，以便測量水溫。忽然發現桶裡浮著一隻密封的瓶子。艦長科斯塔瞧了躺在甲板上的瓶子一眼，隨即吩咐打碎它。瓶裡掉出一頁從《聖經》上撕下的紙，只見上面用英文在空白處不太整齊地寫道：「縱帆船『西‧希羅』號上發生譁變。船長死亡。大副被丟擲船舷。發難者強迫我（二副）操舵將船駛向亞馬遜河口，航速三十五節。請救援！」

　　科斯塔當即取出羅意德商船協會登記簿一查，知道確有「西‧希羅」這樣一艘英國船，排水量為四百六十噸，它建成於西元一八六六年，歸赫耳港管。於是艦長命令立即追蹤。

　　兩小時後護衛艦追上了叛船，在開炮鳴警後隨之下達了接舷衝鋒命令。於是中尉維耶伊拉帶著軍需官和七名全副武裝的水兵乘舢板靠上了「西‧希羅」號，並很快控制了縱帆船。叛變者被繳了械並帶上了鐐銬。同時軍需官在貨艙裡找到了拒絕與叛變者合作的二副赫傑爾和其他兩名水手。

　　尚不相信自己已經獲救的水手們，向救星們複述譁變事件的經過。但

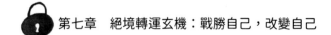

對話繼續下去，則越來越令人莫名其妙。

「請問你們是怎麼得知我船蒙難的？」二副赫傑爾納悶地問道，「叛變是今天早晨才發生的，我們認為一切都完了……」

「我們是在收到了您的求救信後才趕來的。」巴西中尉維耶伊拉答道。

「求救信？我們之中沒有人寄過呀！」

維耶伊拉出示了從《聖經》中撕下的那頁紙，赫傑爾疑惑不解地讀了一遍上面的英文。「這可不是我的筆跡，」他說，「而且我根本沒有可能將瓶子扔下海，叛變者隨時監視著我的一舉一動，可靠的水手又都被關在艙裡出不去。」

這一來使維耶伊拉中尉如墮五里霧中。他命令工兵將船上所有人員看管起來，準備就近移交給駐福克蘭群島的大不列顛政權。

結果，當「西・希羅」號全體船員被遣返回英國後，在法庭上揭開了令人瞠目結舌的真相。原來，巴西護衛艦從海洋裡打撈上來的並非求救信，而是廣告書！

在「西・希羅」叛亂事件發生前十六年，有個叫約翰・帕爾明格託恩的人出了一部名為《西・希羅》（海上英雄）的小說。由於在做廣告宣傳上下了些功夫，使該書一度知者頗多，銷路大開。機靈的作者在自己的小說出版前，往海裡扔了五千個瓶子封裝著摘自《聖經》的著名片段和書稿中求援的呼籲內容。其中一部分瓶子已先後被找到，另有幾百隻瓶子則仍舊在海洋裡四處飄泊。無巧不成書地卻偏偏有那麼一個瓶子被巴西護衛艦「阿拉古阿里」號撈起，裡面封裝的、摘自小說中的內容，又偏偏與一次海上的非常事件掛上鉤，以至奇蹟般地成了「西・希羅」號的救命符，這是原作者在十多年前所始料不及的……

第八章

順境轉運玄機：及時糾正錯誤行為

要訣一　尊重位低的人

【解讀】

小人物可以扳倒大人物，任何人都不可輕視。轉變命運要正確地評估他人，切不可唯我獨尊，傲慢無禮。盛氣凌人是位高者的大忌，做人要有謙和之心。

【事典】

賈約翰到職一年，就成了老闆眼中的紅人。在總經理辦公室工作的這段日子裡，他勤奮工作，同時暗暗摸索總經理的性格和工作習慣，總經理準備做的事，還沒發話，他往往就能猜個八九不離十，搶在前頭準備去了。

這一點自然很受總經理的賞識，也無可厚非。遺憾的是，賈約翰有個習慣：對人兩副嘴臉。

在總經理面前，他的一言一行都表現出萬分尊重。對公司其他的高階別主管，他也非常尊重，因為他知道總經理最信賴這些高階主管。即使對公司的那些不是很重要的基層小主管，賈約翰也表現出了恰如其分的尊重，因為他明白這些人說不定哪一天就要晉升，成為對自己有影響的人。對和自己平級的普通職員，賈約翰可沒有那麼好的耐性，經常對同事愛理不理的，甚至冷嘲熱諷，顯示自己高人一等。同事們漸漸地不屑搭理他，有的還在背後說他的壞話。

一年後，傳出賈約翰將被破格提拔為總經理特助的消息。賈約翰心中不免暗喜，連那些在背後說他壞話的同事，也認為這次他可能要如願以償了。

然而，隨後發生的一件事，讓賈約翰不但與晉升失之交臂，還丟掉了工作。

公司傳達室有一位長相平平的女員工，左臂還有點殘疾，賈約翰怎麼看都覺得不順眼。當他聽說那位女員工竟領同自己一樣的薪水時，簡直就有些氣憤了。一天，那位女員工到總經理辦公室送報紙，正巧總經理不在，賈約翰就以極其不屑的神態說了幾句風涼話。那位女員工被氣哭了，奪門而去。

同事們暗中竊喜，他們都知道那位女員工是總經理的表妹，但沒有人告訴賈約翰。

面對自己的下場，賈約翰傷感之後若有所悟：所有人都值得尊重，而不是只有一部分人可以享受這種權利。

德克薩斯州一家著名電視機廠經營不善，瀕臨倒閉。老闆焦思苦慮，決定請日本人管理這家工廠。日本人採取了兩項看似「雕蟲小技」的改革措施，七年後，這家由日本人管理的美國工廠，其產品的數量和品質達到歷史最高水準。

日本人採取了什麼方法呢？第一，新任經理邀請職工喝咖啡，還贈送每人一臺半導體收音機。經理說：「你們看看，這麼髒亂的環境怎麼進行生產呢？」

於是大家一起動手，清掃、粉刷了廠房，使工廠的面貌為之一新。

第二，經理不僅僱請年輕力壯的人，而且把以前被解僱的老工人全部召集回來，重新僱用。

這樣一來，工人們感恩戴德，生產效率急轉直上。

世界零售業的大廠沃爾瑪公司不把員工視為雇員，而是合夥人。因此，公司的一切人力資源制度都展現著這一理念，除了讓員工參與決策之外，還推行一套獨特的薪酬制度。

利潤分享計畫：凡是加入公司一年以上，每年工作時數不低於一小時的所有員工，都有權分享公司的一部分利潤。公司根據利潤情況按員工薪資的一定百分比提撥，一般為百分之六。

員工購股計畫：本著自願的原則，員工可以購買公司的股票，並享有比市價低百分之十五的折扣，可以交現金，也可以用薪資抵扣。目前，沃爾瑪百分之八十的員工都持有公司的股票，真正成為了公司的股東，其中有些成為百萬和千萬富翁。

損耗獎勵計畫：店鋪因減少損耗而獲得的盈利，公司與員工一同分享。

沃爾瑪公司成立四十多年，目前已成為世界零售業鉅子，並連續多年榮登《財富》雜誌世界五百強企業和「最受尊敬的企業」排行榜。

強生公司的業務員經常前往一家藥品雜貨店。每次去總要先跟櫃檯賣飲料的男孩打過招呼，再寒暄幾句去見店主。

有一天，店主突然告訴他今後不用再來了，他不想再買強生公司的產品了。這個業務員只好離開了。這位業務員開著車子在鎮上轉了很久，百思不得其解，最後他決定再回到店裡，把情況搞清楚。走進店裡的時候，他照常和櫃檯上賣飲料的男孩打過招呼，然後到裡面去見店主。店主見到他很高興，笑著歡迎他回來，並且比平常多訂了一倍的貨。

業務員十分驚訝，店主指著櫃檯旁賣飲料的男孩，對業務員說：「在你離開店鋪以後，他告訴我，你是到店裡來的人中唯一會同他打招呼的

人。他說，如果有什麼人值得同其做生意的話，就應該是你。」

　　從此店主成了這個業務員最好的客戶。

要訣二　不要大動肝火

【解讀】

　　人在順境就難保謹慎之心了，這是許多人致禍的根源。面對各種刁難和不如意，任何時候都要告誡自己，不要大動肝火，應泰然自若地面對。順境來之不易，不要輕易破壞它。

【事典】

　　在一九六〇年代初期的美國，有一位很有才華、曾經做過大學校長的人，出馬競選美國中西部某州的議會議員。此人資歷深，又精明能幹、博學多識，看起來很有希望贏得選舉的勝利。

　　但是，在選舉的中期，一個關於他的很小謠言漸漸散布開來：三、四年前，在該州首府舉行的一次教育大會中，他跟一位年輕女教師有那麼一點曖昧的行為。

　　這實在是一個彌天大謊，這位候選人對此感到非常憤怒，並竭力想要辯解。由於按捺不住對這一惡毒謠言的怒火，在以後的每一次集會中，他都要站起來極力澄清，證明自己的清白。

　　其實，大部分選民根本沒有聽到過這件事，但是在參選者的一次次辯白之後，人們卻愈來愈相信有這麼一回事。公眾們振振有詞地反問：「如果你真是無辜的，為什麼要為自己百般狡辯呢？」

　　如此火上澆油，這位候選人的情緒變得更壞，也更加氣急敗壞、聲嘶力竭地在各種場合下為自己洗刷冤情，譴責謠言的傳播。這樣做的結果，更使人們對謠言信以為真。最悲哀的是，連他的太太也開始轉而相信了這個謠言，夫妻之間的親密關係被破壞殆盡。

　　最後，這位參選人落選了，從此一蹶不振。

　　與此相對，有另一個面對緋聞的故事：

　　一九八〇年是美國大選年，這一年的總統寶座角逐者是民主黨人雷根和共和黨人卡特。

　　在一次關鍵的競選辯論中，卡特又對雷根當演員期間的生活作風發起了猛烈的蓄意攻擊。

　　面對卡特的攻擊，雷根絲毫沒有憤怒的表示，只是微微一笑，詼諧地調侃說：「你又來這一套了。」

　　雷根的話使得聽眾哈哈大笑，反而把卡特推入了尷尬的境地，從而贏得了更多選民的信賴和支持，最終獲得了大選的勝利。

　　拿破崙・希爾（Oliver Napoleon Hill）是世界知名的勵志大師，他的演講、著作感人至深，發人深省，其中的一些事例就源於他的親身經歷，所以很有說服力。以下是一段他的真實故事。

　　有一天，希爾和辦公室大樓的管理員發生了一場誤會。這場誤會導致倆人彼此憎恨，甚至演變成激烈的敵對。這位管理員為了顯示他的不悅，當他知道整棟大樓裡只有希爾一個人在辦公室工作時，便把大樓的電燈全部關掉了。

　　這樣的情形一連發生了幾次，希爾「忍無可忍」，最後決定進行「反擊」。

　　某個星期天，希爾到書房準備第二天晚上發表的演講稿。希爾剛剛在書桌前坐好，電燈熄滅了。希爾立刻跳了起來，奔向大樓地下室。希爾到達那裡時，管理員正一面工作、一面吹著口哨，彷彿什麼事都沒有發生似的。

　　希爾立刻對管理員破口大罵，一口氣罵了五分鐘之久。最後，希爾實在再想不出什麼罵人的新詞句，只好放慢了速度。

　　這時候，管理員站直了身體，轉過頭來，臉上露出開朗的微笑，並以一種充滿鎮靜及自制的柔和聲調說道：「呀，你今天早上有點激動吧，不是嗎？」

　　此時，希爾感到管理員的話就像一把銳利的短劍，一下子刺進了身體。希爾覺得：管理員雖然沒有多少文化，卻在這場戰鬥中打敗了自己，更何況這場戰鬥的場合以及武器都是自己所挑選的。

　　這是拿破崙‧希爾事業生涯初期的一次經歷，它讓人們認識到生活中有些人、有些事，實在不值一顧。千萬別把時間和精力浪費在「反擊」那些冒犯我們的人身上。

　　西元一八一九年末，二十歲的俄國詩人普希金（Aleksandr Sergeyevich Pushkin）在聖彼得堡看戲時大喝倒彩，引起鄰座傑尼謝維奇少校不滿，出面干涉。普希金認為這是對他的侮辱，要求決鬥。若不是著名小說《冰屋奇婚》作者拉熱奇尼科夫設法緩衝，事態會如何發展，殊難預料。西元一八二〇年代初普希金謫居南俄基什尼奧夫期間，又以極其輕狂的態度，捲入過十來次未遂決鬥和未造成傷亡的決鬥，以致屢遭人們的非議和上司的軟禁。例如在一次舞會上，只因對於舞曲的選用產生分歧，他竟不惜同一個姓斯塔羅夫的上校大動干戈。幸而暴風雪影響了能見度，雙方開槍均

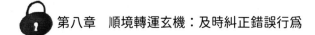

未命中。當地貴族巴爾希之妻拿這件事開了開玩笑，普希金又勃然變色，立刻向巴爾希挑戰，經別人從中調停，這才化險為夷。西元一八三六年，他同索洛古布、赫魯斯金和仁普寧之間也曾出現過險情。

要訣三　發現自己的貴人

【解讀】

任何人都需要他人幫助，不要以為自己能解決一切難題。轉變命運需要貴人的提攜，這是成功的捷徑。自己的貴人愈多，愈能增加致勝、化險的機率。

【事典】

大力畢業於明星大學，聰明能幹，剛到公司就受到了關注。

大力性格耿直，頗有俠風，和同事們的關係處得不錯，但就是和上司不怎麼對盤。老闆難得見到幾次，倒也不打緊；但部門主管天天照面，他也很少與對方溝通。有時候，主管找他談一些務虛的事情，他也不置一辭的，好在他的主管是一位正派人士，倒也沒有難為他。

對於和上司的關係，大力自有一番「高見」。一方面，他認為和上司走得太近，難免有巴結之嫌，這與他的觀念相悖。他覺得自己憑本事吃飯，沒有必要和上司套近乎。同時，他覺得和上司走得太近了，容易「脫離群眾」，有些不夠兄弟。此外，他對主管的嚴格要求以及逼命般的催促也頗有看法。

後來，大力所在團隊的一項任務完成得不好，被公司的批評。團隊檢討原因時，談到了當初主管找大力討論問題時大力敷衍了事的事情，而如

果那次能夠深入討論，應該就不會出問題。

聰明的大力意識到了這一點，也了解主管能積極和自己商討問題的可貴。此後，大力和主管接近了許多。

不久後，主管向公司推薦大力領導一個團隊，公司採納了這一意見。此時，也成為「上司」的大力這才明白，自己的進步也離不開上司的幫助。

美國有一位名叫阿瑟‧華凱的農家少年，在雜誌上讀了一些大實業家的故事，很想知道更多細節，並希望能得到他們對後來者的忠告。

有一天，他到紐約，也不管幾點開始辦公，早上七點就到了威廉‧亞斯達的事務所。

在第二間辦公室裡，華凱立刻認出了面前那體格壯實、一副濃眉的人是誰。高個子的亞斯達剛開始覺得這少年有點討厭，然而一聽少年問他：「我很想知道，我怎樣才能賺得百萬美元？」他的表情便變得柔和，並微笑起來，倆人竟談了一個鐘頭。隨後亞斯達還告訴他該去訪問的其他實業界名人。

華凱照著亞斯達的指示，遍訪了一流的商人、總編輯及銀行家。

在賺錢方面，華凱所得到的忠告並不見得對他有所幫助，但是能得到成功者的知遇，卻給了他自信。他開始仿效他們成功的做法。

又過了兩年，這個二十歲的青年成為他當學徒的那家工廠的所有者。二十四歲時，他是一家農業機械廠的總經理，為時不到五年，他就如願以償地擁有百萬美元的財富了。後來，這個來自鄉村粗陋木屋的少年，終於成為銀行董事會的一員。

阿瑟‧華凱在活躍於實業界的六十七年中，實踐著他年輕時來紐約學

到的基本信條，即多與優秀的人相結交，結果也像那些人一樣成就了自己的事業。

生活中，那些優秀的人有時也是我們的貴人，因為可以從他們的身上汲取種種對自己生命有益的東西，激勵我們更趨高尚，激發出我們對事業更大的熱情和幹勁來。

有時，如果對別人善意相助，也會為自己找尋到貴人。

一位窮苦學生為了湊足學費，挨家挨戶地推銷商品。由於他一心一意想湊足學費，於是決定硬著頭皮乞討食物度日，以便盡可能少花每一分錢。

年輕人敲了一戶人家的門，開門的是個小女孩，他一看便失去了勇氣，心想：天下哪有大男生跟小女孩討東西吃的？於是他只要了一杯開水解渴。

小女孩看出他非常飢餓，於是拿了一杯開水與幾塊麵包給他。他把食物接過來，狼吞虎嚥地吃著。一旁的她看到他的這種吃法，不禁偷偷地笑了。

吃完後，他很感激地說：「謝謝你，我應該給你多少錢？」

她滿臉開心地笑著說：「不必啦，這些食物我們家很多。」

年輕人覺得自己很幸運，在陌生的地方還能受到他人如此溫馨的照料，真讓人感動。

多年以後，小女孩長大了，卻感染了罕見的疾病，許多醫生都束手無策。女孩的家人聽說有一個醫生醫術高明，找他看看或許有治癒的機會，便趕緊帶她去接受治療。在醫生的全力醫治和長期的護理下，女孩終於恢復了往日的健康。

出院那天，護士把醫療費用帳單交給了她。女孩幾乎沒有勇氣開啟來看，她知道可能要辛苦工作一輩子，才還得起這筆醫療費。最後，她還是開啟了，看到簽名欄寫了這樣一句話：

「一杯開水與幾塊麵包，足夠償還所有的醫療費。」

女孩眼裡含著淚水，她明白，主治醫生就是當年那個窮學生。

要訣四　防人也要防己

【解讀】

不是所有的傷害都來自他人，自己也會是禍首。儘管不是故意的，但不可不反省，不可不防範。轉變命運需要戰勝自己的弱點，在此姑息自己是要不得的。

【事典】

三國鼎立的局面形成之後，魏、蜀、吳三國各據一方，但又都想吞併對方。

北伐中原、復興漢室是蜀漢的既定策略，劉備、諸葛亮無時無刻不在為此操心。關羽受命據守荊州，伺機北進。

關羽出師北進，俘虜了魏國將軍于禁，並將魏國征南將軍曹仁圍困在樊城，取得了顯赫的勝利。

當時鎮守陸口的吳國大將是呂蒙，他回到建業，稱病要休養，其實是想謀劃對付關羽。部將陸遜來看望他，兩人自然而然談論起了軍國大事。

陸遜說：「關羽平時經常欺凌別人，現在節節勝利，又立下大功，就

會更加自負自滿。又聽說您生了病，對我們的防範就有可能鬆懈。他一心只想討伐魏國，如果此時我們出其不意地進攻，肯定能打他個措手不及。」

呂蒙對陸遜的見識大為嘆服，就向孫權推薦陸遜代替自己前去陸口鎮守。

陸遜一到陸口，馬上給關羽寫通道：「你大敗魏軍，立下赫赫戰功，這是多麼了不起的事啊！就是以前晉文公在城濮之戰中所立的戰功，韓信在滅趙中所用的計策，也無法與將軍您相比啊。我剛來這裡任職，學識淺薄，經驗不足，一直很敬仰您的美名，所以懇請您多多指教。」

關羽接到陸遜的信，被信中的好話吹捧得暈暈乎乎，而且由此想當然地認為陸遜不過是無名之輩，不足為懼，對吳國也就放心了。

陸遜在穩住關羽後，暗中加快軍事部署，待條件具備後，指揮大軍，一舉攻克蜀中要地南郡。關羽敗走麥城，終遭殺害。

就這樣，關羽為他的自負與輕敵付出了沉重的代價——生命。

揚帆是一位音樂人——作曲家，而且水準相當不錯。在一定程度上，音樂曾經給揚帆帶來了從未夢想過的收入，他享受到了事業的成功。然而，就在揚帆處於事業高峰的階段，不知從何時起，他的頭腦開始發熱，忘記了自己是誰。

揚帆以為自己可以是一個不動產經紀人、林場開發商、遊輪經營者、酒店主人、餐廳老闆等等，於是，揚帆把大部分的時間都用在陌生領域上，他坐在會議室裡討論著他一知半解的事情。漸漸地，他作曲的時間越來越少。

可是，揚帆自我感覺很好：他擁有一輛漂亮的汽車，一艘時髦的遊艇，他感覺自己已經超越了卑微的出身——「只不過是一個寫歌的」。他受到別人的尊重，至少自己是這麼認為的。

　　然而，突然之間，這一切都變了。揚帆「受人尊重」的理想王國開始塌陷。不久後，揚帆站在債權人的面前，請求他們寬恕。揚帆避免了破產，卻變得一無所有：沒有了房子，沒有了汽車，沒有了收入，沒有了自信，沒有了未來。

　　後來，揚帆發熱的頭腦終於冷靜下來，他記起了自己是誰。他記起了一個事實：我能作曲，我能彈奏樂器。因此，揚帆回歸了自我，組了一支樂隊。樂隊取得了不菲的成績，揚帆的自信心重新建立起來 —— 他發現自己還可以！

　　揚帆的生活變得簡單，即使工作忙碌的時候，內心仍然保持著平靜。他只對跟自己的才能相關的事情感興趣。偶爾，有人會帶著一筆交易或一項建議找上門來。這時，揚帆總是問自己四個問題：它跟音樂有關係嗎？我對它了解嗎？我需要它嗎？它能提高我的生命品質嗎？而回答常常是否定的。

要訣五　懂得講話的技巧

【解讀】

　　講話的失誤會成為實際的傷害，不在此處學習的人會成為眾矢之。轉變命運要具備多種素養，說話的學問也是重要的。成功者不會言語無狀，人們要在言語上下功夫。

【事典】

　　一九二三年，新成立的蘇維埃政府受到部分西方國家的經濟和政治封鎖，前蘇聯的經濟遭受了一定的衝擊。特別是前蘇聯當時國內食品極其短缺，成了一個讓最高層領導人頭痛的問題。為了解決人民的吃飯問

題，前蘇聯政府派當時駐挪威王國的全權貿易代表柯倫泰（Алекса́ндра Миха́йловна Коллонта́й）與挪威商人談判，想購買一批鯡魚。挪威商人對蘇聯國內的政治局勢很清楚，對他們的困難也很清楚，所以他們想趁此機會提高鯡魚的價格，大大撈上一筆。在談判中，柯倫泰的話語直來直去，以硬碰硬。雙方各不相讓，所以，柯倫泰與挪威商人的談判進行得很艱難。

柯倫泰心急如焚，但又毫無辦法。她躺在床上，輾轉反側，難以入眠。必須盡快地讓這幫挪威商人降價，否則國人同胞就有可能被餓死。忽然，只覺得靈光一閃。她想到了一個好辦法。她興奮地從床上跳了起來。

第二天，當他們又重新坐到談判桌前的時候，柯倫泰一改以往的強硬態度，做出了讓步的姿態：「好吧，各位先生們，我答應你們的條件，同意你們的價格。但是，我也有一個條件，如果我的政府不批准這個價格，那麼，我就只好用我自己的薪資來支付這其中的差額。」

挪威商人們聽到這一條件，都感到有些吃驚，呆住了。

柯倫泰又說：「不過，實話告訴你們，我的薪資也是很有限的。這筆差額只能分期支付，有可能支付一輩子，也有可能一輩子也支付不完，到時候，還得請你們各位原諒。如果你們同意我這個意見，那麼，就請你們在合約上簽字吧！」

這一番話在挪威商人心頭引起了很大的震動，他們相互交頭接耳一番後，決定降低鯡魚的價格，按照柯倫泰提出的價格成交。

第二年，柯倫泰被任命為前蘇聯政府駐挪威王國全權大使，成為世界上第一個女大使。

在紐澤西州一家大肥料公司的一間辦公室裡，公司財務主管康納德‧瓊斯正在和保險業務員傑克談話。瓊斯先生不認識傑克，很快傑克還發覺

他對傑克的公司也毫不了解。

以下是他們的對話：

「瓊斯先生，您在哪家公司投了保？」

「紐約人壽保險公司、大都會保險公司。」

「您所選擇的都是最好的保險公司。」

「你也這麼認為？」（他掩飾不住自己的得意）

「沒有比您的選擇更好的了。」

接著傑克向瓊斯先生講述了那幾家保險公司的情況和投保條件，並告訴他，大都會保險公司是世界上最大的保險公司，公司的經營狀況良好，有些社群的所有人都在這家公司投保。

傑克說的這些瓊斯一點也不覺得無聊，反而聽得入神，因為有許多事是他原來不知道的。傑克看得出，瓊斯對自己的投資判斷正確而感到自豪。

傑克這樣誇獎競爭對手，是否會對自己不利呢？看看接下來發生了些什麼。

傑克對競爭對手的了解和對競爭對手的誇獎，給瓊斯先生留下了深刻印象。當傑克再把自己公司的投保條件與他所選擇的那幾家大公司一起比較時，由於傑克已經讓他熟悉了那幾家公司的情況，他欣然接受了傑克所提供的條件，因為傑克所在公司的條件更適合他。

再接下來的是，幾個月裡，瓊斯先生和其他四名高階職員向傑克所在的公司購買了大筆保險。當瓊斯先生的公司總裁向傑克諮詢其公司的情況時，瓊斯先生連忙插嘴，一字不差重複了傑克對他說的話：「費城三家最好的保險公司之一。」

由於傑克把話說到了對方的心坎上，最終贏得了客戶，從而拓展了自己的業務，提升了業績。

要訣六　莫要開脫責任

【解讀】

一味寬容自己並不是善待自己，這只會使自己犯下更多的錯誤。站在他人的立場上，不被人諒解，便是四面楚歌了。轉變命運不能強調客觀理由，也不能為自己開脫責任，這是人們要謹記的。

【事典】

愛德華有一次錯發給一名請病假的員工全薪。他發現自己的錯誤後，就立即通知那名員工，並解釋說必須糾正這個錯誤，要在下月發薪資時減去這次多付的薪資。那名員工說如果這樣做的話，他下個月的生活就難以維持了，因此請求分期扣除多領的薪水。可這樣做必須經過老闆的批准。愛德華知道，這會使老闆大為不滿，但這一切混亂都是自己造成的，必須在老闆面前承認。

愛德華走進老闆的辦公室，如實地把事情經過告訴了老闆。老闆說這應該是人事部的錯誤，但愛德華解釋說是自己的錯誤；老闆又說是會計部門的疏忽，愛德華仍然解釋說是自己的錯誤。老闆又責怪愛德華辦公室中的另外兩個同事，但愛德華堅持說錯誤是自己造成的。最後，老闆驚喜地看著愛德華說：「好，既然是你的錯誤，就按你的方案解決吧。」

問題就這樣解決了。愛德華沒有迴避，而是勇敢地承擔了一切。自那以後，老闆更加器重他了。

　　黑爾在一家建築公司任工程估價部主任，專門為公司估算各項工程所需的價款。有一次，他的一項估算被一名核算員發現估錯了兩萬元，老闆找到他，讓他拿回去更正。可黑爾不但不肯認錯，反而大發雷霆，他責怪那名核算員越級報告，沒有權力核算他的估算。

　　老闆質問他：「你的錯誤不是已經確定了嗎？難道你希望那名核算員為了你的面子而不顧公司的損失，把這件事隱瞞下來嗎？」

　　黑爾無言以對。老闆勸告他說：「如果你希望將來有所成就，這種不良習慣就要好好改變。」

　　但是黑爾沒有虛心接納老闆的話，他依然不斷地為自己尋找藉口。過了一段時間以後，黑爾又有一個估算專案被那名核算員查出錯誤。這次他堅持以前的惡劣態度，並且說是那名核算員故意報復他。等他請教別的專家重新核算以後，才發現自己確實錯了。

　　這時老闆已經忍無可忍了，立即把黑爾叫來，對他說：「你現在就另謀高就吧！我不能讓一個永遠都不知承認自身錯誤的人來損害公司的利益。」

要訣七　留有退路

【解讀】

　　只進不退的人往往會有大喜大悲的結局，他們並不是最聰明的。轉變命運有多種方法，只要有效，儘可用之。留有退路不是難堪之事，這有助於人們應對變局，最後制勝。

【事典】

　　小林從大學畢業之後，幸運地被一家出口企業錄取，成為這家企業老總的助理。在大學生就業困難的形勢下，小林能得到這份工作讓她的同學們羨慕不已。

　　小林也很珍惜這份寶貴的工作。上任後，她對待工作認真負責。她知道努力做好每一天的工作，不僅是偉大藝術家、科學家、企業家的座右銘，也應是每一個在事業中追求成功的人士應遵循的人生準則。平時，她總是積極地到公司各部門了解各項工作的進展，及時彙總各部門的工作報表，進行分析總結，然後呈遞給公司老總。她還能積極主動地找各部門負責人以及員工聊天，聽取他們對企業的意見以及合理的建議，之後，寫成書面報告，向老總彙報，以便老總能夠聽到來自「基層」的聲音，從而對企業未來有一個更好的規畫。

　　由於小林工作踏實，積極努力，業績突出，得到老總的賞識，受到企業的嘉獎。小林的事業可謂一帆風順，但小林卻沒有滿足現狀。在她看來，一個人即使處於事業巔峰，也應保持清醒的頭腦。

　　小林認為一個人的幸運與不幸總是相伴而生，有時事業的坦途會突然受阻，成功的大門會立刻關閉。因此要想讓自己迅速擺脫厄運，就應未雨綢繆，在順境中就應為自己選擇一條退路，做好急流勇退的準備。

　　小林所在的這家企業是做出口貿易的。小林認為出口貿易企業往往對國家的經濟變化非常敏感，如果有一天企業的前景黯淡，就會裁員，這是不可避免的。再說，小林在工作中已感受到危機。因為，老總的助理不只小林一個，其他助理也都是高學歷。這無形中讓小林產生了壓力。

　　為了給自己尋找一條成功的「退路」，小林首先開始認真地審視自己，

設計自我。小林覺得只有對自己看得越準確、越透澈，選擇的道路才會越正確，日後成功的可能性才會越大。經過一番深思，小林認為自己還是喜歡也適合做文字工作。在求學期間，小林就經常寫一些抒情散文、讀書筆記；還多次在報刊上發表，她撰寫的散文〈遙遠的夢〉還刊載在晚報上。小林的老師和同學都誇小林的文筆靈動，情感沉鬱，語言婉約，透出一種獨特的美。

認清了自己的「退路」之後，小林便馬上著手給自己充電。當然，小林並沒有「不務正業」，她仍然一如既往地做好本職工作，一點也沒有消極怠工。時光短暫，時間緊迫，小林努力擠出每一天的閒暇時間，閱讀古今中外的名著、名作，與此同時，還寫下了大量的閱讀筆記，有時，同學或同事邀她週末聚餐、逛街，也被小林婉言謝絕了。小林堅信，哪怕每天只擠出一小時讀書、寫作，只要堅持不懈，天長日久，就會獲得很大的收穫。小林還嘗試投稿報刊雜誌，雖然不是每篇文章都被選中，她也不灰心，依然筆耕不輟。

要訣八　生於憂患，死於安樂

【解讀】

人不可對教訓視若無睹，否則便會重蹈覆轍。轉變命運要重視總結經驗教訓，要不斷檢查自己，及時糾正錯誤行為。順境是相對的，一旦放鬆自己，厄運便不請自來了。

【事典】

雅蘭在一家出版社作編務。她是一個踏實、認真的人。她平時工作一絲不苟、兢兢業業。經她校對過的稿件，錯誤率很低，她整理稿件也很仔

細，總能把社裡雜亂的稿件整理得有條有理：已出書的稿件、未出書的稿件分別歸檔；稿件按校次標明分放；總編已審、未審的稿件分別存放……因此，雅蘭深受編輯部主任的信任。

有一次，雅蘭所在的這家出版社出了一本新書，是雅蘭最後核校的目錄。這本書面世後，社裡才發現目錄中的一條「周為失信於人，失敗終成定局」出現了一個錯別字：「周為」應該是「因為」。對此，雅蘭雖然認識到了自己的錯誤，並沒有十分把它放在心上。在雅蘭看來，「周」與「因」這兩個字，一般讀者不仔細看是看不出來的，再說即便發現了這個錯別字，有點文化的讀者也會知道「周為」肯定是「因為」，無礙讀者的閱讀，何況自己幾年來在出版社工作很認真，沒有出現過什麼錯誤，這次出錯是自己當時手上的工作較多，一時分心，才出了這個錯，只要今後多加注意就是了。

這件事情過去好長一段時間後，雅蘭在校對工作中沒有再出現什麼錯誤。這樣一來，雅蘭心裡更加踏實了，於是便放鬆了對文字應有的「警覺心」。

這次出版了一本新書，工廠剛剛印刷完畢，就發現版權頁上出現了一個錯別字。一般來說，書籍的版權頁是絕對不能出現任何錯誤的。無奈，社裡決定重新印製版權頁。無疑，這使出版社蒙受了一定的經濟損失。事後，社裡追查責任人，雅蘭也是其中一員，後來，所有相關責任人都受到了處分，雅蘭自然也不例外。

試想，如果雅蘭在出現第一次失誤時，及時認真地查檢錯誤的根源，總結經驗教訓，甚至寫一份備忘錄，以時刻警醒自己，那麼，雅蘭也不會日後重蹈覆轍，以致失信於人了。

要訣九　須聽老人言

【解讀】

轉變命運不可一意孤行，尊重和傾聽老人之言是很有益處的。一個人不走彎路，苦痛當是最少的。閱歷和經驗是年輕人所缺乏的，而這些恰恰又是十分重要的。

【事典】

從前，在錫耶納有一個富裕的市民，他有一個獨生兒子，年約二十歲。他在臨終前，特別留給兒子如下三點囑咐：第一，絕不要跟一個人來往過多，免得遭人嫌惡；第二，如果他買了一樣貨物或別的什麼東西，能夠從中得到一點好處，那麼他就應該接受，並且讓別人也從中獲得好處；第三，如果他要娶媳婦，應該在鄰居的女孩中挑選，如果這一點辦不到，那麼寧可娶一個本地人，也不要外地人。兒子接受了這三點叮囑，將之看作父親留給他的重要遺訓。

這個年輕人和一個名叫福特古埃拉的人長久來往。這人是個揮霍無度的浪子。

有一天，福特古埃拉邀請年輕人和另外幾人來家中作客，為此，他準備了一頓豐富的美餐。他的親戚勸他不要這樣揮霍無度。在親戚的反覆規勸下，福特古埃拉終於回心轉意。於是，他命令廚房把已準備的各式佳餚美菜都收起來，只送一盤大蔥上桌，並吩咐：如果那個心誠的年輕人來赴宴，那就告訴他，他可以吃蔥，別的菜已經沒有了，福特古埃拉本人則不在家裡吃飯。

到了吃飯的時刻，年輕人如約前來。他一跨進大廳，便問朋友的妻子

227

她丈夫哪裡去了。女人回答，他不在家，也不在家吃飯。不過他留下了話，如果客人來了，可以吃蔥，別的菜已經沒有了。年輕人見到這道菜時，想起了父親的第一條遺訓，這才認識到，由於沒有聽從父親的囑咐，現在他受到怎樣低下的待遇呀。他拿了蔥便回家去，用一根線把蔥縛了起來，掛在飯廳的天花板上。

不久，他用五十個銀幣買了一匹馬。幾個月以後，他可以把馬賣九十個銀幣，可他還不肯脫手，而說，他要賣一百個銀幣。他堅持不肯把馬賣掉。一天晚上，馬病得倒在地上，後來就死了。他想到這一切時，便意識到他沒遵守父親第二條遺訓而獲得了糟糕的後果。他把馬尾割下，掛在天花板下的大蔥旁。

後來他想結婚了，可事不湊巧，鄰居的女孩和整個錫耶納地方的女孩沒有一個中他意的。因此他便到好多地方去物色，最後來到比薩。他碰到了一個公證人，是他父親的朋友。公證人十分友好地接待了他，問他到比薩有什麼事。年輕人回答，他想物色一位漂亮的女孩做妻子，因為他在錫耶納沒有找到中意的。

公證人說：「那是上帝安排你來這裡的。你在這裡會找到中意的女孩。因為眼下蘭弗朗基家有個漂亮的女孩，像她這樣的美人你從來沒有見到過，她大概有興趣做你的妻子。」

年輕人聽後很滿意。婚事很快就定下來，並說好了迎娶時間。

其實，這個女孩的名聲不好，公證人是收了蘭弗朗基家的好處，才把她介紹給年輕人的。原來，她曾和比薩的幾個小夥子有過關係，後來找不到機會出嫁，所以女孩的家人才給了公證人好處，讓他們擺脫這個累贅。年輕人的出現對於公證人來說，是把蘭弗朗基家的女孩遠嫁他鄉的機會終

於來了。

　　出嫁的這天，女孩的陪嫁人員中有幾個年輕人，他們曾和姑娘有過來往。這些人從比薩出發，和新娘、新郎一起前往錫耶納。在旅途中，陪嫁人員中有一個人顯得特別悲傷，因為他想到女孩嫁往遠處以後，他回比薩時就看不見她了。新郎覺察到他和女孩之間的默契，心裡不禁泛起陣陣猜疑。

　　經過一番仔細的觀察，新郎終於明白了事情的真相，他知道公證人欺騙並出賣了他。於是，他心裡打起主意。當他們半途到達斯塔賈投宿客店時，新郎施出了如下的巧策：他告訴大家，他要在夜裡吃早點，翌日天亮以前，他要先趕往錫耶納，以便做必要的準備。當時，他們睡的房間都只是用木板並排地隔開。一間裡睡新郎，另一間睡新娘和她的侍女，第三間睡那兩個年輕人。

　　到了第二天早上，新郎在天亮以前一小時就起身了。他下到樓下，騎上馬，向錫耶納方向奔去。走了約獵槍射程四倍之遠，新郎卻勒轉馬頭，慢慢地向達斯塔賈返回。他悄悄地靠近客店，把馬拴在門環上，然後走進大廳，來到新娘的睡房旁邊，偷聽房內動靜，並且確信，她身邊已睡著那個嘆氣的小夥子。隨後他推開沒有閂好的門，輕輕地走到床頭櫃前，尋找那個小夥子的衣服，湊巧他摸到了那人的長褲，而睡在床上的人沒有注意到他。他拿起長褲，離開了房間，走到樓下，帶著長褲，坐到馬上，便急匆匆地向錫耶納出發。他一回到家裡，便把長褲掛到天花板下的大蔥和馬尾旁邊。

　　新娘和她的情人在第二天起床後，小夥子沒能找到他的長褲，便乾脆不穿長褲和其他的陪嫁人員一起上馬向錫耶納出發。他們來到錫耶納時，

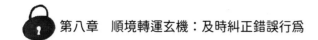

新郎把他們引到即將舉辦婚禮的大廳裡。這時他們看見天花板下掛著三樣東西，便問新郎這是什麼意思。他回答說：「我願意講給你們聽，請大家聽仔細了。不久以前，我父親去世了，他在彌留之際留給我三條遺訓。」

接著，新郎便向他們講述了第一、二條遺訓，以及自己是如何違背遺訓的。然後，新郎高聲地說：「第三條，他吩咐我盡可能在本鄉本地娶妻，可我沒有在近處娶妻，而是跑到了比薩娶了這位女孩，因為我相信她是處女，像所有新娘那樣情鍾其夫。可是，在返回錫耶納的途中，坐在這裡的這個小夥子和她在客店裡睡覺。那天早上，我一大早便出發了。但後來，我又悄悄地趕回他們那裡，找到了他的長褲，我把它拿來掛到這裡的天花板上。要是你們不信我的話，請你們去檢視一下，因為他沒有穿長褲。」人們發現事實確是如此。

他接著說：「請你們把這位好女孩帶回你們的家鄉去，因為我不想再見到她，更何況有人和她同居了。是介紹這門婚事的公證人矇蔽了我。」

那位新娘及其他的陪嫁人員一看事情已被揭穿，便離開了錫耶納。後來年輕人則娶了別的女子。

第九章

心境轉運玄機：保持從容，心緒不亂

要訣一　不在意無關緊要之事

【解讀】

對人生的認識決定著人們的心態和取捨，轉變命運要加強對人生的認識。要增強對社會的了解，只有這樣，一個人才會保持從容，心緒不亂。對無關緊要的事，用不著在意。

【事典】

一位高明的教育學教授在我們班上說：「我有句三字箴言要奉送各位，它對你們的教學和生活都會大有幫助，而且是可使人心境平和的靈方，這三個字就是：『不要緊』。」

我領會到他那句三字箴言所蘊含的智慧，由於我容易感到挫折，於是我便在筆記簿上端端正正地寫了「不要緊」三個大字。我決定不讓挫折感和失望破壞我的平和心情。

後來，我的新態度遭受了考驗。我愛上了英俊瀟灑的傑克森。他對我很重要，我確信他是我的白馬王子。

可是有一天晚上，他溫柔委婉地對我說，他只把我當作普通朋友。我以他為中心構想的世界立刻土崩瓦解了。那天夜裡，我在臥室裡哭泣時，覺得記事簿上的「不要緊」看來簡直荒唐。

「要緊得很，」我喃喃地說，「我愛他，沒有他我就不能活。」

但翌日早上醒來，我再看到這三個字之後，開始分析自己的情況：到底有多重要？傑克森很重要，我很重要，我們的快樂也很重要。但我會希望與一個不愛我的人結婚嗎？

　　日子一天天過去，我發現沒有傑克森我也可以過活，也仍然能快樂。將來肯定有另一個人進入我的生活，即使沒有，我也仍然能快樂。我能控制我的情緒。

　　幾年後，一個更適合我的人真的來了。在興奮地籌備結婚的時候，我把「不要緊」這三個字拋到九霄雲外。我不再需要這三個字了，我以後將永遠快樂。我的生命中不會再有挫折和失望了。

　　年輕人多天真啊！結婚生活和生兒育女不會有挫折失望？這當然不可能。有一天，我的丈夫和我得到一個壞消息：我們把積蓄投資做生意，但這筆錢賠掉了。

　　丈夫把信唸給我聽了之後，我看到他雙手捧著額頭。我感到一陣淒楚，胃像扭作一團似地難受。我想起那句三字箴言：「不要緊」。我心裡想：「真的，這一次可真的是要緊！」

　　可就在這時候，小兒子用力敲打積木的聲音轉移了我的注意力。他看見我看著他，就停止了敲擊，對我笑著，那副笑容真是無價之寶。我把視線越過他的頭望出窗外，兩個女兒正興高采烈地合力堆沙堡。在她們的身後，在我家院子外面，幾棵槭樹映襯著無邊無際的晴朗碧空。我覺得我的胃頓時舒展，心情恢復平和。不久，我還感到了自己在微笑。於是我對丈夫說：「一切都會好轉的，損失的只是金錢，實在不要緊。」

　　人生在世，有許多事情是要緊的。我們的價值和我們的榮譽是重要的，可是也有許多使我們的平和心情和快樂受到威脅的事情，實際上是不要緊的，或者不像我們所想像的那樣重要。要是我們能永遠記住「不要緊」這一點，多好！

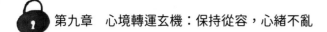

要訣二　容納他人，欣賞他人

【解讀】

孤芳自賞是成功的障礙，成功需要容納他人，欣賞他人。轉變命運不能以我為中心，更不可不擇手段、損人利己。快樂不是只有自己才能給予的，要學會從他人身上獲取。

【事典】

十七歲那年，伯父從日本帶了一件白色洋裝送給我。那是我第一次穿洋裝，那份欣喜與快樂真是難以形容。我對著穿衣鏡左照右瞧，自我感覺好得不行。

誰知大哥在一旁冷言冷語地說：

「夠了，再照也是那麼一副小黃臉，臭美。」

「姐，考慮一下別人情緒怎麼樣？你在那裡一美就是半天，別人受得了這份刺激嗎？真是對日本製衣廠的侮辱。」小弟的嘲諷更損。

眼淚已經湧在眼眶。他們似乎從來就沒有注意過，我已經十七歲，該是展露嬌豔的時候了。而我的身上除了大哥穿小的外套，就是小弟穿膩的牛仔褲。今天伯父送我一件衣服竟遭到兄弟們如此奚落。我負氣跑出了家門。

一走上大街，我就懊悔得恨不得自殺。衣服的面料柔軟滑膩，白得刺眼。我斜眼看商店櫥窗裡自己的影子，天啊，一副無精打采、垂頭喪氣的樣子。真不如我的外套來得隨便灑脫。我衝著櫥窗裡的自己齜牙咧嘴：「瞧你那德性！」一不留神竟說出了聲。

不知不覺已是黃昏時分。一縷斜陽照在身上，白色的衣裙竟反射出一片金黃的光暈。在這片光彩裡，我更感覺自己的醜陋與卑瑣。我躲避著行

人的目光，踱到一個小書攤前，店主是個年輕人，滿臉倦容。我隨手翻著一本雜誌，目中無一字。

「您的衣服真漂亮。」年輕人突然開腔了。

我嚇了一跳，四顧張望，書攤前只我一人。立刻，一片紅潮湧上我的面頰。

「你的衣服真合身，真精神。」說著年輕人的臉也紅了。

夕陽慷慨地把它的餘輝灑在我的臉上，我被完全罩在它的光彩裡。這一刻使我感覺如喝酒般陶醉，腳下一陣飄飄然。

回到家，我又站在穿衣鏡前，全身上下左右地照著。小弟說得不錯，這腰顯得稍微粗；大哥說得也對，我的臉色也太難看。身後又傳來小弟的譏諷：

「姐姐真可憐，竟被件衣服折騰成這樣。」

要是往日，我肯定又會哭一頓，而此刻，我內心充溢著喜悅與興奮。心底突然藏了一個小祕密：有一個人懂得欣賞我。

從此，我每天早晨不再賴床，我在晨光裡奔跑，在夕陽下操練，我還報名了健美訓練班、服裝剪裁班、美術班、打字班⋯⋯越學我就越興奮。原來，生活中有這麼多的奧妙與花樣，我第一次感受到成人的世界裡不光有嘆息與磨難，還有那麼多令人興奮的新奇。我變得很忙很忙，平素黯淡無光的生活突然間顯出了繽紛的色彩。

不知從什麼時候開始，我成了女伴們圍繞的中心：我告訴她們如何把柔軟的紗巾打個鬆鬆的結，任它瀟灑地垂在胸前；我教她們在粗獷的外套上掛一件樸素的木刻飾品，可以襯托她的年輕、活潑；我幫她們把穿膩的舊裙改製得新潮⋯⋯我有太多的樂趣與夥伴分享。然而越是忙碌，我就越是想起那位賣書的年輕人。我常有意或無意地從他的書攤前走過。

　　終於，在我滿二十歲那天，我拒絕了大哥和小弟的邀請，放棄了我盼望已久的舞會，又換上了那件白色的洋裝。站在鏡旁，我凝視著自己紅潤的面頰、纖細的腰肢，不禁浮上一抹微笑。他會感覺到，今天的我遠比當年更美麗。

　　站在他的書攤前，我的心情比參加聯考還緊張。我幾乎是顫著聲，指著一本書，而他眼皮卻不曾抬一下就扔了過來。

　　「小姐，您的衣服真漂亮。」

　　耳邊又傳來這熟悉而親切的聲音。我的眼圈竟禁不住有些濡溼。我抬起頭，卻驚異地發現，在我的旁邊還站著一位穿著新潮真絲套裝的女孩，那膨起的雙肩和窄小的短裙襯出了她窈窕、勻稱的身段。而他，很真誠地讚嘆著她，似乎根本不曾注意到我的存在。我放下手裡的書，默默地走開了。

　　三年前時髦的裙裝趕不上時下的新潮，心底竟湧起一股酸意。突然，我終於明白了一個非常簡單的道理，忍不住想笑。也許，他對所有站在書攤前的女孩都會說上那麼一句動聽的話。只有我才那麼激動，那麼認真。他根本不記得我，也許那天他順口說出那句話時，根本不曾認真看過我一眼。天哪，我可真傻，幾年來傻乎乎激動不已地從他書攤前走過。

　　我逃命般跑到了舞廳。哥哥他們在那裡舉行畢業舞會。我的到來讓哥哥很高興，他帶點羞澀地拉著一個女孩向我介紹。那女孩穿著一件嶄新的粉色裙裝，一臉的不自在。我望著她突然冒出一句：「你的衣服真漂亮，真精神。」

　　那女孩笑了，笑得很燦爛，臉上有抑制不住的欣悅。我也微笑了，想起了書攤的年輕人，他永遠不會知道，他隨意一句話竟改變了一個小女孩的心境，鼓舞了她的自信，或許也改變了她對人生的態度。而今天，她竟

懂得了如何去鼓勵、欣賞他人。

我輕快地滑入舞場。我要深深感謝他，他曾給了我一個夢，也給了我那份被欣賞的美好感覺。如果可能，我也將慷慨地去讚美、去欣賞。生活真好，真美！

要訣三　動腦也要動手

【解讀】

煩惱和負擔需要忘卻，而不是深陷其中，令人難以承受。轉變命運要學會調整自己，減輕精神壓力。運用雙手可以把自己從胡思亂想中解脫出來，為自己加油添力。

【事典】

現在許多人感到沮喪和焦慮的其中一個原因，在於用腦太多而用手太少。上帝賜予我們雙手，是工作勞動用的；而當一個人讓手閒著變得無用或笨拙時，無異於跟自然作對，付出的代價就是得精神官能症。

有一天，我去拜訪一位很有名望的企業家。當我走進他的辦公室時，他正在打電話，邊說邊在一個本子上使勁地亂畫著。他把鉛筆攥得緊緊的，關節都變白了。他掛了電話，我指著那些毫無意義的圓圈和線條問他：「你這樣做有什麼意義呢？」

「啊呀，我也不知道，」他聳聳肩回答。「精神緊張吧。非得做些什麼來減輕這種緊張！」

這位企業家的問題同成千上萬的先生女士們一樣，就是只想靠用腦子過日子。

三年前，我認識的一位律師開始感到精力衰竭。他發現生活中缺少了某種東西，但他弄不清缺少的是什麼。有一天，他心血來潮，決定做一張擺在起居室裡的小桌子。他從來沒有親手做過任何東西，可是他訂購了木料和工具。頭一晚上，他一直做到午夜。

「真是一件奇妙的事，」他告訴我，「那張桌子，儘管做工粗糙，不大好看，卻開始在我手中成形了。我第一次感覺到如今我竟然在創造某種東西。當刨一塊做桌面的木板時，我注意到木料上美麗的花紋，就買了一點清漆塗在上面，使花紋更加突出。上了漆的木板呈現出一種濃豔的光澤，使我突然意識到我正在創造一件美麗的藝術品，不禁感到比在法庭上贏得我經辦的第一件大案勝訴時更加令人滿足。」

後來，那位律師把他的地下室裝修成一間木工房，而且每星期都在那裡做上五、六個小時。

「每當我在木工房工作時，」他不久前告訴我說，「我忘卻了一切煩惱和負擔，腦子就像暴風雨過後的空氣那樣清新。我知道這聽起來很滑稽，但是每當我完成一件特別精緻的作品時，我的感受就像達文西在注視著他剛畫完〈蒙娜麗莎〉時的感受一樣。」

這種感受一點也不可笑。從心理上講，這是完全健康合理的。每一個創造者，無論是製作一把廚房用椅，還是建造一座哥德式教堂，在他的工作過程中都會感受到同樣的自我表現慾望和自我滿足感。重要的是在於你要全身心地沉浸在你的工作中，而不在乎世人對結果如何評說。

再說，讓雙手閒置不用，確實是件危險的事。精神病學家在坦普爾大學和其他幾所大學的測驗結果表明：智力隨著使用手的能力而增長。手工勞作要求清晰的思路，要求自己找出解決問題的辦法。許多精神不穩定的

患者，可以透過幫助他如何利用雙手而得以治癒。

　　幾年前，一位著名的精神病學家跟我談起他的一個病人，一位二十七歲的女孩。「我擔心她的病情將即將到無可救藥的地步！」他說。

　　我決定親自去探望這個女孩，並隨身帶了一塊輕黏土。

　　這個姑娘面色蒼白，目光呆滯，只能說些簡單而不連貫的話。我突然從口袋裡掏出輕黏土，對她說道：「你瞧！」同時很快捏出一張粗略的人臉。她目不轉睛地盯著它，並像小孩似地說：「請再捏一次。」

　　我又捏了一張臉。她全神貫注地看著。「讓我試試，」她開口了，一邊迫不及待地從我手裡抓過輕黏土。我陪了她一個小時，教她如何捏人臉的基本輪廓。

　　我到她那裡出診了一年，每星期去一次。我們一起捏了許許多多的人臉和人形。她的手指變得靈巧了，更重要的是透過手工製作，她的腦子變得健全和健康了。那年年底，她病癒出院。現在，她成為一位雕塑師，作品在許多的重要展覽會上展出。她已完完全全、快快樂樂地適應了生活，因為她已找到了可以發揮創意和表現個性的工作。

要訣四　不要跪著，要追求精神獨立

【解讀】

　　跪著看人是需要仰視的，這是矮化自己。轉變命運要有獨立自強的精神，妄自菲薄便是自戕。不平凡的事都是平凡人做出的，人們不要盲目崇拜他人而失去自我。

【事典】

不知是上帝趕走了人，還是人趕走了上帝。有一天，我們終於意識到孤獨，在自然界中，在人群中，在歷史中。我們終於意識到我們需要一個超人，一個上帝，一個理想。這個過程對我來說，來得不算早也不算晚。

十六歲時，我從偏遠的山村考進一所明星大學就讀，濃濃的鄉音、土氣的穿著使一顆驕傲的少年心很快陷入沉淪，一位滿口京腔、文章寫得極棒的同學成了我的偶像。

我附和他給女同學打分，我跟隨他起文選老師的哄，我和別人爭論問題下不了臺時，就振振有詞地講「XX也這麼說」……在為他的信任而喜、為他的不滿而悲的暈暈乎乎中，我度過了大學生活的前兩年。回想偶像破滅的那段時間，至今尚存溫熱的記憶，塵封在日記本裡的實錄一定是個痛苦的標題——〈雷峰塔倒掉以後〉。

從那以後，我沒有偶像。在某一段日子裡，我或許有最感興趣的人，如世界盃足球賽期間的馬拉度納、六屆美展期間的賀大田等，在某一個領域裡，我或許有最佩服的人，如畫畫的梵谷、寫小說的馬奎斯、寫雜文的魯迅。但再沒有使我崇拜得五體投地的偶像。崇拜，意味著自己的五體投地，也意味著對象的十全十美。既然沒有十全十美的人，我又何必五體投地呢？

依然有孤獨的時候，依然要尋找精神家園。馬拉度納的球、馬奎斯的魔幻、梵谷的選擇苦難的勇氣、魯迅的思想深度，就成為精神家園的構件。崇敬他們，是有選擇地認同，是自我個性的自由擴張，正如自己想要一所房子，一個能擁有自己隱私的地方，乃至是一張被蚊帳保護著的安寧單人床。

人所具有的我都具有。大學畢業後分別了三年，我和我的那位同學又相會在長沙。他不出我所料成了一位很有獨立見解的記者，我也不出我所料成了一位小有名氣的評論工作者。我們又成了好朋友，經常，他為我的某篇論文激動不已，我為他的某篇報導拍案叫絕。我們都享受著平等相待的愉悅。十來年的闖蕩使我意識到了一個簡單的真理：

佛之為佛，只因我們跪著；人之為人，是因生來平等。

要訣五　讓別人獲得一份驚喜

【解讀】

力量是可以傳遞的，給人力量，自己才更加高大。轉變命運先要付出和犧牲，極端自私是不會成事的。不要打擊別人，不要盲目抬高自己。助人成功，自己方能成功。

【事典】

他是我教的三年一班的學生。班裡的三十四個學生，我都很喜歡他們，唯獨馬克‧愛克倫德是個例外。他外表整潔，但卻活潑好動，調皮搗蛋，常常弄得大家哄堂大笑。

馬克還喜歡在課堂上講話。我曾不止一次警告他，在課堂上不經允許就講話是個壞毛病。我印象最深的是，每次我批評他的調皮行為時，他的誠懇表現 ——「謝謝您糾正了我，老師！」。起初，我對這些不知如何是好，但沒多久我就習慣了聽到他每天許多次說這樣的話。

一天上午，馬克在課堂上不停地講話，我終於失去了耐心，犯了一個年輕老師常犯的錯誤 —— 我瞪著馬克，厲聲喝斥道：「你再說一句話，我

就把你的嘴黏住！」

　　還不到十分鐘，楚奇大聲報告道：「馬克又說話了！」我並沒有讓任何人幫助我監督馬克，但我已經在全班的面前宣布了懲罰措施，就沒有臺階可下了。

　　我至今還記得當時的情景，就好像今天上午才發生似的：我走回講臺，開啟抽屜，拿出一塊膠布，走到馬克的面前，撕下兩條，在他的嘴上黏了大大的「X」，最後又走回到教室前面。

　　我瞥了一眼馬克，看他如何反應。只見他眼睛一眨一眨地看著我，眼中含著淚花。他被我治住了！我心裡想著，然後笑著走到馬克桌前，揭掉了膠布。全班也都跟著笑起來了。他開口的第一句話仍然是：「謝謝您糾正了我，老師。」

　　那年底我被分配去教初中的數學課。時光如梭，一晃幾年過去了。馬克又被分到我班裡，這時，他已經是九年級的學生了，比以前更英俊、更有禮貌了，他也不再像三年級時那樣愛在上課說話了，而是認認真真地聽我講課。

　　一個星期五，事事都不順心。我花了一段很長的時間講了一個新概念。我覺得學生們也已經學得乏味了，大家變得十分急躁。我想出了一個主意來打破這種僵局。我讓他們每個人都在兩張紙上寫上班上所有人的名字，並在每個名字下面留出一定的空白，然後請大家想出每個同學的優點，寫在他的名字下面。

　　下課時大家都交了紙條。馬克走時對我說：「謝謝您教我們課，老師，祝您週末愉快。」

　　那個週末，我在一張紙上寫上每個學生的名字，然後把班裡每個人對

他的讚美之辭都寫上去。星期一，我就把每個人的紙條都發給了他們，有的人還有兩張。一會兒，班上就開始活躍起來。「這是真的？」我聽見有人小聲說，「我從來都不知道會有這麼多人這麼喜歡我！」

這之後，就再也沒有人在課堂上提起這些紙條，我也沒有聽到同學們在課後談論或和父母談起這些紙條，但這無關緊要，我本來的目的就是讓大家獲得一份驚喜，我的目的已經達到了。

這群學生後來都畢業了。幾年之後，當我度假回來，父母在機場迎接了我。驅車回家時，媽媽問了我許多旅途中的事情，比如天氣啦，我的經歷等等。一陣平靜之後，爸爸像往常宣布事情那樣清了一下喉嚨說：「昨晚愛克倫德家打來了電話。」

「真的？」我說，「我已經很久沒聽到馬克的消息了。他怎麼樣了？」

爸爸平靜地說：「馬克在戰爭中陣亡了，明天舉行葬禮。他父母打來電話來問你能不能去參加？」我至今還記得爸爸是在哪個地點告訴我他的死訊的。

我從未見過軍人的葬禮。馬克這麼英俊，這麼成熟！我當時心裡說：馬克，如果你能再跟我說話，我情願拿走全世界所有的膠布！

教堂裡擠滿了馬克的朋友。楚奇的姐姐唱起了〈衛士讚歌〉。老天，你為什麼還下雨，難道你不知我們要和馬克告別？牧師像平常一樣進行了祈禱，號手吹起了軍號。深愛著馬克的人們一個接一個地從棺槨前走過，為它撒上聖水。

我最後一個走到棺槨前，為他祈禱。一個護靈的士兵走過來問我：「您就是馬克的數學老師吧？」我眼睛盯著靈柩，點了點頭。「馬克常常提到您。」他說。

葬禮之後，馬克生前的大多數同學都來到楚奇的農場吃午飯。馬克的

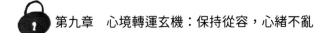

父母也在那裡，顯然正在等我。「我們想給您看一樣東西，」他說著，從口袋裡拿出一個小包，「馬克陣亡時，他們在他身上發現的，我們想您也許認識它！」

開啟拉鍊，他小心翼翼地取出了兩張已經破損了的紙條，顯然那紙條曾一次又一次地疊好，開啟，又疊好過。我沒看就知道那是寫著所有同學對他讚譽話語的兩張紙條。「感謝您寫了它，」馬克的媽媽說，「您看，馬克一直珍藏著它。」

馬克的同學們也都圍攏過來。查理靦腆地笑著說：「我也保存著我的紙條，它就在我書桌的第一個抽屜裡。」楚奇的妻子說：「楚奇讓我把紙條裝在我們的結婚影集裡。」

我終於忍不住坐下痛哭起來：「多好的馬克，多好的同學！我再也見不到的馬克同學啊！」

要訣六　不要怕，不要悔

【解讀】

轉變命運不可患得患失，努力踐行是必不可少的。膽小怕事不會成功，成功需要無所畏懼的精神和氣概。徒然悔恨是轉變不了命運的，只有堅持不悔才有勇氣走向終點。

【事典】

三十年前，一個年輕人離開故鄉，開創自己的前途。少小離家，雲山蒼蒼，心裡難免有幾分惶恐。他動身後的第一站，就是拜訪本族的族長，請求指點。

老族長正在臨帖練字，他聽說本族有一位後輩開始踏上人生的旅途，就隨手寫了三個字「不要怕」，然後抬起頭來，望著前來求教的年輕人說：「孩子，人生的祕訣只有六個字，今天先告訴你三個，供你半生受用。」

三十年後，年輕人已到哀樂中年，他有了一些成就，也添了很多傷心事，歸程漫漫，返鄉後他又去拜訪那位族長。

他到了族長家裡，才知道老人家幾年前已經去世。家人取出一個密封的信封對他說：「這是老人家生前留給你的，他說有一天你會再來。」還鄉的遊子這才想起來，他在這裡只聽到人生一半的祕密。拆開信封，裡面赫然又是三個字：「不要悔」。

對了，人生在世，中年以前不要怕，中年以後不要悔，這是經驗的提煉，智慧的濃縮。這六字箴言的奧祕，要一本長篇小說才說得清楚。但是我相信對那些有慧根的人，這幾個字也就夠了。留一點餘味讓人咀嚼，豈不更好？

要訣七　最讓你感動的未必最有價值

【解讀】

人生重在務實，不要太感性。轉變命運不要做表面文章，要付出真心和切實的行動。許多事情並不具有永恆的價值，人們不能為此押上全部的賭注。

【事典】

漂亮的禮儀小姐給雯送來的那束玫瑰花幾乎轟動了整幢辦公樓。在作風相對嚴肅的政府機關本來就很少有人在意二月裡還有一個「情人節」，

何況雯語不驚人，貌不出眾，只是剛從大學畢業的一個文文靜靜、老實本分的女孩子，居然在這個外國人過的節日裡收到這麼一大束玫瑰！同科室裡有人竊竊私語，說這一定是帆送的，帆是雯已交往了一段時間的男友。

可雯知道不是，雖然附送的卡片上沒有署名，只抄了一段普希金的詩，但那熟悉的筆跡雯一眼就認出了，字裡行間火辣辣的情意更讓她臉熱心跳。

帆是絕不會想起要買玫瑰送雯的，雖然他才華橫溢，兩人不鹹不淡地相處也有半年多了，帆不時請雯吃飯、看電影，就是沒送過雯任何一件代表愛意的禮物。本來雯在大學唸書時也愛唱歌、跳舞、寫風花雪月的詩，可機關裡繁瑣的事太多，帆的生活太平板，曾經浪漫的雯越來越不浪漫了。

玫瑰的芬芳喚起了雯關於往昔的浪漫記憶，也喚醒了雯淡漠已久的、關於玫瑰花的夢想，讓她強烈地渴望來自於帆的情人節禮物。其實雯已買了一條領帶，以預備萬一帆有「表示」時可以作為回贈的。如今有玫瑰花的鼓勵，正好用來點撥一下拒絕浪漫的帆，培養他對情調的認識。

這樣想著，雯就真的抱著玫瑰花和領帶去找帆了。心情不錯、哼著歌的雯敲開了帆的房門，準備給帆一份驚喜，誰料迎面便被澆了一盆冷水：「洋人的節日有什麼好過？有買花的閒錢還不如留著去吃火鍋呢！」雯氣得渾身哆嗦，含著眼淚摔門就走。就這樣，雯和帆因為一束花而分了手。

一年後，雯嫁給了濱。婚禮上介紹戀愛經過時，大家才知道原來是濱送雯那束玫瑰花的，大學時代濱一直暗戀著雯。賓客們為這個有情人終成眷屬的故事感動，舉杯相賀，雯也在這個時候才知道，濱送那束玫瑰是出於老同學們的「策畫」。

雯的心裡有些淡淡的苦澀，不知怎地，她又想起才華橫溢的帆，想起學生時代的濱並沒有吸引她的優點，但此時她已經沒有回頭路了。

其實玫瑰只是玫瑰，不過是眾多情感表達方式中的一種。生活中常常有這樣的例子，最讓你傾心的未必是最寶貴的，最讓你感動的也未必最有價值。

要訣八　友善的話要及時說

【解讀】

轉變命運要時刻關愛他人，而不是只為了自己忙碌。人是需要及時鼓勵的，鼓勵別人就是在完善自己，就是在向成功的方向邁進。有善心的人是不會忘記他人的。

【事典】

生活中最美好的東西，是一片同情心再加上一點郵資後寄出的意想不到的信。它會帶給幸運的收信人一整天的快樂。

肯寫這種信的人很少。我們總說實在太忙。

有誰能比美國總統林肯更忙？美國南北戰爭期間，每天有幾千人死在沙場上，而他為國家的災難憂心如焚時，仍舊抽出時間寫了那封給比克斯白夫人的有名的信：

親愛的夫人：

我在國防部的文卷裡見到麻薩諸塞州陸軍副官長的報告，藉知您的五子均在戰場上光榮殉國。遭受這麼大的損失，我覺得我所能說出的任何安

慰言語都不夠，而且無用，但我又無法不向您致敬慰問，因為令郎為國捐軀，這種慰問實在是全國對他們表示謝意的一部分。我祈求上蒼減輕您痛失親人的痛苦，留給您對所失親人的寶貴記憶，留給您為自由作出重大犧牲的莊嚴光榮。

您的非常誠摯與敬重您的
林肯

我們想寫的信件很多，如弔唁、祝賀、感謝和交友的信，但總是一天天地拖下去，始終未寫。多少年來，我想寫封信給五年級時的教師，因為是他培養我成為科學家和博物學作家。這是我很久以後回想起來才發現的。

最後我終於寫了這封信。但信卻退回來了，並附上校長的紙條，說我那高齡教師已於兩年前去世了。

我又再試一次，這一次是寫給大學時的教授，他教的那門功課，是全校最艱深的一門科學課程。他被認為是一個不近人情的老頑固。但因為我發覺只有他教的東西至今還留在我的腦子裡，別人教的全都忘掉了，就寫信告訴他，談及他講授的課程令我獲益不淺。以下是我收到的他的回信：

昨晚在我情緒特別低落的時候，看到你的信，使我頓覺一生工作有了意義。我敢說三十五年來，我一直盡我所能，以最好的方法把一切貢獻出來，但以前沒有學生向我說過一聲謝謝。謝謝你。

每個人都可利用郵政服務，通訊比登門拜訪一個陌生人更為簡便。假如你有友善的話要說，即使是一個你從未見過面的大人物，也可寫在信裡寄給他，可能有好結果。

既然大多數地方郵局每天送信一次，不分遠近，為什麼有人甘願放棄

機會，不利用通訊結交一個可能得到的新朋友，尤其是遠地的朋友，這點真使人費解。

不錯，不是人人都能像文學家一樣有流暢的文筆，但是我們寫信並不需要華麗的辭藻，因為對方要看的是你自己的風格，所以修辭絕不能代替誠意。

要訣九　得失只在一念之間

【解讀】

心境的轉變是命運轉變的前奏，它重在有悟，而不是苦捱時日。轉變命運要領悟人間大道，用心體會。一念之間，也許人們就豁然開朗，發現了新天地。

【事典】

古語道：「玩物喪志。」但我管不了許多，我玩古董玩了三十多年，越玩越有興趣，打從去年退休之後更是成為古董迷，尤愛收藏小茶壺。

有一天我到「越沙攀」佛寺去禮佛，在寺裡方丈室的一個古老木櫥裡，見到了五把造型古樸的名貴小茶壺。我心一動，就和佛寺的住持巴空大師交談起來，聊古談今，談得很「投機」。從此我便經常去找巴空大師。

醉翁之意不在酒，我和巴空大師的往來，主要是看在那五把古老小茶壺的分上。

幾個月後，我花了二百銖在「耀華力」茶行買了一斤「烏龍茶」，又以八十銖買了一把宜興出品的新制小茶壺，興沖沖地到「越沙攀」佛寺。

「大師，我特地拿來一把新的小壺，換一換櫥中的一把舊壺。還有一斤頂上的烏龍茶送給大師。」我一面說，一面開櫥，把嶄新的小茶壺放在櫥裡，隨手將一把古老的小茶壺拿出來。

巴空大師瞪著眼看一看我的臉，我急忙從口袋裡取出一封早已備好的、放有一千銖的白信封放在桌上：「大師，還有一千銖善金奉獻。」

大師眼一閉，不說什麼。我自言自語了幾句，就拿著那把古樸的小茶壺回家了。

我以新壺四把、烏龍茶四斤，外加現金四千銖，在三個月內換得四把名貴小茶壺。

方丈室裡木櫥中的第五把小茶壺，我當然不會放過的。一天，我重施舊法，再往佛寺去，走到木櫥前，心中吃了一驚，櫥中的第五把古老小茶壺不見了，代替那把茶壺的，是跟我所買來的一模一樣的新茶壺。一定有人依樣畫葫蘆，用我的辦法換去了名貴的小茶壺。我真後悔來遲了！

「大師，是誰將另一把舊壺換去了？」

巴空大師把眼睛睜開：「頌吉施主，這個紙盒送給你，你拿回去吧！」

巴空大師用手指著桌子旁邊的一個大紙盒，說完後又閉著眼入定了。

我回到家來，把紙盒開啟，我的心幾乎要跳出來，紙盒裡放著四把宜興出品的新小壺，四斤烏龍茶，四封裡面各有一千銖的白信封，還有我想得到的那把名貴小茶壺。

晚上，我整夜沒睡，我不須付出什麼就得到五把名貴的小茶壺，而這五把小茶壺整夜都在我腦中轉來轉去。

第二天，我帶了那五把名貴茶壺到「越沙攀」寺裡。巴空大師又在入定。我將五把小茶壺輕輕地放回木櫥裡。

「頌吉施主，櫥中有沒有壺，是新的還是舊的，這對於我來說都是一樣。但是對你……對你可能很重要。」巴空大師的聲音從我背後傳來。

我一轉身，雙手向巴空大師合十為禮，低下頭來坐在巴空大師身旁：

「大師，是的，很重要，這五把小茶壺對我一生都很重要，我是真正的得到了五把小茶壺。」

我離開佛寺，心中想著：「得失只在一念之間，失去的可能就是得到的。我雖然有不少古董，而永遠留在我心中的是那五把小茶壺。」

要訣十　與孤獨為伴

【解讀】

孤獨並不可怕，可怕的是耐不住孤獨。轉變命運要使自己沉靜下來，不要為世俗而迷失自己。做大事需要摒棄喧囂，拋掉浮華，這是一般人不肯為之的。

【事典】

月色淡淡，晚風輕輕。

孤獨，當我今夜讀到你的時候，窗外已是黑黑的夜了。

城市，接受了風雨的狂撫。夜色中，我聽見遠處傳來的晚禱鐘聲悠悠鳴奏著。

單單的自己，有點冷寂。

牆上有一幅油畫，很久前掛上的：是海，冷冷藍著的海。風浪很大的樣子，可一艘孤帆卻很安靜地睡去了。

看著，在一片久遠的感動裡。

漸漸的，那艘帆船似乎啟航了，它駛越澎湃的海面，蒼茫遠去。

於是，我想到了宛如遠船的孤獨。

也想起了一個關於孤獨的故事。

在我童年的記憶裡，有一位孤獨至極的老人。他住在一座低矮的黑房子裡，四周是沒有邊際的綠色草原。每天的暮色中，總能見到他緩緩的步履落在草原上，一臉漠然地想著什麼。一大群小孩每每見到這位落寞而古怪的老人，總要嘻笑他，甚至惡作劇。然而他的表情永遠那樣祥和，不被破壞。我從來沒有聽到他說過一句話，也從來沒看到他臉上的快樂抑或憂傷。

有一次，我獨自坐在晚春夕陽下的草地上，讀一本《義大利童話選》，深深的迷戀中帶走了長長的時光，不覺已是天色微暗。正當我起身時，一隻滿是皺紋的手輕輕停在我的肩上，仰頭一望，正是那位老人。他看看我，把一本書遞來，便又默默走開了。

回家以後，我對父親說了這件事，父親告訴我，老人是一位歷盡滄桑的大作家。

從此，每當凝望他蹣跚的背影時，我的崇敬之情便油然而生，他送我的《老人與海》時時伴隨在身旁，成為我少年生活裡最難忘的紀念。

三年之後，當我再次回到草原，老人已故去了，每天暮色中，我總在冥冥中期待著什麼，但再也見不到老人緩緩的步履了。好在那份記憶已經銘心，失落便也釋然幾許。

多年以後，我才知道老人的名字，並且讀了很多他在那時揮就的散文和小說。一位穿越了黃昏、將要走進黑夜的老人竟用他的靈魂和滿是皺紋的手，輝耀了一個燦燦的黎明，輝耀了他生命的光亮，他的內心世界竟是

如此豐富，如此深刻，如此光芒。這，是怎樣的一種超越，怎樣的一種孤獨啊！

於是，我看到了孤獨的底蘊。

孤獨與寂寞不一樣，寂寞是單薄的、低落的，而孤獨著實是一場冬夜，會孕育一個繽紛的春天，只要能越過嚴寒。

也許是這故事給我的太多，從那時開始，我便懂得了自愛，也喜歡與孤獨為伴。如今，在高朋滿座的狂歡裡，我總是孤獨至極，似與熱浪的青春不諧。我喜歡這樣也無奈這樣。只有在自己的孤獨裡，取捨過去之後便等待著自己對將來的重塑和抉擇。

人，擁著相同的孤獨，也有著自己的孤獨，正如人擁著共同的人生道路，卻也獨有自己的甜蜜和辛酸一樣。

朋友，倘若你也是一位孤獨者，且能自愛，就不要苦悶和憂傷，一個人到外面走走，怎麼樣？一個孤獨散步者的身影雖有幾許悽茫，但卻綻放了遐思。

這樣，當你再度品味孤獨，所有的愁結和傷懷都會散去，剩下的將是默默無言裡的跋涉。

要訣十一　建立起必勝的信念

【解讀】

很多事情的突破都是從信念開始，沒有必勝的信念就不會成為最後的贏家。轉變命運要打破信念障礙，做個精神強者。成長不能忽視對信念的培養。

【事典】

　　第二次世界大戰期間，納粹集中營裡的生活慘無人道，這裡只有屠殺和血腥，沒有人性、沒有尊嚴。那些持槍人像野獸一樣瘋狂地屠殺，無論是懷孕的母親、剛剛會跑的兒童，還是年邁的老人。這裡的人們有的死於屠殺，有的死於疾病，也有相當一部分死於恐懼。

　　約翰‧內森堡是一位猶太籍心理學博士，他也被納粹抓進了集中營。在這裡，內森堡時刻生活在恐懼中，這種對死亡的恐懼讓他承受巨大的精神壓力。集中營裡，每天都有人因此而發瘋。內森堡知道，如果不控制好自己的精神，他也難逃精神失常的厄運。

　　有一天，內森堡隨著長長的隊伍到集中營的工地上勞動。一路上，他產生了幻覺：晚上能不能活著回來？是否能吃上晚餐？他的鞋帶斷了，能不能找到一根新的？這些幻覺讓他感到厭倦和不安。於是，他強迫自己不想那些倒楣的事，而是刻意幻想自己是在前去演講的路上：他來到一間寬敞明亮的教室中，精神飽滿地在發表演講。他是多麼渴望那種生活啊！他明白自己的精神首先不能垮。

　　漸漸地，內森堡的臉上慢慢浮現出笑容。內森堡知道，這是久違的笑容。當他發現自己還會笑的時候，他也就知道了自己不會死在集中營裡，他會活著走出來。

　　當從集中營裡被釋放出來時，內森堡顯得精神很好。他的朋友大惑不解：「一個人怎麼可以在魔窟裡保持年輕？」內森堡心裡明白，那是因為自己心中充滿了希望。

　　在美國頗負盛名、人稱傳奇教練的伍登，在全美十二年的籃球年賽當中，為加州大學洛杉磯分校贏得十次全國總冠軍。如此輝煌的成績，使伍

登成為大家公認的有史以來最稱職的籃球教練之一。

曾經有記者問他：「伍登教練，請問你是如何獲得這樣輝煌成績的？」

伍登舉重若輕地說道：「其實很簡單，我始終保有『我能贏』的信念。」

記者又問：「那麼您是如何保持這種必勝信念的？」

伍登很愉快地回答說：「每天在睡覺以前，我都會打起精神告訴自己：我今天的表現非常好，而且明天的表現會更好。」

「就只有這麼簡短的一句話嗎？」記者有些不敢相信。

伍登堅定地回答：「簡短的一句話？這句話我可是堅持了二十年！簡短與否並不重要，關鍵在於有沒有持續去做，如果無法持之以恆，就算是長篇大論也毫無益處。」

正是由於伍登樹立了必勝的信念，不單是對籃球的執著，對於其他生活細節也總是保持著積極的心態。

朋友好奇地問他：「為什麼你的做法總是異於常人？」

伍登回答說：「一點都不奇怪，我是在堅定信念的指導下做事情的，不管是悲是喜，我的生活中永遠都充滿機會，這些機會的出現不會因為我的悲或喜而改變。只要持久地讓自己懷有這種信念，我就可以掌握機會，激發更多的潛在力量。」

一個小男孩在十歲時，父母告訴男孩他將永遠不能游泳，因為他有一次差點淹死，怕水怕得要命。他想起了爺爺的那句話：「不要讓任何人對你說你不能做某件事。你能做任何一件事，只要你想去做，並下定決心！」小男孩漸漸長大了，他不但證明了自己能游泳，而且還成了世界游泳冠軍。

　　然而，致命的一擊從天而降，在一次比賽中，他的膝關節和肩部受了傷。當他在醫院裡甦醒過來的時候，醫生告訴他永遠不能再踢足球，也永遠不能再代表國家參加游泳比賽了。他的奧林匹克之夢破碎了。醫生告訴他如果再游泳，他就會忍受極度的疼痛和困難，而且明顯的跛行會伴隨他的餘生。他陷入越來越深的絕望。

　　在悲劇發生之前，他的生活一直都是體育，體育和更多的體育。先是參加大英國協運動會，後來參加奧運。

　　悲劇發生後，他不會太肯定自己就此告別了體育，只是因為人們的話語中沒有絲毫的希望之光。他慢慢地開始感到憤怒，直到有一天，他在醫護人員面前終於遏制不住內心的沮喪和憤怒，「永遠不要對我說我不行！」他怒吼道。

　　從那一刻起，他堅信自己一定能重返賽場，於是他把全部精力投入恢復體能的鍛鍊上。終於，他又能游泳了，他又能跑、又能踢球了，他又有夢想了。

　　一年後，他實現了自己的夢想，又回到了競技游泳比賽中。儘管他再也不能代表國家參賽，但他的確贏得了一些游泳比賽的冠軍，並且為皇家空軍游泳隊效力多年。

　　他永遠沒有擺脫膝關節和肩部的疼痛，一隻手臂仍然有些麻木，但沒有人對他說他不能！

要訣十二　發掘自我

【解讀】

　　一切失敗當從自身尋找原因。轉變命運要提高自己的能力，由弱變強並不是奢望。其實，人的潛能巨大，只要善於挖掘，便可戰勝一切困難。

【事典】

　　有一個古老的印度傳說。

　　有一段時期，地球上所有的人都是神，但人類是如此充滿罪惡並濫用神權，以至於梵天 —— 一切眾生之父，決定剝奪人類所擁有的神性，並把它藏到人們永遠不會發現的地方，以免他們濫用它。

　　「我們將把它深埋於地下。」其他的神說道。

　　「不，」梵天說，「因為人類會挖掘到地層深處，並發現它。」

　　「那麼我們將把它沉入最深的海。」神們說道。

　　「不，」梵天說，「因為人類會學會潛水，在海底發現它。」

　　「我們將把它藏在最高的山上。」神們說。

　　「不，」梵天說，「因為人類總有一天會爬上地球的每座山峰捕獲到神性。」

　　「那我們實在不知道應藏在哪，人類才不會發現。」一小部分的神說道。

　　「我告訴你們，」梵天說，「把它藏在人類自己身上，他絕不會想到去那裡尋找。」諸神贊成。

　　於是他們就這樣做了，把「神性」藏在每個人身上。自從那時起人類

一直遍訪世界，透過挖掘、潛水和攀登尋找那類似於神一樣的品格，而這種品格卻一直隱藏在自己身上。

有一位老太太已經七十歲了，她在回顧人生時，發現自己最大的遺憾，就是沒有登上日本的富士山，觀賞爛漫的櫻花。

這種人生之憾折磨著老太太，很快，她對自己說：「反正也是快入土的人了，倒不如努力試試，說不準我還真能如願呢。」

於是，老太太便在七十歲時開始學習登山技術。她周圍的人對此無不加以勸阻，認為這無非是一個沒有實現的夢想罷了，而且也絕對不可能實現了。老太太不以為然，她不顧任何人的勸阻，毅然進行著艱苦的登山訓練。

隨著訓練的進行，老太太登富士山的願望越加堅定，逐漸成為她心中最為神聖的夢想。她不辭辛苦地進行訓練，對富士山發起一次次的衝鋒，但都以失敗而告終。老太太依然毫不畏縮，因為任何困難都已嚇不住她了。

終於，在九十五歲高齡之時，老太太登上了富士山，打破了攀登者年齡的最高紀錄。那一刻她對著大山說：「我來了！」

這位老太太叫胡達‧克魯斯（Hulda Crooks）。

格雷格‧洛加尼斯（Gregory Efthimios Louganis）開始上學的時候很害羞，講話和閱讀上也有些困難，為此他受到了同伴的嘲笑和作弄。這令洛加尼斯非常沮喪和懊惱，但他同時也發現自己非常喜歡並且精通舞蹈、雜技、體操和跳水。

洛加尼斯知道自己的天賦在運動，而不是學習。當認清這些之後，他減輕了些自卑，並開始專注於舞蹈、雜技、體操和跳水方面的鍛鍊，以期

脫穎而出，贏得同學們的尊重。

不久，由於自己的天賦和努力，洛加尼斯開始在各種體育比賽中嶄露頭角。

在上中學時，洛加尼斯發現自己有些力不從心了，因為無論是舞蹈、雜技、體操、跳水，都需要辛勤的付出，他不可能有這麼多時間和精力去做這麼多事。他知道自己只能專注於一個目標，但他不知要捨棄什麼、選擇什麼。

這時，他幸運地遇到了他的恩師喬恩 —— 一位前奧運跳水冠軍。經過對洛加尼斯嚴格的觀察和細緻的詢問後，喬恩得出結論：洛加尼斯在跳水方面更有天賦。

洛加尼斯在經過與老師的詳細交談和自我評估後，認為自己的確更喜歡跳水。他意識到以前之所以喜歡舞蹈、雜技、體操，那是因為這些可以使他跳水時更得心應手，可以為跳水帶來更多的花樣和技巧。他恍然大悟，於是專心投身於跳水之中。

經過專業訓練和長期不懈的努力，洛加尼斯終於在跳水方面取得了傲人的成就。他十六歲時就成為美國奧運代表團成員，到二十八歲時已獲得六個世界冠軍、三枚奧運獎牌、三個世界盃和許多其他獎項。由於對運動事業的傑出貢獻，洛加尼斯在一九八七年獲得世界最佳運動員之稱和歐文斯獎，達到了一個運動員榮譽的頂峰。

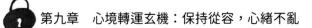

要訣十三　擺脫「心理牢籠」

【解讀】

生活中，有些人或由於自卑、畏怯或者出於疑神疑鬼，給自己設定了一定的心理障礙，結果把自己囚禁在「心理牢籠」之中。轉變命運，必須擺脫「心理牢籠」才能正確認識自己。

【事典】

前蘇聯著名作家別洛夫斯基講過一個故事：

一位公司職員覺得自己好像生病了，就去圖書館借了本醫療手冊，看該怎樣醫治自己的病。當他讀完介紹霍亂的內容時，方才明白，自己患霍亂已經幾個月了。他被嚇住了，呆呆地坐了好幾分鐘。

後來，他很想知道還患有什麼病，就依次讀完了整本醫療手冊。這下他更明白了，除了膝蓋積水症外，自己一身什麼病都有！

開始，他往圖書館走時，覺得自己是個幸福的人，而當他走出圖書館時，卻被自己營造的「心理牢籠」所監禁，完全變成了一個渾身是病的老頭。

他決心去找自己的醫生。一進醫生家門，他就說：「親愛的朋友！我不給你講我有哪些病，只說一下我沒有什麼病，我的命不會長了！我只沒有罹患膝蓋積水症。」

醫生給他作了診斷，坐在桌邊寫了些什麼就遞給了他。他顧不上細看就塞進口袋，立刻去取藥。趕到藥店，他匆匆把「處方」遞給藥劑師，藥劑師看了一眼，立即退給他說：「這是藥店，不是食品店，也不是飯店。」

他驚奇地望了藥劑師一眼，拿回處方一看，原來上面寫的是：

煎牛排一份，啤酒一瓶，六小時一次。

十英哩路程，每天早上一次。

他照這樣做了，一直健康地活到今天。

白巖松和張越現在都是中央電視臺的著名主持人，誰也想不到，當初在上大學時，他們都是那麼自卑。

當年，白巖松從一個僅有二十多萬人口的內蒙古小城考進了北京的大學。

上學的第一天，鄰桌的女同學問他的第一句話就是：你從哪裡來？而這個問題正是他最忌諱的。因為在他認為出生於小城，就意味著小家子氣，沒見過世面，肯定被那些來自大城市的同學瞧不起。他很自卑，整學期都不敢和同班的女同學說話。以至於一學期結束了，很多女同學還不認識他！

張越當初也在北京的一所大學裡上學。由於身材肥胖，她不敢穿裙子，不敢上體育課。她疑心同學們會在暗地裡嘲笑她，她終日在自卑中徘徊。

她差點大學畢不了業，不是因為功課太差，而是因為她不敢參加體育長跑測試！老師說：「只要你跑了，不管多慢，都算你及格。」可她就是不跑，她想跟老師解釋，她不是在抗拒，而是因為恐慌，擔心自己肥胖的身體跑起步來一定非常愚笨，一定會遭到同學們嘲笑。可是，她連跟老師解釋的勇氣也沒有，茫然不知所措。她只能傻乎乎地跟著老師走，老師回家了，她也跟著。最後老師煩了，勉強算她及格。

後來，白巖松和張越都走出了自卑的陰影，相繼成為央視知名主持

人。在一個電視晚會上，她對他說：「要是那時候我們是同學，可能是永遠不會說話的兩個人。你會認為，人家是北京城裡的姑娘，怎麼會瞧得起我呢？而我則會想，人家長得那麼帥，怎麼會瞧得上我呢？」

如今，白巖松經常對著全國幾億電視觀眾侃侃而談，是那麼從容自信。

張越憑著犀利的口才、敏銳的應變能力，也讓觀眾嘆服不已，誰又會因為她的外貌而小看她呢？

二十世紀初，有個愛爾蘭家庭要移民美洲。他們非常窮困，於是辛苦工作、省吃儉用三年多，終於存夠錢買了去美洲的船票。當他們被帶到甲板下睡覺的地方時，全家人以為整個旅程中他們都得待在甲板下。而他們也確實這麼做了，僅吃著自己帶上船的少量乳酪和餅乾充飢。

過了一天又一天，他們以充滿嫉妒的眼光看著頭等艙的旅客在甲板上吃著奢華的大餐。最後，當船快要停靠愛麗絲島的時候，其中一個小孩生病了，做父親的去找服務人員求救：「先生，求求你，能不能給我一些剩菜剩飯，好給我的小孩吃？」

服務人員回答說：「為什麼這麼問？這些餐點你們可以吃啊。」

「是嗎？」這人疑惑地問，「你的意思是說，整個航程裡我們都可以吃得很好？」

「當然！」服務人員以驚異的口吻說，「在整個航程裡，這些餐點也供應給你和你的家人，你的船票只是決定你睡覺的地方，並沒有決定你的用餐地點。」

這個愛爾蘭家庭在想當然中喪失了機會，陷入令人悲憫的境地。

第十章

幻境轉運玄機：眞正地成熟起來

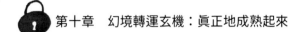

要訣一　擁有一個精神導師

【解讀】

有一個「導師」在心中，便不會感到困惑和無助了。轉變命運要有精神寄託，這種力量是人們堅持不懈的本質原因。把美好的東西珍藏心底，是一種幸福，也是一種幸運。

【事典】

你並不認識我，至今也不認識。

你萬萬不會想到，我曾在背地裡關注了你大半生；我也萬萬沒想到，你會對我一生的生活和事業產生那麼深遠的影響。

認識你那年，我剛十二歲。

那天下午，我娘套好了牛，要我拿著笤帚跟在牛屁股後面推石磨，她在一旁樹下篩麵粉。太陽快落山的時候，我無意朝西山梁的小路上一望，目光就直了 —— 那是你們劇團的人來了。你們穿著的服裝，留著的髮型，背著的背包，提著的各式樂器，都是我這山裡娃子從未見過的。一時驚得我不相信自己的眼睛，擦擦眼角再望時，就禁不住驚呼起來：「娘啊娘，你快看，山梁上下來了一隊人！」我娘停下動作，手搭涼棚張望和分辨了片刻，然後笑著罵我：「滾你媽的腳，那是戲子嘛怎麼是人？」

不料這話被你們聽見了。其他人義憤填膺，你卻笑哈哈走過來對我娘說：「大嫂，你孩子說得對，戲子也是人呀！我們是文藝工作者。」我娘尷尬地一笑，並沒有意識到自己哪裡錯了。說畢，你撫著我那菜碟般的頭髮說：「小弟弟，看過戲嗎？明晚來看我們演戲吧！」我首先感到了你的嗓子是那麼清甜，直直地往人胸腔裡浸潤，說話時側了身子來望我，半邊頭髮

就撲拉下來，是烏黑的一道瀑布，我仰頭看你，你臉龐是那麼樣俊秀，身段是那麼樣勻稱。你白皙的手親切地在我臉蛋上擰了一下，我嘴角可能還掛著鼻涕，目光也許十分呆滯，但卻明顯感到山裡人所沒有的一股異樣香氣留在了我臉上。那是我從未有過的感覺。

　　你們走了，朝大隊部的方向走了。我目送你的影子到很遠，很久了還站在坎畔上望。心想，戲子真的是人嗎？天底下怎麼會有那麼好看的人呢？牛也停住了，是我娘的一聲「喊 —— 得」，才把我喚回到現實中。

　　次日天還沒亮，就聽小河灣裡有你們咿咿呀呀的吊嗓聲，我一骨碌爬起來跑去看，卻見你們已在沙灘上翻起了觔斗。你穿著燈籠褲，一串轉身過去，像旋風一般呼啦啦響。我看得入迷，把上學的事也忘了。太陽一竿子高了，見我還站在一旁，你走過來想問我什麼，我卻羞怯地跑開，等你折轉了，我又詭祕地從玉米地鑽出來繼續觀望。我不知我那時為什麼想看你卻不敢近前。

　　整整一天，我既沒去學堂也沒給家裡打豬草，只是遠遠地將你們跟前跟後。看你們在小河邊刷牙、洗臉、洗衣服；看你們蹲在地上開午飯，吃燴菜和「槓子饃」。到了晚上，我娘就懲罰我，說啥也不給錢讓我買戲票。可我早就想好了辦法，殷勤地幫賣醪糟的老漢提著水桶、扛著板凳混進去了。混進去就地鼠似地往臺口擠。舞台是用九個碌碡豎起來棚了木椽，鋪上麥草墊了沙土搭成的。我爬在臺口上只能看見演員的腳。頭天晚上你們演的是《十五貫》，你扮演蘇戌娟，衙役們用竹板夾住你十指為你用刑的時候，我的眼淚就蟲似地爬在了臉上。你是跪在臺口的，離我已經很近，看見你咬著牙一起一伏地含痛哭訴，我就禁不住也伏在臺沿上抽泣。我心裡難過極了，以為那一切都是真的。第二晚，你們演《白蛇傳》，你又扮演白娘子，一身素裝，更使你嫵媚十分。而那禿和尚法海

265

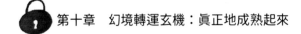

卻要活活拆散你和許仙，臨別時你難分難捨地抱著嬰兒哭唱：「親兒的臉，吻兒的腮，點點滴滴淚下來……」那是多麼攝人魂魄的唱句啊！當時只覺那稚嫩的心被你折磨和震顫，成人後再去回味，那真是「一聲唱到融神處，毛骨悚然六月寒」啊！後來，你們又演了《劈山救母》、《安安送米》，還有現代戲《江姐》等等，那時並不知這些戲名，但都去看了。是偷了我娘罐裡的雞蛋，還透過「鑽帳子」、「送尿桶」等等的手段去看的。每一齣戲裡，你幾乎都是女主角，我問過換朝大爺，他說你是「豬腳子不調鹽 —— 淡腳（旦角）」，我聽不懂他說的是什麼意思，心卻隨著你的情感變化潮起潮落，你高興我就開心，你痛苦我就難過，不是替劇中人而是替你。有一齣戲裡你死了，我傷感至極，懵懵地以為你第二晚再也不會表演了。

你們來演出的時間畢竟太短，五、六天後就無影無蹤地走了，我心中空蕩蕩地悵然若失。既不知你們的去向，又不知你們是哪的劇團，疑惑我今生今世再也看不見你和你的演出了。換朝大爺說城裡有戲園子，夜夜都有戲看，我感到山窪子裡是那麼樣的可憐，第一次埋怨山窪的不好。

可是自你們走後，我完全變了個樣，再不去下河戲水，再不去上樹掏鳥，像是一下子長大了許多。在學校無端地喜歡上了語文課和寫作文，有次老師出題讓我們寫自己長大準備做什麼，我居然寫了我要當演員。而我越長越顯得五大三粗，沒有當演員的條件和機遇，但卻一直喜歡著文學。

說真的，連我自己也意識不到，在我以後的生活和事業道路上，在一些重大的抉擇關口，竟是你的影子和你的戲在我的潛意識裡發揮著作用，使天平的某一砝碼平添了分量，使得我一個勁朝著今天的道路上傾斜。

初中畢業，面臨著考高職還是考高中。按說我們家窮，應該考高職而

及早就業。可我想，考高職就得去外埠上學，上高中卻就在本縣城裡。因為我後來打聽到，來演出的就是本縣劇團，你就在縣劇團裡 —— 這就是我要考高中的理由，誰也不知不解的理由。

　　背著鋪蓋走三十公里山路來縣城上學，半年多卻並沒有機會看見你和你們的演出。有次植樹回來，我們列隊從劇團門口過，我直往裡瞄，想你會剛好從裡面出來，但我卻失望了。後來，我終於看見了你，但不是在舞台上而是在遊街的汽車上。你被掛了牌子，脖子上還搭著一雙草鞋，他們說你既是牛鬼蛇神又是破鞋「雙料貨」，說你和原縣委書記現在的走資派有男女關係。看著你被蹂躪得不成樣子，我簡直不相信那會是真的，我希望那還是舞台上的演出，就像你演江姐被十指釘上竹籤一樣，戲完了你還會安然無恙。但那覆天蓋地的喇叭聲和造反派們的口號聲撕碎了我那可憐的幻覺，我鼻子酸楚，眼眶湮潤，若不抱住那根電杆，定然會眩暈過去的。天哪！什麼叫焚琴煮鶴，花間曬褲，清泉濯足，松下喝道？不用再去請教語文老師，我已把那話理解得透澈無比！

　　我沒有去串連，我回到山窪裡去了。

　　到了「文革」後期，因為我寫過一些革命故事和現代小戲，就被縣文化館招來兼差。這時你已被發落到十字口蔬菜門市部當營業員，我常常捨近求遠到你的門市部買茶和打醬油，我不知為什麼總想去看你，關注著你的情緒好壞。去了並不講什麼話，買了東西就走，你若皺著眉頭或精神倦怠，我就隱隱地不悅；見你氣色很好或面帶笑容，我就感到鬆心愉快。有一回去買菸，煙價七角，我遞了一塊錢卻說「不用找了」。糊塗得不想這是公家商店，多餘錢也裝不進你的腰包。

　　「文革」後我考上了戲劇學院，不是表演系而是戲文系。學滿三年回

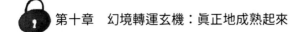

來仍從事群眾戲劇輔導工作。這時候戲劇正蕭條，別人勸我去做生意或改行做其他，我不知怎麼就執意不肯。那陣你又回劇團了，可你已五十多歲，加上「文革」中壞了嗓子而不能再去登臺，就給學員們當教練，隨團下鄉時你隨便找個地方就擺開戰場教學員們踢腿、拿頂、耍扇子和躺臥魚，鄉下人圍在一旁觀看，見你鬢髮斑白，就把你叫「戲模子」。

我開始談戀愛了，別人向我介紹對象很多，有教師、工人、營業員等等，儘管有女孩確實各方面都很不錯，而我和人家談幾天就完了。不是人家嫌棄，而是我沒有誠心。接觸一段，並無分歧，但到了要表態定音的時候，不知是什麼心理作祟，我就開始拉倒了。後來，有人向我介紹劇團一位演員，我當即有了信心，決心一定要談成。我們談了半年，一切都相處得很好。而我們有一次談到了你，她簡直對你不屑一顧，把你說得一無是處。我們便吵起來，終於鬧翻了，我從此不再理她。後來她向我回話，說我們用不著為一件無足輕重的事而翻臉，我卻依然執拗得無法容忍，決然不願和解而和她分道揚鑣了。過了半年，又有人從外縣劇團給我介紹了一位唱旦角的演員，我們很快就談成並結了婚，她就是我現在的妻子。

我們結婚已經六年，女兒也五歲了，妻子在排練場和舞台上做戲，女兒用枕巾當了水袖在床上扭捏，用那小指頭做了蘭花手在我額頭一指，嬌滴滴說一句「我把你個不忠不孝不仁不義的奴才──」就惹我禁不住發笑，笑過之後又去思考：我一生這個葡萄藤怎麼會如此蔓延下來的呢？刨根刨底，就想到了你，想到了我十二歲那年……

我寫了個戲在省城獲了獎，我也因此調進省城工作，從此見到你的機會很少。你演了四十多年的戲，曾經唱紅過鄂豫陝三省十八縣，但那只能是你的當年英姿了，如今成了滿頭銀絲的老太太，你的歸宿是去縣政協當副主席，這便是你的榮譽和驕傲了。而你還應該驕傲的是，這多年來儘管

關於你的傳聞真真假假，關於你的好壞眾說紛紜，不管別人怎麼看你，在我心中你卻一直是我自己的你。再見到你或真正結識你時，我不想呼你 X 老師或 X 主席，而把鄉下人送你的外號改過來，不叫「戲模子」，尊敬地喊你一聲：「戲母！」在我看來，你實際上就是我心中的維納斯！

要訣二　生來不易，坦然活著

【解讀】

人只要活得坦然，一切不幸就無足輕重了。轉變命運要擺脫各種雜念的糾纏，而不是自怨自艾，痛苦沉淪。人需要用幻境來安慰自己，這也是一種生存智慧。

【事典】

我曾經結識過一位與命運抗爭的北國青年，他的經歷該是一首帶淚的好詩，讓我咀嚼至今。

那年冬天，我與女作家蘇萸同往河北農村採訪，順道去了一個叫劉莊的小村子，探望一位通信數載卻從未謀面的文學青年。當我們在村民的指引下踏進他的家門時，我幾乎不敢相信眼前的這位跛足青年就是滿紙陽剛之氣的文學青年劉磊，一間不足八平方公尺的破草屋就是他的家。

當劉磊得知我們的身分後，連忙從床沿上站起身來，窘迫地為我們讓座。我沒有應聲，只默默地掃視著屋宇。這是一間土坯砌就的草屋，屋裡沒有粉刷，光線顯得很暗。屋子靠裡的一側是一個土炕，土炕邊是一張舊木桌，一個木箱置於桌底，這些就是這個家的全部財產。我瞧得鼻子有點酸，如此惡劣的生存條件，哪還有閒情逸緻來吟詩作文。我有些不解，但

沒有出言相詢。

　　我坐在土炕的一側，與劉磊攀談起來。從他的口中深入了解他的經歷：家庭的變故使他過早地失去了雙親。祖輩除了留給他這點可憐的財產外，還有二百多元人民幣的債務，生活的重擔過早地落到了這個患過小兒麻痺症的青年身上。我不禁多打量了這位青年幾眼，那堅毅的眼神絲毫沒流露出我想像中的頹廢，生命賦予他的不息憧憬閃動在他的雙眸之間。他告訴我他一直堅持寫作，雖然至今仍無一個字發表，但他始終沒有放棄。我似乎明白了他何以能頑強地活著，是因為有一股信念支撐著他不屈的靈魂。

　　門外，紛飛的大雪扶著寒流向屋裡襲來，我下意識地裹緊了大衣，也突然注意到劉磊還穿著極單薄的衣衫。我暗想：人活著，雖然不是為貪圖享受，可當生存也時時受到威脅時，死亡是不是一種超脫？劉磊的際遇如果加諸我的身上，我實在不敢想像我還有沒有生的勇氣。想到這，我不禁又一次將敬佩的目光投向這位青年。

　　門外，雪下得更大了。我和蘇頍起身告辭，可劉磊卻堅持留我們吃完飯再走。

　　盛情難卻，我們只得留了下來。

　　劉磊一跛一跛地走向那個木箱，輕輕開啟，至此，我才知道木箱竟是用來盛放糧食的。箱裡的糧食最多不過二十來斤。這難道就是他今冬的全部儲備糧？趁著劉磊做飯之際，我仔細環顧著屋裡的一切，極想找出能佐證他頑強生存的依據來。

　　我驀然發現，土炕頂頭有一個一尺見方的土洞，被一頂舊草帽由裡向外堵住，以抵禦冬日的寒風。窗洞上一張舊報紙覆蓋著什麼東西。我默默走過去，揭開報紙，窗洞上放著的竟是十幾本書和一雙纖塵不染的白球

鞋。透過那潔白的球鞋，我似乎可觸碰到一顆躁動的靈魂，一種對美好生活的嚮往。我信手取過窗洞上的一本書，赫然是一本《普希金愛情詩選》。驀然間，我產生了一種莫名的感動：心中有愛，當然是坦然而活的理由。

在北方偏僻小村落的一間破草屋裡，我與作家蘇萸跟一位北國青年共進了一頓此生難以忘卻的午餐。沒有美酒佳餚，沒有歌舞音響，一碗鹹肉，一碗大白菜，就著北國的寒冷和朋友相聚的歡樂，體會著活著的不易與幸福。

離開那間茅屋前，我和蘇萸偷偷地將二百元人民幣塞在劉磊的枕頭下。並非出於同情和憐憫，而是為一位無名文學青年活著的精神而感動，我們沒有理由不伸出援助的手。

我們邊聊邊往村外走，劉磊不無遺憾地談及至今仍未發表作品的苦澀。我真想告訴他，其實他已經寫下了一首足以成名的作品：活著，就是一首耐讀的好詩。

離開那個小村落已經兩年多了，但每每憶及那位青年頑強活著的精神，仍止不住感動異常。

生命來得不易，活著，就是一首好詩！

要訣三　跳出別人的愛情模式

【解讀】

很多陷阱都披著美麗的光環，不用心識別是很難避開的。一個人要真正地成熟，便要甩掉重負，輕裝前進。轉變命運要睜大眼睛，抗拒虛幻的誘惑。

【事典】

　　從前有兩個人相戀了。在相處的日子裡，情感日漸深厚。他們傾心相戀著，很想能永遠在一起，為此總擔心失去對方，於是，他們去請教別人。

　　有人告訴男人，要想和你的女人在一起，就首先要有權力和金錢，這才是最重要的；也有人告訴女人，要想和自己和男人永不分離，首先要管住他的錢，這樣才是幸福美滿的真理。

　　於是，男人決定去做一番事業，女人也說要出去見見世面，他們約好兩個星期見一次面。

　　在離開女人的第一個星期，男人吃了一個星期的泡麵。每到吃飯，他就特別想女人，想和女人一起吃飯，一起聊天。可是，他沒有去找女人，因為他記著那句「男人要以事業為重，要有金錢和權力。」

　　在離開男人的第一個星期，女人在外工作，總是挨老闆罵。每到夜深人靜的時候，女人就特別想男人，想對男人說她每一天的經歷，訴訴心中的苦悶，想抱著男人放聲痛哭。可是，她沒有去找男人，因為她記得有人曾經對她說過，女人要有自己的事業，不能在男人面前表現得很沒用。母親也說過，女人要矜持，不能主動去找男人。

　　他們就這樣過了三年。男人在外面賺了很多錢，女人也有了自己的事業。女人記著「管住男人的錢」的話，每次回家，第一件事就是問男人賺了多少錢，男人第一件事是好好地享受女人為他準備的一切。漸漸地，男人覺得女人很膚淺，只喜歡錢；女人覺得男人很冷漠，不體貼女人。於是，他們把兩週一次的見面，改為了一月一次。

　　突然有一天，男人病倒了，沒有人照顧他，在昏迷中他一直叫著女人

的名字。女人拋開一切來到男人的身邊，沒日沒夜地伺候著男人，不停地在他耳邊說：「你說過要和我永遠在一起，我不能沒有你。」

在女人的照料下，男人的病終於好了。他們都把自己的真實感受告訴了對方。

最後，他們終於明白，愛情不應效仿別人的模式，那樣的愛情虛幻、不實在。於是，他們決定放棄別人教授的生活方式，回到原來屬於他們的生活，只要能天天在一起，就算不能永遠，他們也不後悔。

三十年過去了，他們還是彼此相愛著。

要訣四 往事勿追

【解讀】

昨日已逝，再美好的東西也無法追回了。活在當下，人們要有現實的想法和作為，這才是最緊要的，也是最能解決問題的。轉變命運要有和過去告別的勇氣，否則就是一句空話，無法實現。

【事典】

轉眼間，她已經是兩個孩子的母親了，美麗依然，卻不見驕傲任性。結婚這些年來，日子過得很平靜也很幸福，生活裡再沒有驚濤駭浪。

這個星期天，先生陪孩子去參加夏令營，她則趁著空閒，回家陪陪母親。晚上母親煮了她喜歡吃的菜，一面吃飯一面聊著她孩提時的往事，母親還不忘輕輕責備她年輕時的任性。吃完飯，胃痛的老毛病忽然又發作，她想起樓上房間裡，好像還有一些她習慣吃的藥。

　　走上摟，開啟那扇門，熟悉的景物挾帶過去的記憶迎面而來，剎那間彷彿時光又轉回從前，她還穿著藍色學生裙的模樣。那是她從出生以來，一直到二十七歲結婚之前所生活的房間，出嫁之後，房間一直保持原來的樣子。她開啟抽屜，怎麼也找不到那個藥箱，卻翻出了一封邊緣已泛黃的信籤，再熟悉不過的字跡，令她陷入一種恍惚，這是自己曾經寫給戀人的信吧！卻怎麼也想不起來，過去，她究竟是怎樣熱烈的愛過？

親愛的你：

　　如果我是真的愛你，當然會因為你消失了三個月而稍有改變，那是因為相信你的愛也是真的，但如果是真的，你又怎麼忍心讓我受這樣的煎熬？我知道你已訓練了一身流浪飄泊的能力，但是可不可以不要再流浪飄泊了呢？

　　「先知」說：「如果你在怯懼中，只想尋求愛的平安、愉悅，那不如遮掩你的身體，離開愛的打穀場，進入無感情的世界，在那裡你將歡笑，但非全心的笑；你將哭泣，卻非盡情的哭。」你懂不懂我正這樣愛著你，你懂不懂？他們說再凶殘的動物也有溫柔的時候，滴水能穿石，相信你喲！你知道我願意永遠陪在你身邊，願意給你我純潔而熱烈的靈魂和身體，願意為你付出我所有，但我更知道，與其給你一座城堡不如給你想要的。我知道你要自由，但不明白那與我們的愛情何干？愛本身並不會束縛我們。我還是依戀華人女子的婉約，上言加餐飯，下言長相憶。

　　那是好多年以前的事了，但多年之後忽然再看到這些文字，仍然能被這樣深厚熱烈的情感而震動。還記得她寫完這封信的三個月之後，男人才再度出現，半年多沒消沒息，再見面卻像沒事般擁吻她，她就像無法說話的人魚公主般，把這封信永遠藏在深深的黑暗抽屜裡。而那個愛自由的男人，始終沒有停下來過。

　　恍惚之中，眼眶微微溼潤，那是她一生中最深的戀情，卻也讓她在數千個日子裡哭紅了眼睛。每個女人大概都被問過「愛人和被愛哪一種幸福」這種問題，當初她固執地堅持只跟「最愛」的人在一起，決不退而求其次。

　　直到後來，遇到了現在的先生，她才發現被人真心愛著的感覺其實也很不錯，雖然，再也不曾有過那樣深刻的感情。在哀莫大於心死後，才柳暗花明覺悟到愛人和被愛其實沒有哪一種比較幸福或不幸，在愛與被愛間，還有無限可能性。

　　她還在惘然之中，樓下傳來母親的聲音，說是她先生來了電話。

　　她把信放回抽屜，走到樓下接電話，先生溫柔地說：「孩子一回到家看不到你，就吵著要媽媽，問你什麼時候要回家。」她吸了一口氣回答：「好，我幫媽洗個碗就回去。」

　　「怎麼了？聲音好像怪怪的。」先生總是很細心地察覺她任何細微的情緒變化。

　　「沒事呀，只是胃又痛了。」她說。

　　「很痛的話要去吃藥哦！」他關心地叮嚀。

　　「嗯，」她輕聲回答，心裡有種複雜的溫暖，「我剛才還在樓上找以前的藥。」「藥放太久就別吃了，對身體不好。」他說，「早點回來，我們等你。」

　　掛上電話，耳朵還轟隆隆地震動著，她走到廚房，母親正背對著她在洗著碗。

　　「媽，有沒有看到我抽屜裡的胃藥？」她問。

　　「有些東西放的太久，對自己不好，那些東西早該丟掉了。」

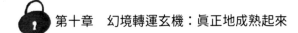

　　她看著母親的背影，想著母親語意深長的話。人生有些事情如果一定要回首，實在很惘然。關於愛與被愛哪一種幸福的問題，原來，每個女人總要兩種都嘗試過了才會甘心，也才能做出選擇。

要訣五　切勿自尋煩惱

【解讀】

　　生活中有各種令人煩惱的事，有些煩惱完全是自己憑空想像出來的，轉變命運就要學會盡力擺脫煩惱，尤其不能自尋煩惱，這樣，才能使變得成熟，從而得到更多的生活樂趣。

【事典】

　　有一位女士遇上一點不順心的事情就胡思亂想，給自己製造煩惱。舞場上男士沒有邀她去跳舞，她心裡煩惱；年終沒評上優秀，她也心裡煩惱；某個主管沒有向她打招呼，她還煩惱……煩惱一來，她就會好幾天精神不安。

　　當她察覺到煩惱給自己帶來高血壓、心臟病時，後悔不已。她想克制自己，但煩惱一來，又無法克制。

　　後來有人建議她每天寫二十分鐘日記，把消極的情緒忠實地寫在日記裡。還告訴她，這個日記是寫給自己的，既要寫出正面，也要寫出負面。這樣就可以把消極情緒從心裡驅走，留在日記裡。

　　從此以後，這位女士堅持寫日記，透過寫日記來宣洩煩惱，遇上自己愛猜忌的事，便在日記裡自己說服自己。

　　她曾在一篇日記裡寫道：「今天我在樓梯上向某局長打招呼，可某局

長陰著臉，皺著眉頭，理也沒理我一眼。我想他的態度冷漠不是衝著我來的，八成是家裡出了什麼事，要不然就是捱了上級的批評。」在日記裡這麼一寫，她心裡的疑團一下子煙消雲散了。

她還在另一篇日記裡提醒自己：「我翻閱上月的日記，發覺那時的煩惱現在完全消逝了，這說明時間可以解決許多問題，也包括煩惱在內。如果以後我遇上新的煩惱，就要不斷地提醒自己：現在何必為它煩心，我何不採取一個月後的忘卻狀態來面對眼下的煩惱。」

有一個小和尚在一次坐禪前，突然感到身上很癢。於是他將手伸進去想去撓，卻吃驚地在肚子上抓到一隻大蜘蛛，小和尚把蜘蛛扔走了，但心裡老覺得很不是滋味，身上也依然覺得癢癢的，像有東西在爬。

自那以後，小和尚每次坐禪時都感到有一隻大蜘蛛干擾他，他想趕走牠，但總是束手無策，這使他一直很煩惱。師父知道後，讓他在坐禪前先準備好一枝筆，等蜘蛛來了，就在牠身上畫個記號，以便知道牠來自哪裡。小和尚照辦了，等他坐禪完畢一看，原來記號畫在了自己的肚皮上。

師父見了，便對小和尚說：「長期以來折磨你的煩惱其實都不過是你自找的，生活沒有煩惱，煩惱只在你心裡。」

誠如小和尚師父所說，在生活中，煩惱都是自找的，是自己捆住了自己，與別人無關。

一個年輕人四處尋找解脫煩惱的祕訣。

這一天，他來到一座山腳下。只見一片綠草叢中，一位牧童騎在牛背上，吹著悠揚的橫笛，逍遙自在。年輕人走上前去詢問：「你看起來很快活，能教我解脫煩惱的方法嗎？」牧童說：「騎在牛背上，笛子一吹，什麼煩惱也沒有了。」年輕人試了試，不靈。於是，他又繼續尋找。

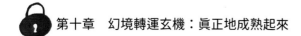

年輕人來到一條河邊。只見一位老翁坐在柳蔭下，手持釣竿，正在垂釣。他神情怡然，自得其樂。年輕人走上前去鞠了一躬：「請問老翁，您能賜我解脫煩惱的辦法嗎？」老翁看了他一眼，慢聲慢氣地說：「來吧，孩子，跟我一起釣魚，保管你沒有煩惱。」年輕人試了試，還是不靈。於是，他又繼續尋找。

不久，他來到一個山洞裡，看見有一位老人獨坐洞中，面帶滿足的微笑。年輕人深深鞠了一個躬，向老人說明來意。老人微笑著摸摸長髯，問道：「這麼說你是來尋求解脫的？」年輕人說：「對對對！懇請前輩不吝賜教。」老人笑著問：「有誰捆住你了嗎？」「沒有。」「既然沒有人捆住你，又談何解脫呢？」

誠如老翁所說，在生活中，我們的煩惱都是自找的，我們捆住了自己，卻將埋怨的言語散向了周圍的生活。

要訣五　切勿自尋煩惱

解鎖「轉機」，逆境生存之道：

尋找生命地圖，在生活的風暴中找到平靜和力量

作　　者：錢理飛

發 行 人：黃振庭

出 版 者：崧燁文化事業有限公司

發 行 者：崧燁文化事業有限公司

E-mail：sonbookservice@gmail.com

粉 絲 頁：https://www.facebook.com/
　　　　　sonbookss/

網　　址：https://sonbook.net/

地　　址：台北市中正區重慶南路一段六十一號八
　　　　　樓 815 室

Rm. 815, 8F., No.61, Sec. 1, Chongqing S. Rd.,
Zhongzheng Dist., Taipei City 100, Taiwan

電　　話：(02)2370-3310

傳　　真：(02)2388-1990

印　　刷：京峯數位服務有限公司

律師顧問：廣華律師事務所 張珮琦律師

定　　價：375 元

發行日期：2024 年 03 月第一版

◎本書以 POD 印製

Design Assets from Freepik.com

國家圖書館出版品預行編目資料

解鎖「轉機」，逆境生存之道：尋找
生命地圖，在生活的風暴中找到平
靜和力量 / 錢理飛 著 . -- 第一版 .
-- 臺北市：崧燁文化事業有限公司，
2024.03
面；　公分
POD 版
ISBN 978-626-394-027-7(平裝)
1.CST: 修身 2.CST: 人生哲學
192.1　　113001446

電子書購買

臉書

爽讀 APP